반지성주의를 경계하며 예술과 정치

반지성주의를 경계하며

예술과 정치

토마스 만 지음 | 홍성광 옮김

반지성주의를 경계하며

예술과 정치

1판 1쇄 인쇄 2020년 11월 10일
1판 1쇄 발행 2020년 11월 20일

지은이 토마스 만 옮긴이 홍성광 펴낸이 장종표
책임편집 양성숙

펴낸곳 도서출판 청송재
출판신고 2020년 2월 11일 제2020-000023호

주소 서울시 송파구 송파대로 201 테라타워2-B동 1620호
전화 02-881-5761 팩스 02-881-5764
이메일 sol@csjpub.com

값은 뒤표지에 있습니다.
ISBN 979-11-970125-2-5 03300

이 도서의 국립중앙도서관 출판예정도서목록(CIP)은 서지정보유통지원시스템 홈페이지
(http://seoji.nl.go.kr)와 국가자료종합목록 구축시스템(http://kolis-net.nl.go.kr)에서
이용하실 수 있습니다. (CIP제어번호: CIP2020044076)

www.csjpub.com

옮긴이의 글

오랫동안 만지작거리던 책을 드디어 세상에 내놓는다. 후련하고 속 시원하다. 토마스 만 전공자이자 번역자로서 근 20년 이전부터 차근차근 준비하다가 시대의 흐름에 부응해 이제야 결실을 보게 되었다. 대학 1년 계열별 시절의 독일어 과목 수업에서 『토니오 크뢰거』(토마스 만이 28세에 발표한 작품으로, 예술가의 길을 걷는 주인공 토니오 크뢰거는 삶과 예술의 갈등, 예술가와 사회와의 갈등으로 고뇌한다) 원서 강의를 듣고 큰 감명을 받았었다. 그래서 은근 독일 문학의 매력에 끌리며 토마스 만을 공부하는 계기가 되었다. 추상적 사유능력이 부족해 철학과에 못 갔고, 글쓰기 능력이 떨어져 국문과 지망을 못 했는데 애꿎게도 독문과에 가서 원치 않게 두 가지를 다 하게 되었다. 인생의 아이러니랄까. 비밀을 털어놓자면 서울 가는 친구한테 독불 중 하나를 택하라고 했는데, 내 말을 잊어버렸는지 아니면 불어를 모르는 나를 배려했는지 멋대로 독문과에 집어 넣어버렸다. 그 후로 악전고투, 운명-오運命惡를 운명애運命愛(니체의 철학에서, 삶의 필연성을 긍정하고 사랑하는 태도. 아모르파티)로 바꾸는 데 수십 년 세월이 걸렸다. 불문과에 갔더라면, 1학년 때 지도 교수였던 김현 선생의 지도를 받았더라면 내 인생행로도 좀 달라졌을지 모른다. 하지만 어차피 아모르파티amor fati다.

이청준 선생도 글쓰기가 어렵거나 잘 진전되지 않을 때 『토니오 크뢰거』를 창작 교본으로 삼았다고 하니 충분히 수긍이 간다. 토마스 만도 단편 「산고의 시간」에서 같은 고충을 토로하고 있다. 작품에서 병고에 시달리는 실러는 글을 술술 잘 쓰는 것 같은 괴테를 부러워하며 글쓰기의 어려움을 한탄하고 있다. 토마스 만의 문학 작품도 읽기 어려워 잘 읽지 않는 마당에 부업 삼아 쓴 그의 정치 에세이를 누가 읽을까 싶기도 하다. 그의 에세이는 깊이 있고 난삽하기에 읽기가 그리 녹록하지 않기 때문이다. (토마스 만의 작품 스타일은 유머, 아이러니, 패러디가 풍부하다.) 하지만 이 책은 한국에 처음으로 번역 소개되는 토마스 만 정치 에세이 모음집이라는 점에서 그 가치와 의미가 있다. 또 아쉽게도 믿음직한 원로를 보기 힘든 우리 현실에서 그의 정치 에세이들을 통해 현재 우리나라의 극심한 정치 사회적 갈등과 분열을 되돌아보고 이에 대한 해결책을 진지하게 모색하게 하는 긍정적 측면도 있다.

토마스 만의 에세이는 붓 가는 대로 쓴 쉽고 가벼운 글이 아니라 묵직한 논문 같은 인상을 준다. 독일의 에세이 성격에 대해서는 헝가리 출신의 비평가 겸 혁명가 루카치가 적절하게 지적하고 있다. 그는 비평집 『영혼과 형식Die Seele und die Formen』의 「에세이의 본질과 형식」에서 에세이란 하나의 예술형식이고, 완전한 삶에 대해 독자적이며 완전한 형식을 부여하는 것이라고 지칭한다. 에세이는 이러한 영혼의 내용을 담고 있는 서정시나 비극, 노벨레 등을 계기로 그 형식을 지적이고 개념적으로 파악하려는 표현양식이라는 것이다. 쇼펜하우어가 대중에게 알려진 것도 그의 방대한 에세이 『소품과 부록』(한국판 『쇼펜하우어의 행복론과 인생론』) 때문이다. 그 덕에 주저『의지와 표상으로서의 세계』가 뒤늦게 새삼 주목을 받게 되었다.

이 책은 13권짜리『토마스 만 전집』중에서 정치와 관련되는 토마스 만의 주요 에세이들을 모은 정치비평집『Thomas Mann Essays』(Band 2 Politik, Herg. von Michael Mann, Fischer, 1982)이다. 그리고 여기에서 중요하다고 생각되는 흥미로운 주제 13편을 다시 모아놓았다. 문화와 예술, 예술가와 사회, 민주주의와 파시즘, 문화와 사회주의와 같은 다양한 주제를 다루고 있으므로 전체를 포괄하는 '예술과 정치'라는 제목을 달았다. 모두 주옥과 같은 에세이지만 「형제 히틀러」, 「다가올 민주주의의 승리」, 「문화와 정치」, 「독일과 독일인」, 「내가 독일에 돌아가지 않는 이유」, 「예술가와 사회」는 특히 흥미를 끄는 주목할 만한 글이다.

토마스 만은 처음엔 히틀러의 제3제국을 공개적으로 비판하기를 주저했다. 뮌헨의 집을 되찾고, 심지어 여권 기한을 연장하려는 희망을 품고 있었기 때문이다. 1934년 봄에 토마스 만은 독일 내무부 장관에게 보내는 편지에서 자신의 정치적 입장을 명확히 밝히고 히틀러 정권에 대한 혐오감을 표시했다. 그로써 실제적인 망명 생활에 들어갔다. 토마스 만은 망명 초기에는 망명가들과 연대하지 않고 독자적으로 개인적 사명을 수행하려고 했지만, 후에 생각을 바꾸어 그들의 입장에 동조했다. 이리하여 토마스 만은 독일 망명자들 중 가장 핵심 인물이 되어 1935년 4월 1일에 처음 나치 정권을 공개적으로 반박하기에 이르렀다. 그렇지만 기질상 지식인들의 집단행동에는 늘 어느 정도 거리를 두려고 했다.

「내가 독일에 돌아가지 않는 이유」를 보면 내가 좋아한 최인훈의 소설 『광장』의 주인공이 생각난다. 대학 초년 시절 『광장』을 읽고 『토니오 크뢰거』에 버금가는, 아니 훨씬 그 이상의 전율에 떤 적이 있었다. 그래서 처음엔 이 정치 에세이 제목을 '내가 독일에 돌아가지 않는 이유'로 했다가 논의 끝에 좀 더 포괄적인 제목을 달기로 했다. 그러나 내 마음 속 제목은 여전히 '내가 독일에 돌아가지 않는 이유'이다. 유랑하는 노마드적 삶에 알 수 없는 애착이 가서이다. 토마스 만은 나치의 정치적 탄압을 피해 프랑스, 스위스 등지를 떠돌다가 미국으로 건너가면서 결국 조국을 등졌는데, 『파우스트 박사』를 쓰던 중 잠시 중단하고 쓴 화급한 글이 「독일과 독일인」이다. 진정 독일을 사랑하는 자는 애국을 부르짖는 나치 세력이 아니라 독일 문화를 대변하고 대표하는 자신이라는 것이다. 그렇지만 제2차 세계대전이 끝난 후 결국 서독과 동독 어느 한쪽을 선택하지 않고 제3국 스위스에서 여생을 보낸다. 이런 의미에서 토마스 만은 남한은 부패했고, 북한은 폭압 정치를 한다는 이유로 남북한 어느 쪽도 선택하지 않고 인도로 향한 이명준의 원조 격이라 할 수 있다. 물론 젊은 이명준은 인도양에 투신하고, 나이 든 토마스 만은 끝까지 살아남았지만 말이다. 혹시 최인훈이 이런 스토리를 알고 주인공을 그렸을지도 모른다. 물론 인민군 포로들 중 남과 북 어느 쪽도 선택하지 않고 인도로 간 실제 모델들이 있었다. 1945년 독일이 패망하자 많은 독일인들이 노벨문학상 수상 작가 토마스 만에게 독일로 돌아오라고 요청하면서, 심지어 신생 독일의 대통령이 되어달라고 부탁하는 사람들도 있었다.

토마스 만은 이 에세이에서 『부덴브로크가의 사람들』을 여러 번 긍정적으로 언급하고 있다. 이 작품은 『수레바퀴 밑에』(헤르만 헤세)와 마찬가지로 강한 제도 비판을 하진 않지만 전후 독일 교육제도를 획기적으로 바꾸는 데 큰 기여를 했다. 이처럼 작품의 참여적 성격이 약하다고 해서 사회변화에 공헌하지 않는 것은 아니다. 필자는 27년 전 과감하게 이 작품 번역에 나섰다. 기존의 번역 작품이 장정도 글씨도 내용도 역자 성향마저 마음에 들지 않아서였다. 책을 내줄 출판사도 정하지 않은 상태에서의 무모한 도전이었다. 촌음을 아껴 2년여 만에 완성하고는 적성에 맞지 않게 여러 군데 출판사를 돌아다녀 보았지만 받아주는 곳은 아무 데도 없었다. 한 급진적인 신예 평론가는 팔리지도 않을 지루한 작품을 왜 번역했냐는 식이었다. 힘이 빠지는 말이었지만 사실 옳은 말이었다. 그래도 열심히 교정하고 가제본도 해서 책 비슷하게 만들어 가지고 있었는데, 민음사에서 세계 문학 전집을 낸다는 솔깃한 소식이 들렸다. 나한테 무관심한 쌀쌀맞은 여자한테 전화 걸 때처럼 떨리는 심정으로 편집진에 연락해보니 이미 필자가 정해졌고 계약금도 지불했다는 것이었다. 당연히 강력한 퇴짜를 맞고 절망했으나 필자가 누군지 꼬치꼬치 물어 다짜고짜 그분의 학교로 쳐들어갔다. 똑같이 바닷가 출신임을 화제로 삼아 얘기하다가 내가 이미 번역을 다 했다고 말씀드리니 놀란 표정을 지으며 가제본을 놓고 가라고 했다. 괜찮게 번역했는지 한번 봐야겠다는 것이다. 며칠 후 통화해보니 잘 번역되었다면서 이미 받은 계약금도 나에게 돌려주겠다고 해서 뜻하지 않게 번역 초보인 내가 그 자리에 들어서게 되었다. 남에게 하는 처음이자 마지막 부탁이었는데 세상에 있기 어려운 일이 벌어졌다. 드물게 실력도 인품도 있는 고명한 분이다. 이 작품으로 그해 번역상까지 받게 되어『마의 산』,『의지와 표상으로서의 세계』등 죽 번역 노마드 인생이 시작되었다. 그 후 20여 년 동안 거의 저녁도 주말도 없이 홀로 외로이 고3 수험생처럼 작업에 매진하게 되었다. 여자가 아닌 책에 작업 거는 무미건조한 남자. 그 몰락의 장편은 번역 완성 후 6년 만에 겨우 나왔지만, 이 에세이 모음집은 무려 20년도 지난 뒤 세상의 빛을 보게 되니 악전고투라는 묘한 공통점이 있다고 하겠다.

토마스 만은 처음에는 정치적·사회적 문제에는 관심을 두지 않았다. 제1차 세계대전이 일어나기 전까지 비정치적인 입장을 취해왔던 그는 제1차 대전 중 그의 형 하인리히 만과 벌인 대결에서 군주제를 옹호하는 모습을 보인다. 그는 계몽 군주 프리드리히 대왕(프리드리히 2세)을, 형은 프랑스의 앙리 4세를 모범으로 삼았다. 20세기 전환기의 시대적 갈등이 토마스 만의 내면세계에 많은 영향을 끼쳤지만, 그는 당시 대부분의 독일인들과 마찬가지로 빌헬름 제국을 지지하는 입장이었다. 그가 작가로는 위대함을 인정받고 있으나 그의 정치적 역할에 대해서는 상반된 견해가 존재한다. 독일에서 토마스 만 만큼 이중적 평가를 받는 작가도 드물다 할 수 있다. 이러한 경향은 벌써 1920년대부터 지속되어 왔다. 탄생 백 주년인 1975년에도 사정은 마찬가지였다. 하지만 그가 살아온 시대는 그의 침묵을 허락하지 않았다. 그는 시대에 대해 자신의 의견을 개진하고 자신의 마음을 털어놓을 내적인 필연성을 느꼈기에 문학 작품을 쓰는 이외에 간간이 정치적 저술가로도 활동했다.

토마스 만의 사상은 문학 활동을 시작할 당시 낭만주의적, 보수적 휴머니즘에서 세계시민주의, 사회적 휴머니즘으로 발전 변모하고 있다. 진보에서 보수로, 좌에서 우로 옮아가는 사람들이 많은 현실에서 볼 때 오히려 그 반대의 길을 간 토마스 만은 무척 특이한 경우라 할 수 있다. 자아가 마음에 들지 않는다고 무의식의 영역을 넓혀 주다간 자아의 설 자리가 좁아진다. 그는 독창적인 자신만의 길을 갔으니 『마의 산』의 카스토르프나 『파우스트 박사』의 아드리안 레버퀸처럼 나름 니체의 위버멘쉬Übermensch(매 순간 자기 자신의 삶을 부단히 극복하고 새로운 가치를 창출하기 위해 결단을 내리는 존재)의 길을 걸었다고 할 수 있다. 그는 바이마르 공화국이 들어서자 시대에 순응하여 공화제를 받아들이며 점차 진보적인 색채를 띠게 되는데, 그 중심에는 늘 휴머니즘과 반파시즘 정신이 자리하고 있다. 그렇지만 토마스 만의 정치적 견해의 변모를 수미일관하게 서술한다는 것은 간단한 일이 아니다. 그에게는 지속성과 변화의 모습이 복잡하게 얽혀있기 때문이다. 그러나 평생에 걸친 그의 예술적·정치적 고뇌를 살펴봄으로써 양극화의 혼돈에 빠진 우리 사회가 나아갈 길을 모색해보는 계기가 될 수도 있을 것이다.

끝으로 이 책이 나오는 데 물심양면으로 도움을 준 도서출판 청송재 장종표 사장님, 편집 및 디자인을 세련되게 해준 아테네 양성숙 사장님, 그리고 일러스트레이션을 담당한 홍소정 디자이너에게 고마움을 전한다.

2020년 가을, 홍성광

"정치를 외면한 가장 큰 대가는
가장 저질스러운 인간들에게 지배당하는 것이다."

One of the penalties for refusing to participate in politics is
that you end up being governed by your inferiors.

―플라톤,『국가』

일러두기

1. 이 책은 독일 피셔Fischer 출판사에서 발행한 『토마스 만 에세이Thomas Mann Essays』를
   바탕으로 작업하였으며, 한국에 처음으로 번역 소개되는 정치평론 13편을 우리말로 옮겼다.
2. 본문 큰괄호의 설명은 저자가 붙인 것이며, 작은괄호의 주는 편집자가 붙인 것이다.
3. 본문 각주는 모두 옮긴이의 주다.
4. 인명 및 지명의 표기는 국립국어원의 외래어 표기법에 따랐다.
5. 단행본 및 잡지, 논문집의 제목은 『 』로 표기하였으며, 신문, 논문, 강연, 단편, 시를 비롯해
   미술, 음악, 연극, 영화 등 예술 작품의 제목은 「 」로 표기하여 구분하였다.

차례 THOMAS MANN ESSAYS

THOMAS MANN

1875-1955

20세기 토마스 만의 시대

962-1806 신성로마제국: 동프랑크 왕국 오토 1세의 초대 황제 즉위

1701 프로이센 왕국(1701~1918): 프리드리히 1세 즉위

1740 프리드리히 2세 즉위: 오스트리아 왕위 계승 전쟁

1756-1763 7년 전쟁(슐레지엔 전쟁): 슐레지엔이 프로이센에 귀속

1786 프리드리히 빌헬름 2세 즉위

1789 프랑스 대혁명

1806 나폴레옹의 베를린 진주(나폴레옹 전쟁): 신성로마제국 멸망

1815 독일 연방(1815~1866) 성립

1840 프리드리히 4세 즉위

1848-1849 독일 혁명(베를린 3월 혁명): 공산당 선언 발표

1861 빌헬름 1세 즉위

1862 비스마르크, 프로이센 수상 취임

1870-1871 프로이센·프랑스 전쟁(보불 전쟁): 프로이센의 승리

1871-1918 독일 제국(프로이센 왕국의 독일 통일): 빌헬름 1세 황제 즉위

1886 빌헬름 2세 즉위

1914 사라예보 사건(6월): 오스트리아 황태자 암살됨

1914-1918 제1차 세계대전(8월): 독일이 러시아와 프랑스에 선전 포고

1917 러시아 2월 혁명: 러시아 사회주의 혁명

1918 독일 혁명(11월 혁명): 황제 퇴위, 독일 제국 제정체제 붕괴

1919-1933 바이마르 공화국: 독일 사회민주당(SPD)의 공화국 수립

1929-1939 세계 대공황: 미국 월가 주식 대폭락으로 전 세계 파급

1933-1945 나치 독일: 국가사회주의 독일노동자당(나치당)과 히틀러의 독재 치하

1939 제2차 세계대전: 독일군의 폴란드 침공

1940 독일군의 파리 점령

1945-1949 독일의 무조건 항복 선언과 패망: 연합군 통치 시대

1946 뉘른베르크 전범 재판

1949-1990 동서독 분단: 동독 정부 수립, 서독 정부 수립

1973 동서독의 유엔 가입

1990 독일 연방공화국: 10월 3일 독일의 재통일

GEDANKEN IM KRIEGE

THOMAS MANN 1914

————

THOMAS MANN

1

문명 대 문화 **전쟁 중의 생각**

제1차 세계대전이 시작되던 1914년 8~9월 사이에 쓰인 이 글은 1914년 「디 노이에 룬트샤우*Die neue Rundschau*」(베를린에서 간행된 문학 잡지)에 처음으로 실렸고, 『토마스 만 전집*Thomas Mann Gesammelte Werke*』[1] 제13권 1471~1484쪽에 실려 있다. 제1차 세계대전이 일어나기 전까지 토마스 만은 비정치적인 예술가 입장을 취하면서 정치적인 문제에 공개적으로 견해를 밝힌 적이 없었다. 그랬던 그가 국수주의적인 입장에서 전쟁을 옹호함으로써 사람들을 놀라게 하였다. 이 에세이는 〈야만에 대항하는 문명의 전쟁〉이라는 영국과 프랑스의 전쟁 슬로건에 자극을 받아 쓰였다. 그는 영국과 프랑스에서 독일을 지칭하는 슬로건인 '야만'을 '문화' 개념에 포함시켜, 그들이 말하는 '문명과 야만'의 대립을 '문명과 문화'의 대립으로 바꾸어 놓고, 문화·예술·전쟁을 동일 선상에 두고 있다. 그는 예술은 진보와 계몽주의, 안락함을 보장하는 사회 계약, 요컨대 인류의 문명화에 내적으로 관심이 없으며, 예술의 휴머니즘은 전적으로 비정치적인 속성을 지니고 있다고 본다. 예술은 보존하고 형태를 부여하는 힘이지 해체적인 힘이 아니라는 것이다. 전쟁 발발 초기에 사람들은 전쟁을 정화이자 해방으로 느끼며 커다란 희망을 품기도 했다. 전쟁을 깊디깊은 시련을 대비하는 전대미문의 놀랍고도 열광적인 국가 결속으로 본 것이다. 이 글에서 당시 지식인들의 세계관을 엿볼 수 있다.

---

1 *Thomas Mann Gesammelte Werke*: in Dreizehn Bänden, Fischer Verlag, Frankfurt am Main, 1974.

토마스 만은 독일의 승리만이 유럽의 평화를 보장할 수 있고, '독일적 영혼'의 보존이 문화 예술의 심화에 기여할 것이라며, 독일의 군국주의, 윤리적인 보수주의, 군인적인 도덕성이 마성적이고 영웅적인 요소라고 주장한다. 독일의 지식인 가운데는 헤르만 헤세, 하인리히 만, 레네 쉬켈레, 카를 쉬테른하임, 프란츠 베르펠, 요하네스 베허 같은 극소수의 사람들만이 전쟁에 반대하는 입장을 취했지만 대다수의 독일 지식인들은 전쟁을 찬양하며 빌헬름 제국(1871~1918)의 군주제를 지지했다. (독일 제국이 붕괴되고 군주제에서 공화제로 바뀐 독일은 1919년 바이마르 공화국으로 거듭난다.) 당시 가장 저명한 작가였던 게르하르트 하우프트만에 이어 프리드리히 군돌프, 로버트 무질, 슈테판 게오르게, 베르너 좀바르트, 리하르트 데멜, 라이너 마리아 릴케 등이 전쟁에 찬성하는 입장을 보였다. 한편 독일 대학생들의 반전 시위가 있었다. 베를린 자유학생연맹회장 발터 벤야민(1892~1940)도 반전 시위에 나섰다. 그러나 절친했던 2명의 친구가 반전의 의사표시로 자살을 택하자 벤야민은 의욕을 잃고 침묵을 택하며 간접적으로 전쟁에 반대하는 뜻을 보였다. 베르톨트 브레히트는 「죽은 병사에 관한 전설」이라는 시를 써서 1차 세계대전 당시 사람들을 무차별 징집한 루덴도르프 장군을 규탄하기도 했다. 헤르만 헤세는 기독교도들의 완전한 침묵에 놀라움을 금치 못한다. 교황은 안전하게 멀리 떨어진 곳에서 친절한 경고라도 했지만 각 나라의 교회들은 음과 양으로 전쟁을 옹호하는 입장에 있었고, 각 지역 교회와 목사들은 부끄러움도 없이 범죄적인 전쟁문서에 큼직한 자리를 차지했다.

일간 신문, 그것도 국내외의 일간 신문에서 '문화'와 '문명'이라는 표제어를 사용하는 것을 보면 표현이 대단히 부정확하고 자의적인 경우가 다반사다. 종종 사람들은 두 단어를 동의어로 혼동하는 것 같다. 문명이 고양된 것이 문화라고 생각하거나 혹은 그 반대라고 생각하는 사람들도 종종 있는 것 같다. 어떤 상태가 더 높고 더 고상한 것으로 통용되는지는 지금도 확실하지는 않다. 내 개인적으로는 그 개념들을 다음과 같이 정의해 놓았다.

문명과 문화는 동일한 의미가 아니라 서로 반대되는 뜻이다. 세상에는 정신과 자연이라는 영원히 대립되고 반대되는 다양한 현상들이 있는데 그것들 중의 하나가 문명과 문화의 대립이다. 가령 멕시코가 발견될 당시 이 나라에 문화가 없었다고 주장하는 사람은 아무도 없을 것이다. 하지만 당시에 멕시코가 문명국이었다고 주장하는 사람도 없을 것이다. 분명히 문화는 야만의 반대 개념이 아니다. 오히려 문화는 종종 세련된 양식을 지닌 야만일 때가 있다. 어쩌면 고대의 모든 민족 중에서 중국인들만 문명화되어 있었을지도 모른다.

문화는 완결성, 양식, 형식, 태도, 취향이며 세계의 어떤 정신적 조직이다. 이 모든 것이 아무리 모험적이고, 우스꽝스럽고, 조야하고, 잔인하고 끔찍하다 할지라도 말이다. 문화는 신탁, 마술, 남색, 요괴, 인간 제물, 열광적인 경배 형식, 종교재판, 이를 통한 처형, 무도병², 마녀재판, 독살의 만연 및 난잡한 만행을 포괄할 수 있다. 하지만 문명은 이성, 계몽, 부드러움, 예절, 회의懷疑, 해체이며 정신이다. 그렇다, 정신은 예의 바르고 시민적이다. 정신은 충동이나 열정과는 정반대 개념이다. 정신은 반악마적이고 반영웅적이다. 정신이 천재의 반대 개념이라고 말한다면 이는 얼핏 모순되는 것처럼 보일지도 모른다.

예술가적 재능을 소유하고 있는 천재는 아마 정신과 정신적 공명심을 지니고 있을지도 모른다. 정신과 위엄을 갖춤으로써 더 나아진다고 생각할지도 모르며, 자기 자신을 장식품으로 이용하거나, 영향력을 행사하는 데 이용할지도 모른다. 그렇지만 본질과 유래 면에서 볼 때 천재가 전적으로 다른 쪽에 속한다는 사실에는 아무런 변함이 없다. 천재란 더 깊고, 더 어두우며, 더 뜨거운 세계에서 유래하는 존재이다. 이 세계를 변용시키고 양식상으로 제어하는 것을 우리는 문화라고 부른다. 오늘날 사람들은 사실 정신적인 것, 지적인 것, 감각적인 것, 그러니까 재기발랄한 것을 천재적인 것과 혼동하고 있다. 우리 모두는 이를 혼동하는 경향이 있다. 하지만 이 혼동은 잘못된 것이다. 투르게네프³는 언젠가

---

2 태런티즘(tarantism): 독거미의 일종인 타란툴라(tarantula)에게 물리면 걸린다는 무도병(舞蹈病). 걸음 걸이가 춤을 추는 모습처럼 보여 붙은 이름이다. 15-17세기 남부 이탈리아에서 유행하였다.

어떤 딜레탕트(전문가적 의식이 없는 예술 애호가) 글쟁이가 보낸 글에 대한 답장을 편집자에게 부탁하면서, 정신과 예술이 서로 아무 관계가 없음을 명랑하고도 간단하게 표현했다. "당신은 많은 정신을 지녔으나 재능은 없습니다. 그런데 문학은 재능만을 필요로 합니다."

모든 문화와 마찬가지로 예술은 악마적인 것의 승화이다. 문화의 규율은 예절보다 더 엄격하고, 문화의 지식은 계몽주의보다 더 심원하며, 문화의 무구속성과 무책임성은 회의懷疑보다 더 자유롭다. 문화는 학문적인 방법이 아닌 감성적이고 신비적인 방법으로 인식한다. 모든 자연적인 것과 마찬가지로 감성에는 신비적 속성이 있기 때문이다. 괴테⁴는 밤에 바이마르의 침실에서 자연스럽고 신비적인 방법으로 메시나의 지진을 감지했다. 헬름홀츠⁵는 괴테의 자연 연구에 대해 '자연과학적 예감'이란 명칭을 썼다.

---

3 투르게네프(Ivan Turgenev, 1818-1883): 당시 유럽적 시각과 정서를 가진 유일한 러시아 작가. 1856년부터는 주로 독일과 프랑스에 살았다. 그는 사회제도에 대해 끊임없는 적의를 품었는데, 인텔리겐치아(제정 러시아 때 혁명적 성향을 가진 지식인)가 조국의 사회적·정치적 개선을 위해 헌신할 사람들이라는 생각을 갖게 되었다. 그의 소설 『아버지와 아들』은 서로 다른 정치적·사회적 가치를 추구하는 구세대와 신세대 간의 갈등을 다루었다.

4 괴테(Johann Wolfgang von Goethe, 1749-1832): 독일의 시인, 소설가, 극작가, 정치가, 자연과학자. 독일 고전주의를 대표하는 세계적인 대문호 괴테는 바이마르 공국에서 재상직을 지내기도 하였다. 『젊은 베르터의 고뇌*Die Leiden des jungen Werthers*』(1774)를 쓴 다음 해 바이마르로 이주하여 이 도시를 문화의 중심지로 끌어올리는 데 결정적인 역할을 한다. 일찍이 셰익스피어가 영국 문화와 영어에 끼친 영향 못지않게, 괴테는 독일 문화와 독일어에 막대한 영향을 끼쳤다. 나폴레옹은 1808년 에르푸르트에서 괴테를 처음 만난 뒤 "여기 인간다운 인간이 있다!"라는 전설적인 말을 남겼다. (괴테는 나폴레옹의 계몽된 지성과 부패한 기존 체제에 대한 대안을 구축하기 위한 그의 노력에 감명받았다.) 루터교 가정에서 태어났으나 리스본 지진(1755)과 7년 전쟁(1756-1763)을 계기로 신앙에 회의를 느꼈던 괴테는 1782년 "난 반기독교인이나 말뿐인 기독교인이 아니라 비기독교인이다."라고 말했다.

괴테가 초자연적 힘을 지닌 자신의 지식을 발표하면서, 관찰과 결론을 위해 이 지식을 알리려 하자 궁정 귀부인들이 "들어보아라, 괴테가 열광하고 있다!"라고 말했다. 하지만 얼마 후 파국의 기별이 왔다. 마성적인 독일인이자, 지금껏 살았던 사람들 중에서 자연의 가장 고매한 아들인 괴테가 프랑스 대혁명에 냉정한 태도를 취한 까닭은 그의 질서를 존중하는 의식 때문이기도 했지만, 그 대혁명이 문명화되어 가는 정신의 소산이었기 때문이다.

그러면 예술은 어떤가? 예술은 문명과 관계되는가 아니면 문화와 관계되는가? 우리는 주저하지 않고 답변할 수 있다. 예술은 진보와 계몽주의, 안락함을 보장하는 사회 계약, 요컨대 인류의 문명화에 내적으로 관심이 없다. 예술의 휴머니즘은 전적으로 비정치적 속성을 지니고 있으며, 예술의 성장은 국가 형태나 사회 형태와 무관하다. 광신주의와 미신은 문화의 번성을 도와주지도 방해하지도 않았다. 그리고 확실히 예술은 이성과 정신보다 열정이나 자연과 훨씬 친밀한 관계에 있다. 예술이 혁명적인 몸짓을 보인다면 진보의 의미에서가 아니라 원초적인 방식으로 그러는 것이다. 예술은 보존하고 형태를 부여하는 힘이지 해체하는 힘이 아니다. 사람들은 예술이 종교나 인류애와 유사하다고 생각해 예

---

5   헤르만 폰 헬름홀츠(Hermann von Helmholtz, 1821-1894): 독일의 물리학자, 생리학자. 베를린대학 물리학 교수(1871)가 되어 전기역학, 유체역학, 광학, 기상학, 인식론 등에 크게 공헌하였다. 1847년 논문 「힘의 보존에 대하여*Über die Erhaltung der Kraft*」를 발표하고 '에너지 보존의 법칙'을 수학적으로 표현, 물리학 전반에 적용된다는 것을 명백히 하였다. (에너지에는 운동, 위치, 열, 전기 에너지 등 많은 형태가 있는데, 이들은 상호 전환될 수 있고 이때의 에너지의 총화는 일정하다. 에너지는 그 형태를 바꾸거나 물체에서 물체로 옮겨도 전체의 양에는 변함이 없다는 물리 법칙.) 또한 유체역학을 연구하여 유명한 '소용돌이의 정리'를 밝혔다.

술을 존중해왔다. 예술은 지구와 우리 모두의 마음에 충격을 주는 전쟁 같은 삶의 다른 원초적인 힘이나 근원적 힘에 필적할 만하다.

예술과 전쟁이 서로 비슷함을 말해주는 전적으로 비유적인 관계가 있지 않은가? 적어도 나는 옛날부터 군인의 모습에서 자신을 재인식하는 자가 가상 나쁜 예술가는 아니라고 생각해 왔다. 오늘날 전쟁에서 승리의 원칙인 체계적인 조직화가 바로 예술의 본령인 제1원칙이다. 감격과 질서의 상호 영향, 체계성, 전략적 토대들인 창조, 건설, '후방과 연결하면서' 앞으로 나아감, 연대성, 정확성, 용의주도함, 용감성, 피곤과 패배를 견뎌내는 의연함, 물질의 끈질긴 저항과의 싸움, 시민적인 삶에서 '안전'이라고 불리는 것의 경멸('안전'은 즐겨 쓰이는 표현으로 시민의 가장 커다란 요구이다), 위험하고 긴장되고 신중한 삶의 습관화, 자기 자신에 대한 단호함, 도덕적인 과격성, 극단적인 것에 빠져듦, 순교 정신, 몸과 마음을 다해 애를 씀, 그러지 않고는 무언가를 시도한다는 것이 우스꽝스럽게 보임, 규율과 명예의 표현으로 결국 장식품과 찬란한 것을 중시하는 것. 이 모든 것은 사실 군대식인 동시에 예술적이다. 예술을 전쟁, 파괴적인 전쟁이라 부르는 것은 무척 합당한 표현이다. '복무'라는 단어가 예술에 더 어울린다. 사실 예술가의 복무는 사제의 그것보다도 군인의 복무와 훨씬 유사하다. 문학에서 즐겨 사용되는 예술가와 시민이라는 반대 명제는 낭만적인 유산으로 특징지어져 왔다. 나는 그것에 전적으로 동감할 수는 없다. 우리가 말하고자 하는 대립은 이러한 부르주아와 집시의 대립이 아니라 민간인과 군인의 대립이기 때문이다.

이제 전쟁이 시작되자 시인들 가슴도 즉각 화염에 휩싸이지 않았는가! 그런데 시인의 가슴은 평화를 사랑한다고 생각해 왔으며 실제로 그래왔다. 각자 자신의 인간성에 따라서, 어떤 자는 농부처럼, 어떤 자는 온순하게 독일적인 교양을 지니고 평화를 사랑해왔다. 이제 그들은 기뻐 어쩔 줄 몰라 환호성을 지르며 경쟁하듯 전쟁을 노래했다. 그들과 그들 민족에게는 온 세상에서 그것보다 더 나은 일, 더 아름다운 일, 더 행복한 일이 있을 수 없는 듯 보였다. 급기야 이 민족은 절망적일 정도로 압도적인 적대감에 휩싸였다. 그들 중에서 가장 고상하고 가장 유명한 사람도 전쟁을 맞이하며 감사의 인사를 했다. 이 인사는 저 용감한 사람보다는 더 진실하지 않았다. 그 용감한 자는 일기장에 다음과 같이 외치며 힘찬 노래를 시작했다. "나는 마치 새로 태어난 기분이구나!"

시인들의 이러한 행동이 아무리 하찮고 미미하기 짝이 없다 하더라도 이를 호기심과 모험심으로, 단순히 재미 삼아 한 일로 해석하는 것은 경솔한 짓이며, 결코 그렇게 해석해서는 안 된다. 또한 그들은 광신적인 의미에서 결코 '애국주의자'가 아니었으며, 외적으로나 내적으로도 정치가인 경우가 극히 드물기에 그들은 '제국주의자'도 아니었다. 그래서 전쟁으로 국내에서 즉각 다음과 같은 의아하고 모순되는 일이 일어났다. 즉 사회민주주의와 군부가 긴밀한 협조를 했으며, "군부 독재 치하에서 독일이 자유로워졌노라!"라는 외침으로 어떤 과격한 문사를 감동시켜 내적인 상황이 환상적으로 새로워졌다. 이 모든 사실에도 시인들은 어쩌면 시를 쓰지 않을지도 모른다. 하지만 그들이 정치가가 아니라면 그

예술과 정치 반지성주의를 경계하며

들은 항시 다른 그 무엇인 도덕주의자이다. 정치가 이성, 민주주의, 그리고 문명과 관계되는 것이라면 도덕은 문화나 영혼과 관계되는 것이기 때문이다.

전쟁이 발발한 첫날을 우리 회상해 보기로 하자. 위대한 것, 더 이상 가능하다고 생각하지 않았던 일이 벌어진 도저히 잊을 수 없는 그 첫날을! 우리는 전쟁이 일어나리라고 생각하지 않았다. 유럽이 필연적으로 파멸을 맞으리라는 것을 우리의 정치적 통찰력으로 인식하기에는 불충분했다. 하지만 도덕적인 존재로서의 우리는 재난이 닥쳐오는 것을 목격했다. 아니 어쩌면 나름대로 그것을 열망했는지도 모른다. 우리는 세계, 우리의 세계가 이런 식으로는 더 이상 지속될 수 없음을 마음속 깊이 느끼고 있었다.

자신들의 개인적 능력을 넘어서는 끔찍한 사명으로 전쟁을 일으킨 남자들보다 우리는 이 세계, 이 평화의 세계와 캉캉 춤을 추는 예절의 세계를 더 잘, 고통스러울 정도로 더 잘 알고 있었다. 우리의 신경과 영혼으로 우리는 그들보다 이 세계에 대해 더 깊이 괴로워할 줄 알았다. 이젠 더 이상 존재하지 않는 잔혹한 세계, 혹은 뇌우가 지나가 버리면 더는 존재하지 않을 잔혹한 세계에 대해! 이 세계에는 구더기 같은 정신의 해충이 우글거리지 않았던가? 문명의 분해 물질로 세계는 발효해 악취를 풍기지 않았던가? 세계가 무정부적이었고, 세계에 나침반과 신념이 없었으며, 세계가 늑대나 장사꾼 같았다면 세계는 아마 몰락했을지도 모른다. 하지만 세상에서 만들어낸 장애물과 살균제의 과도한 남용으로 혐오감이 극대화되었다. 윤리적인 반응, 도덕 재무장 운동이 일어나거나 준비되었다. 극악무도한 것을 배척하려는 새로운 의지, 몰락에 대한 공감을 취소하려는 새로운 의지, 정직함과 순수함, 올바른 처신에 대한 의지가 생기려고 했다. 현명한 불한당으로서는 사실 이것을 가장 새로운 것으로 선언하고, 늦지 않게 그에 대비할 만한 충분한 이유가 있다.

어찌할 수 없는 극단적인 단계에 돌입해 도덕이 부패의 변종이 되었고, 단정함이 약한 의욕과 가당치 않은 태도로 치부되었으며, 참담함이 윤리적으로 허세를 부렸다. 정신에서 나온 나쁜 것이 좋은 것을 대변해 잔혹한 것이 된 반면, 불확실함과 혼란에서 나온 좋은 것들은 나쁜 것을 위해 힘을 다했다. 진위 여부를 판정하는 시금석이란 존재하지 않았고, 저주를 할 용기도 가능성도 더 이상 없었으며, 누구나 어찌할 바 몰라 했다는 사실이 너무 많이 이야기되지 않는가? 품위? 하지만 품위는 고등 사기이자 속물근성이었다. 파렴치함? 하지만 파렴치함에는 재능이 있었다. 게다가 파렴치함이란 희생이고, 더럽고 피비린내 나는 관대한 형식이란 점을 이해시켜 주었다. 예술가가 따분해서 질려 있는 평화로운 세계가 붕괴하게끔 예술가, 예술가 속의 군인이 왜 신을 찬양해서는 안 된단 말인가?

전쟁! 이것은 우리가 느꼈던 정화이자 해방이었으며 엄청난 희망이었다. 시인들은 오직 이 점에 관해서만 말했다. 그들에게 제국, 무역 주권, 승리란 대체 무엇인가? 우리의 승리, 독일의 승리가 우리의 눈물을 자아내게 하고 행복에 겨워 우리를 밤에 잠 못 들게 할지라도 지금껏 승리의 노래가 불리지 않았다. 아직 승리의 노래가 없었다는 점을 주목해야 한다. 시인들을 감동시킨 것은 재난이자 윤리적 고난인 전쟁 그 자체였다. 이 전쟁은 깊디

예술과 정치 반지성주의를 경계하며

깊은 시련을 대비하는 전대미문의 놀랍고도 열광적인 국가 결속이었다. 이것은 지금껏 여러 민족의 역사에서 경험하지 못한 결연한 급진주의였다. 평화의 안락함으로 독성을 함유하게 된 모든 내적인 증오는 어디에 있었던가? 불행의 유토피아가 떠올랐다…

> "우리는 적들에 에워싸여 있으므로, 우리가 열심히 일한다 해도 원료 공급이 막혀 국민의 일자리도 먹을 것도 없어질 것이므로 우리는 엄청난 재산세를 물게 될 것이다. 부자들은 재산의 2/3까지, 아니 재산의 9/10까지 세금으로 납부하게 될 것이다. 우리나라는 존속하기 위해 자발적이고 질서 정연한 독일적 코뮌(1871년의 프랑스 파리 시민과 노동자들이 수립한 사회주의 자치 혁명정부. 파리 코뮌. 단기간에 불과하였지만 사회주의 운동에 큰 영향을 주었다)이 될 것이다."

이것은 최소한의 상태였다. 그런 다음 처음으로 결정이 내려졌을 때, 깃발이 올라가고 요란한 폭음이 울리며 우리 국군의 개선 행렬이 파리 성문 앞까지 다다랐음이 알려졌을 때 일이 너무 수월하게 잘 진행되어 간다는, 우리 적의 무신경함 때문에 우리의 아름다운 꿈들이 실현된다는 실망감이나 각성의 분위기가 감지되지 않았던가? 걱정할 필요 없으리라! 우리는 출발점에 서 있고 시험에 들어 사기당하지 않을 것이다. 프리드리히 2세[6]는 수많은 영웅적 행위를 한 후 그에게 행운이 찾아왔다. 파멸 직전의 상황에 있었을 때 러시아 황제가 바뀌어 그는 구원을 얻게 되었다.[7] 그리고 독일은 오늘날 프리드리히 대왕 때와 유사한 상황에 처해 있다. 우리는 그의 싸움을 완수하고 있다. 우리는 그의 싸움을 또 한

번 수행해야 한다. 동맹국은 그때와 약간 달라졌으나 증오심으로 뭉친 유럽은 우리뿐만 아니라 왕인 그를 여전히 참으려고 하지 않는다. 우리는 그를 제거하는 것이 불가능함을 집요하고도 장황하게, 어쩌면 7년이라는 세월이 걸린다 하더라도 유럽에 증명해 보여야 한다. 프리드리히 대왕의 영혼도 우리 마음속에서 되살아났다. 그 영혼은 끝까지 버티는 인내심과 행동력이라는 정복할 수 없는 혼합물로 구성되어 있다. 그의 도덕적 급진주의는 그를 낯설게 보이게 했고, 음험한 동물처럼 역겹고도 끔찍하게 보이게 했다. 유럽은 프리드리히 대왕이 절체절명의 상황에 처해 있었음을 알지 못했다. 생사의 문제가 걸려있지 않았던 유럽이 그걸 어떻게 알았겠는가? 이것이 프리드리히의 윤리적 장점이었다. 유럽인들은 독일이 일사불란한 상태에 있음을 알지 못한다. 어떤 자들은 너무 부르주아가 되었고, 또 다른 자들은 능력을 발휘하기에는 너무 거칠고 너무 우둔하다. 하지만 지금의 독일은 너무 강해져서 유럽 사람들도 목숨을 걸고 3:1로 싸운다.

---

6 프리드리히 2세(Friedrich II, 1712-1786): 프로이센의 국왕(재위 1740-1786). 프리드리히 대왕(Friedrich der Große)이라 불린다. 부국강병에 앞장선 계몽전제군주를 자처하며 봉건적 전통을 벗어나 신앙의 자유를 허용하고 사법제도 개편, 고문 금지, 법전 편찬 등의 개혁을 추진하였다. 오스트리아 왕위계승 전쟁과 7년 전쟁을 승리로 이끌어 유럽의 5대 강대국(오스트리아, 프랑스, 러시아, 영국, 프로이센) 중 하나로 발전시켰다. 이 계몽군주는 볼테르의 도움을 받아 『반마키아벨리론』(1740)을 편찬했는데, 이 책은 자비·정의·책임감을 바탕으로 한 군주의 윤리를 규정하고 있다.

7 러시아가 동맹국 프랑스·오스트리아와 함께 프로이센을 붕괴시키기 직전인 1762년 1월, 프리드리히 2세와 오랜 적대 관계였던 러시아의 옐리자베타 여제(재위 1742-1762. 표트르 1세와 예카테리나 1세의 딸)가 사망한다. 조카 표트르 3세(프리드리히 2세의 열렬한 숭배자)가 즉위하면서 러시아는 전투를 중단시키고 오히려 1만 8,000명의 병력을 프로이센에 넘겨주었다. 러시아와 힘을 합친 프로이센은 위기에서 벗어났고 7년 전쟁에서 승리를 거둔다.

걱정할 필요 없으리라! 우리는 시험받을 것이고 독일의 승리는 하나의 역설일 것이다. 그렇다, 다수와 싸워 독일적 영혼이 승리하는 기적이 일어날 것이다. 독일이 천하무적이긴 하나 독일의 승리를 믿는 것은 비이성적일지도 모른다. 독일이 확고하고 의연하게 이렇게 믿는 것은 역사를 통틀어 잊힐 수 없는 기적의 시작이다. 하지만 영혼으로 승리를 선취한다는 말은 싸움의 윤리석인 과실을 우리가 갖는다는 말이며 우리가 승리한다는 말이다. 우리가 아는 한에는 그렇지 않지만 모든 지성을 동원해 볼 때 우리의 상황은 프리드리히 대왕의 상황보다 더 절망적이다. 우리는 고난, 말할 수 없이 처절한 고난에 처해 있다. 그런데 고난은 우리를 높이 고양시켜 주므로 우리는 고난을 기쁘게 맞이한다.

프로이센의 프리드리히(계몽사상가의 영향을 받아 합리적이며 개혁적인 정치를 추구하는 계몽 군주였다) 대왕에게는 친구가 한 명 있었다. 그는 그 친구에게 경탄했고, 멸시하기도 했으며 친구도 나름대로 대왕을 경탄하기도 미워하기도 했다. 그 친구는 문필가인 프랑수와 마리 아루에 볼테르[8]였다. 그는 위대한 시민이자 위대한 정신

---

8 볼테르(François Marie Arouet-de Voltaire, 1694-1778): 프랑스 철학자, 역사가, 문학자, 프랑스 계몽주의를 대표하는 비판적 지식인이다. 신앙과 언론의 자유를 추구하는 합리주의적인 계몽사상가로 활약하였다. 그는 18세기 유럽의 전제정치와 종교적 광신을 강력하게 비판하고 진보의 이상을 고취한 인물이다. 현실에 대한 그의 재치 넘치는 신랄한 풍자는 사람들의 가슴을 저항심으로 가득 차게 했다. 이성적, 합리적 사고, 자유와 민주적인 제도들을 대표하는 시대정신이었다. "우리는 진리의 힘으로 우리의 정신을 지배하는 사람을 존경하지만, 폭력으로 우리의 정신을 노예로 만드는 사람을 존경하지는 않는다." 그는 "사회는 진보하는 방향으로 발전한다"고 하였다. 저서로 철학소설 『캉디드』(1759), 『철학 사전』(1764) 등이 있다. 빅토르 위고는 "이탈리아에는 르네상스가 있었고, 독일에 종교개혁이 있었다면 프랑스에는 볼테르가 있었다"라는 말을 남겼다.

의 아들이었으며, 계몽주의와 모든 반영웅적 문명의 아버지였다. 그가 『백과전서*Encyclopédie*』(단어는 '모든 지식의 해석'을 의미했으나, 이성을 주장하고 권위에 도전한 계몽사상가들의 신념이 집약되었다)에서 쓴 것은 물론 왕을 무척 기쁘게 했고 변증법적으로 흥겹게 했다. 그런 다음 프리드리히는 작센^Sachsen^으로 갔다(7년 전쟁이 시작된다). 그는 볼테르를 포이부스^Phöbus^('빛이 나는 자'라는 뜻으로 태양신 아폴론의 별칭)라 부르기도 하고 궁중의 귀중한 익살 광대라 부르기도 했다.

이 둘의 관계[9]를 알고서 나는 이들을 이 글의 핵심을 이루는 대립적인 인물로 삼는다. 볼테르와 왕은 이성과 악마, 정신과 천재, 건조한 밝음과 먹구름 낀 운명, 시민적 단정함과 영웅적 의무이다. (볼테르는 왕을 중심으로 역사를 써 나가지 않고 인간 정신의 발전을 중심으로 역사를 저술했다. "나는 위대한 군주들의 역사에는 관심이 없고… 인간이 어떤 단계를 밟아 야만 상태에서 문명을 이룩해 왔는지 알고 싶다.") 볼테르와 왕은 오래전부터, 그리고 영원히 위대한 시민과 위대한 군인이다. 하지만 이들은 민족의 상징적인 인물들이다. 볼테르는 여전히 중심부에서 주도적인 지위를 차지하고 있으며, 독일의 왕은 어느 때보다도 우리 모두의 마음속에 살아 있다. 그러므로 이

---

9 프리드리히는 왕위에 오르기 전부터 18세 연상의 볼테르와 서신을 주고받으며 교유하기 시작했다. 볼테르를 존경한 그는 프랑스 문화와 예술에 사로잡혀 있었다. 그러던 어느 날 왕은 "이곳 포츠담에서는 누구나 프랑스어를 사용한다. 독일어는 군대에서나 쓸 뿐이다"라 며 볼테르를 포츠담의 상수시 궁전으로 초대했다. 실제로 대왕은 사무적인 경우를 제외하고는 프랑스어로 말하고 글을 썼다. 볼테르는 그의 초대에 기꺼이 응해 1750년 7월 이곳에 와서 3년간 머물렀다. 볼테르의 등장으로 대화의 좌장은 볼테르가 도맡다시피 했다. 그러나 너무나 섬세한 성품 탓인지 대왕은 볼테르의 시에 자주 사소한 트집을 잡았고, 이를 견디지 못한 볼테르는 그의 곁을 떠나버렸다. 그 일은 두 사람 모두에게 상처를 남겼으나, 그렇다고 의가 상할 정도는 아니었던지 두 사람은 죽을 때까지 서로 소식을 주고받았다.

두 인물의 대립은 민족적 의미를 띠어 여러 민족의 심리학을 해명해주는 의미를 갖는다.

우리는 전쟁 중에 있다. 그리고 우리 독일인들은 '이 전쟁이 어떤 가치를 지니는지' 즉각 파악했다. 우리에게는 권리 확보가 시급하다. 서구의 우리 적들은 결국 불가피하게, 전쟁에 가담하지 않은 자들과 역사의 판단에 그럴듯하게 보이게 하는 데 적합한 상투적인 논쟁적 표현을 쓸 수밖에 없었다. 그러면 그들이 서로 의견일치를 보아 날이면 날마다 투쟁을 부르짖으며 우리를 비방하는 것은 대체 어찌 된 까닭인가? 그들이 말하기를 이 전쟁은 문명의 투쟁이라는데, 대체 문명과 무엇과의 투쟁이라는 말인가? 그렇지만 '야만과의 투쟁'은 아니다. 그 말은 옳지 않을지도 모른다. 한바탕 소란이 벌어지지만 계속되지는 않을 것이다. 사람들은 보통 '군국주의와의 투쟁'을 끝내기를 더 좋아한다.

'문명 대 군국주의'라는 이 반대 명제가 물론 전쟁의 원인은 아니다. 이 반대 명제가 옳은 것도 아니다. 문명이 정치적 현상임을, 민주주의와 군국주의가 서로를 배제하지 않음을 프랑스의 국민군(1789년 프랑스 혁명 초기 조직된 민병대. 1789년 7월 조직되어 1871년 8월 파리코뮌의 붕괴 후 해체되었다)이 증명하고 있고 증명하고자 하기 때문이다. 오스트리아와 이탈리아의 군대, 영국의 거대 함대는 대체 군국주의가 아니고 뭐냐고 사람들은 물을 수 있을 것이다. 이에 대해 모욕당한 문명이 기껏 할 수 있는 답변은 독일은 최상의 군대, 현재 보기에는 최상의 함대도 보유하고 있다는 주장이다. 여기에 독특하고도 본보기가 되는 독일 군국주의의 본질이 있다는 것이다. 이 답변이 어느 정도는 적절할지도 모르지만 거기에는 원인과 결과, 병과 병의 징후가 혼동되어 있는 것이 문제점으로 지적될 수 있겠다. '문명 대 군국주의'라는 구호는 물론 좀 더 심원한 진실을 담고 있다. 선거 구호 같은 이 구호는 현실의 축소형으로 피상적이고 대중적이며 뒤를 든든하게 해준다. 이 구호는 독일적 영혼이 국제적으로 낯설고 섬뜩하다는 것을 표현한다. 이러한 정신이 물론 전쟁의 원인은 아니지만 아마 전쟁을 가능하게 만든 우선 요인일지도 모른다. 여기에 어떠한 사정이 있는지 우리 살펴보기로 하자.

냉정히 살펴보면 독일은 알다시피 비문명 국가이거나 프랑스나 영국보다는 덜 문명화된 국가라는 주장이 있다. 당돌하고도 배은망덕한 입장이다. 사실 영국 수상 애스퀴스[10]는 최근 이런 발언을 했다. "우리가 예전부터 독일 문화의 은덕을 입은 사실은 인정하지만 독일은 최근 들어 주로 살인 무기 제조에 탁월한 능력을 보여 왔다." 애스퀴스 수상만은 그러한 지적이 쓸데없는 소리에 불과함을 알고 있다. (독일의 뛰어난 전쟁 기술만이 독일의 수준을 보여주는 특질은 아니다.) 그런데 수상은 선동적으로 그렇게 말한다. 우리의 대포나 어뢰가 훌륭하긴 하지만 우리의 병원, 초등

---

10 허버트 헨리 애스퀴스(Herbert Henry Asquith, 1852-1928): 영국 자유당 출신의 총리. 제1차 세계대전 전후에 영국 수상(1908-1916)을 지냈다. 1908년 총리가 된 그는 영국의 제국주의적 식민지 팽창보다 국민생활 향상에 주력하여 많은 개혁을 실시했다. 세계 최초의 노령연금법(1908), 국민보험법(1911), 최저임금법(1912) 등 많은 사회입법을 제정하였으며, 영국이 복지국가로 진입할 수 있는 기초를 만들었다. 애스퀴스는 1914년 8월 4일 독일의 벨기에 침공으로 제1차 세계대전이 발발하자 독일에 선전포고를 하였다. 그러나 영국의 여론을 참전론 쪽으로 기울게 만들 때까지 영국의 참전을 보류했으며, 전쟁이 1914년 안에 끝날 것으로 오판하여 전시내각을 구성하지 않는 등 안일하게 대처하였다. 그는 1908년 총리를 맡아 제1차 세계대전이 한창이던 1916년 자리에서 물러났다.

학교, 학술 연구소, 호화 증기선과 철도도 그에 못지않게 훌륭하다. 우리의 전쟁 기술이 탁월한 것이 여타의 실제적인 힘을 희생시킨 대가는 아니다….

젊고 강력한 조직, 노동자 보험, 앞선 사회시설을 갖춘 독일이 사실 깨끗하지 못한 금권정치적인 부르주아지(자본가계급) 공화국보다 훨씬 현대적인 국가임을 상기한다면 '문명'이 의미하는 바가 아무 내용이 없는 것은 아니다. 이 공화국의 수도는 오늘날에도 '문명의 메카'를 자처하며 존경을 요구하고 있다. 프랑스는 축제 분위기에 빠져 대혁명이 일어난 1789년의 짚을 여전히 타작하고 있다. 그렇다면 사회적인 우리 독일의 제국은 앞으로 일종의 대의정치를 좀 더 바람직한 국가 형태로 삼을 것인가? 프랑스적인 급진주의의 결과를 볼 때 시민 혁명이 결국 막다른 골목에 이르러서는 무정부주의로 변모하거나 해체로 나아가는 게 아닌가? 자유와 광명으로 가는 길을 찾는 민족은 이 과정을 겪지 않은 자신을 행복한 존재라고 불러야 한다.

다음 한 가지 사실은 진실이다. 독일인들은 서구의 이웃 나라들처럼 '문명'이라는 단어에 매료되지 않았다. 그들은 프랑스인처럼 호언장담하며 그 단어를 마구 써먹지도 않으며 영국인처럼 짐짓 신실한 척하며 그 단어를 이용하지도 않는다. 그들은 단어와 개념으로서 '문화'를 늘 선호해 왔다. 하지만 무엇 때문에? 우리는 문명이라는 단어에서 우리를 각성시키는 정치적인 흔적과 음향을 느낀다. 반면에 문화라는 단어는 순전히 인간적인 내용을 담고 있기 때문이다. 그러한 정치적 단어는 사실 우리를 중요한 존재로 인식하게 하고 우리를 명예롭게 하지만, 우리를 일류로 만들어주지는 않는다. 지독히 내면적인 이 민족, 형이상학, 교육, 그리고 음악의 민족은 정치 지향적이 아니라 도덕 지향적인 민족이기 때문이다. 그리하여 독일인들은 민주주의, 의회제적 정부 형태나 공화주의로 나아가는 정치적 진보에 대해 다른 나라 사람들보다 더 주저하며 더 무관심한 모습을 보였다. 우리는 이러한 사실에서 결론을 내려야 하고, 내려도 된다고 생각했다.

이 독일인들이 모든 민족 중에서 본보기가 될 정도로 비혁명적인 민족이라는 말은 맞지 않는다. 왜 비혁명적이란 말인가! 마치 루터를, 그리고 칸트가 프랑스 대혁명을 조금도 염두에 두고 있지 않은 듯이 말이다. 신으로부터의 개인의 해방과 순수 이성 비판이 '인권' 선언보다 훨씬 과격한 전복이 아닌 것처럼 말이다. 하지만 우리의 군인 정신은 우리의 도덕주의와 정신적으로 관계가 있다. 그렇다, 다른 문화들이 극도로 섬세한 데까지, 예술에 이르기까지 시민적인 예절의 형태를 띠는 경향을 보이는 반면 독일의 군국주의는 사실 독일적 도덕성의 형태이자 현상이다.

독일적 영혼은 너무 심원해서 문명이 이 영혼의 상위 개념이거나 가령 최상위 개념일 수 없다. 시민사회의 부패와 무질서는 독일적 영혼이 보기에는 우스꽝스러운 참상이다. 독일적 영혼은 파리에서 일어난 '사건'(그러한 최근의 사건은 통상적인 법정 소극으로 번진 카요 사건이었다)[11]들에 대해 끔찍한 고통을 느낄 것이다. 분명 프랑스 사람이 겪는 고통보다도 훨씬 그 이상으로. 그리고 독일적 영혼은 문명이라는 평화주의적인 이상에 이같이 말할 수 없는 본능적 혐오감을 보인다. 평화란 독일적 영혼이 볼 때 오락적이고 경멸적으로 비치는 시민적 부패의 요소가 아닌가? 독일적 영혼이 호전적인 것은 허영심, 명예욕이나 혹은 제국주의 때문이 아니라 도덕성 때문이다. 독일의 위대한 도덕주의자들 중 마지막 도덕주의자인 니체[12](그가 자신을 비도덕주의자로 일컬은 것은 잘못이다)도 자신의 호전적인, 그러니까 군대식 성향을 숨기지 않았다(1867년 군에 자원 입대했으며, 1870~1871년 프로이센-프랑스 전쟁에서 군의관으로 활동했다. 프로이센 승리로 독일 제국 성립). 독일의 정신적 거물들은 전쟁을 도덕적으로 변호하는 일에 가장 중요하고 많은 기여를 했다. 그리고 독일의 어떤 시인은 이렇게 말할 수 있었다.

> "인간은 평화 속에서 위축되므로
> 한가한 평온함은 용기의 무덤이다.
> 법은 약자의 벗이고
> 법은 모든 것을 만들려고만 하며
> 세계를 천박하게 만들고자 한다.
> 하지만 전쟁은 힘이 솟게 하고
> 전쟁은 모든 것을 비상한 것으로 고양하며
> 비겁함에서조차 용기를 낳게 하구나."

---

11 앙리에트 카요(Henriette Caillaux, 1874-1943): 1914년 프랑스에서 『르 피가로』 편집장인 칼메를 암살하고 법정에서 방면되었던 사건으로 유명하다. 카요는 진보적인 사람들은 물론이고, 왕정 시대의 귀족 사회에 대한 낭만을 자극하여 보수적인 사람들에게도 어필해서 이 사건이 '살인이 아닌 룰을 다소 어긴 결투'로 처리되어 무죄를 선고받았다. 전직 총리이자 급진당 당수였던 조제프 카요(Joseph Caillaux, 1863-1944)의 부인 앙리에트 카요는 자신의 남편을 정치적으로 매장하기 위해 비방 기사를 게재해온 보수 신문 『르 피가로』 편집장을 권총으로 살해했다. 카요의 변호인은 드레퓌스 사건에서 드레퓌스와 에밀 졸라의 변론을 맡았던 페르낭 라보리(Fernand Labori)였다. 라보리는 앙리에트가 "통제할 수 없는 격렬한 감정"이란 특징을 가진 "여성다운 여성임"을 강조하여 무죄 평결을 이끌어냈다. 성 차이에 대한 당시 프랑스 사회의 인식을 반영한 부분이다.

그러므로 독일은 전쟁을 추구하는가? 그러므로 '독일은 전쟁을 원했는가?' 실은 그렇지 않다. 서구의 장삿속이 양심의 가책 없이 신을 모독하며 전쟁을 부추긴 것이다. 장삿속은 전쟁에 대해 아무것도 모르기 때문이다. 장삿속은 전쟁을 느끼지도 이해하지도 못한다. 그 장삿속이 전쟁의 신성한 공포에 대한 경외심을 어찌 알겠는가? 어떤 민족, 모든 민족 중에서 유일하게 독일 민족만이 호전적이면서 굴욕적일 정도로, 존재 자체가 위협받을 정도로 극단적인 인내를 할 수 있다는 사실이 이를 증명한다. 도덕성을 지닌 독일의 군인은 금방 볏이 곤두서는 싸움닭이 아니며, 흥분해서 발끈하는 무모한 자가 아니다. 하지만 어느 민족이 진정 호전적인지의 여부는 전쟁이 운명이 될 때 그 운명이 미화되는지 또는 왜곡되는지에서 드러난다. 우리가 지금 본 독일의 모든 덕목과 아름다움은 전쟁 중에 비로소 펼쳐진다. 평화는 전쟁에 비할 바가 못 된다. 사람들은 평화 시엔 평화의 아름다움을 종종 잊기도 한다. 사람들을 죽이고 살릴 수 있는 권한을 쥐고 있는 장엄한 전쟁이 인간의 예절과 문화를 되돌려 줄지 모르지 않는가? 전

---

12 니체(Friedrich Nietzsche, 1844-1900): 19세기 독일의 시인, 철학자. 루터의 경건주의를 신봉하는 집안에서 태어나 본 대학과 라이프치히 대학에서 신학, 고전 어문학을 공부했다. 대학 시절 쇼펜하우어의 『의지와 표상으로서의 세계』를 읽고, 이것은 자신을 위해 써놓은 책이라고 말하며 깊이 빠져들었다. "그 정력적이고 우울한 천재가 뿜어내는 마력에 나를 맡겨 보았다. …여기에서 나는 세계와 인생, 그리고 나 자신의 본성이 소름 끼치도록 웅장하게 비치고 있는 하나의 거울을 보았다. …여기에서 나는 병과 건강, 유배와 피난처, 지옥과 천국을 보았다." 니체는 기독교적·민주주의적 윤리를 약자의 노예도덕으로 간주하고 강자의 군주도덕을 찬미하였으며, 그 구현자를 (자기 자신을 극복하는 존재) 위버멘쉬(Übermensch: 어원적으로 "뛰어넘는über 인간Mensch"을 뜻한다. 극복하는 인간, 자신의 의지에 의해 자기극복을 시도하는 인간, 극복함으로써 창조하는 인간이다)라 명명하였다.

쟁의 결과 과거보다 더 자유롭고 더 나은 사회가 도래할지도 모른다.

하지만 우리는 전쟁이 다른 민족들, 탁월하게 문명화된 민족들을 비열하고 비참하게 만드는 것을 보게 되지도 않을까? 이제 영국의 예의범절은 어디 있는가? 예의범절은커녕 우리 독일이 부끄러워한다고 영국은 거짓말한다. 그리고 프랑스는 어떠한가? 프랑스의 관대함과 인간성은 광분과 수치스러운 히스테리의 도취 속에서 몰락하지 않는가? 전쟁은 군인적 의미에서 예절과 명예의 보루로, 과학적인 작전으로 나타난다. 반면에 문민적인 프랑스는 '이게 전쟁이다!'라는 모든 것에 우선하는 솔직한 표현을 통해 천박함과 방종함에 빠진다. 나는 모호한 소문들과 비난들을 근거로 하지 않는다. 나는 다음과 같은 확고한 사실을 근거로 삼는다. 허용되지 않는 총포들이 사용된 것이 증명된 사실, 쓰러져 살해당한 독일 의사들의 목록, 독일군 의무감의 공식 보고, 프랑스 최고 사령부의 훈령. 이처럼 자국에서 무자비한 약탈을 저지른 사실이 확인되고 이런 행위를 한 자들은 처벌받을 거라고 협박받는

니체는 유럽 문명의 종말과 새로운 시작(근대의 극복)을 선언하며 "신은 죽었다! 그러므로 우리는 위버멘쉬를 소망해야 한다"고 말했는데, 이는 20세기 유럽 지식인의 주요 구호가 되었다. "사람들은 부처가 죽은 후에도 수세기 동안 그의 그림자를 동굴에서 보여주었다. 거대하고 무시무시한 그림자를. 신은 죽었다. 그러나 인간이 지금 상태에서 변하지 않는다면, 아마도 신의 그림자가 떠도는 동굴들은 수천 년 동안 계속해서 존재할 것이다. 우리는 그의 그림자 역시 정복해야만 한다(『즐거운 학문』, 신의 죽음에 대하여)." 저서 『비극의 탄생』, 『차라투스트라는 이렇게 말했다』, 『도덕의 계보학』, 『선악의 저편』, 『우상의 황혼』, 『반그리스도』 등이 있다. 니체는 독일의 전체주의, 군국주의, 반유대주의, 폐쇄적 민족주의 등을 비판했으나, 히틀러는 서구 문명 전통에 대한 그의 비판을 자신에게 유리하게 왜곡하여 해석하고 이용했다.

다. 군대의 돌연한 이러한 야만화는 어쩌면 더 수치스러울지도 모르는 언어와 공공 정신의 야만화와 궤를 같이 한다. 독일 포로들에게 '마탱Matin'이 저지른 비열한 만행을 휴머니즘, 또는 인도주의라는 이름으로 세상에 나온 한 신문이 비난하자 검열은 이를 참지 못했다. 그 때문에 못 참다니!

하지만 우리는 프랑스를 대표하는 지성들, 지도적인 정치가들, 유명 작가들이 독일에 행한 발언을 읽고 너무 어이가 없었다. 이 민족의 뇌가 더 이상 전쟁을 감내하지 못한다는 사실에 우리는 충격을 금치 못했다. 60일 동안 전쟁하는 사이에 프랑스는 어떻게 되었는가! 단기간의 전쟁으로 보기 흉할 정도로 얼굴이 찌그러진 한 민족이 아직 전쟁을 할 권리가 있는가? 한때 프랑스인들은 호전적인 민족이었다. 독일과는 다른 의미에서 찬란하고 우아하고 영광스럽고 탁월하고 다소 기만적인 방식으로 말이다. 인격을 지닌 악마의 지도로 그들은 청춘의 강건한 이념을 품고 잠시 세계를 정복할 수 있었다. 오늘날 그들의 군국주의는 무기력이자 허영심에 지나지 않는다. 엔Aisne13에서 이판사판의 전투가 벌어지고 있는 지금 이들이 음울한 강인함으로 자신을 방어하고 있는 사실이 이 민족에게 아직 호전적인 본능이 살아 있다는 증거

---

13 1914년 9월 4일 벨기에를 돌파한 독일군이 프랑스를 침입하여 프랑스 북부에 위치한 엔(Aisne)강 라인을 넘은 후 마른 전투가 시작되었다. 제1차 마른 전투(Battle of the Marne)는 제1차 세계대전 발발 직후인 1914년 9월 6-12일에 프랑스 파리의 북동쪽 마른 강을 사이에 두고 독일군과 프랑스·영국 연합군이 파리의 공방을 놓고 벌인 전투이다. 독일군을 격파하여 연합군이 승리하였으나 엔강까지 후퇴한 독일군은 그로부터 5년간 프랑스 땅에서 물러나지 않았다. 이로 인해 5년에 걸쳐 참호전이 계속되었다. 제2차 마른 전투는 1918년 7월 15일, 제1차 세계대전 때 독일군이 마른강에서 펼친 마지막 대공세로 끝내 패배하였고 독일 제국의 항복을 촉진시켰다.

가 되는 것은 아니기 때문이다. 그에 반대되는 특징들이 많이 나타나고 있다. 시민적이고 공화제적인 프랑스에서 독일 제국에서처럼 군사적 특권을 주장하는 것은 불합리한 일이다.

프랑스 국민이 논리의 민족이라고 하지만, 그렇다면 이 논리는 프랑스 국민의 육체적·정신적 상황을 고려해 볼 때 군대를 해산하고 전적으로 자신의 문민적 이상에 따라 살도록 국민을 설득해야만 했다. 누가 이러한 일에 주의를 기울이지 않았단 말인가? 누가 그런 일을 방해했단 말인가? 이 민족은 허영심 때문에, 독일에 군사적으로 패배했다는 참을 수 없고 견딜 수 없는 사실 때문에, 복수라는 고정 관념 때문에 포기하지 않았다. 복수를 실현하기 위해 혁명의 민족은 극악무도한 경찰국가와 동맹을 맺었다. 전쟁 중이라서 혁명의 민족은 이제 러시아를 쳐다보며, 하늘의 도움인 양 코사크(카자흐스탄) 민족에게 희망을 걸고 있다. 자기 힘으로는 독일을 격파할 수 없음을 프랑스 민족은 오래전부터 잘 알고 있기 때문이다.

하지만 자력으로 할 수 없는 복수라는 게 대체 무슨 소용이란 말인가? 그러한 공허한 복수가 만족감을 줄 수 있겠는가? 프랑스 언론이 날이면 날마다 전 세계에서 외국 증원군이 오기를 학수고대할 때 클레망소[14]는 프랑스를 방어하는 문제에 무엇보다도 프랑스인들의 명예가 걸렸음을 환기했다. 이 견해는 그다지 광

---

14 조르주 클레망소(Georges Clemenceau, 1841-1929): 1906년 프랑스 총리에 취임하고 1909년 총리직을 사임하였다. 제1차 세계대전 중 프랑스의 위기에 다시 총리가 된 클레망소는 강력한 전시내각을 이끌어 전쟁에서 프랑스를 승리로 이끌었다. 제1차 세계대전 후에는 1919년 베르사유 조약의 협상국 의장이 되어 가장 강경파적인 입장에서 독일에 대한 천문학적 배상과 군사력 억제를 요구해서 관철시켰다.

범위한 공감대를 형성하지 못하는 것 같았다. 프랑스는 정복당하고 점령당해서도 끝까지 버티고 평화를 거부하면서, 지금은 그럴 것 같지 않지만 러시아인들이 독일로 침공해 올 때까지 자부심을 잃지 않고 만족해할 것이다. 그게 복수란 말인가? 그게 군인의 명예란 말인가? 아니다, 결코 그렇지 않다. 50년 동안 복수의 칼을 간다는 것은 별로 군인답지도 않고 심지어 별로 남자답지도 않다. 끔찍한 그리움에 못 이겨 급기야는 전쟁에 빠져들어 '문명'이라는 가냘픈 외침으로 자연의 폭풍우를 불러들이는 것도 마찬가지다. 프랑스의 랭스[15]가 요새화되고 대성당의 그늘에 대포들이 설치되며 탑에 척후병이 배치된다. 적이 그쪽을 향해 총을 쏘면 사람들은 가성假聲으로 '문명!'을 파괴한다고 아우성친다.

하지만 첫째, 랭스 대성당(노트르담 대성당)은 문명과는 아무런 관계가 없다. 그 성당은 기독교 문화의 기념비이자 광기와 미신의 정수이다. 이 성당이 자코뱅파[16]적인 프랑스 문명의 정수임에 틀림없을지도 모른다. 이 성당이 눈에 가시는 아니라 해도 적어도 중요하지는 않은 것이다. 그리고 사격 명령을 내려야 했던 가톨릭

---

15 1914년 9월 독일군의 공격으로 랭스(Reims) 시와 랭스 대성당은 막대한 피해를 입었다. 고딕 양식의 가장 화려한 외관 구성을 보여주는 랭스 대성당은 프랑스 중세 예술의 정수로 일컬어진다. 로마 가톨릭교회의 대성당으로 과거 역대 프랑스 군주들이 대관식을 치른 장소이다.

16 자코뱅파(프랑스 혁명 때의 과격한 정치 단체)는 파리의 자코뱅 수도원을 본거지로 한 데 유래되었으며, 다양한 사상을 가진 사람들이 모여 만든 정치클럽이었다. 프랑스 대혁명 때는 로베스피에르가 중심이 되어 급진적인 혁명을 추진하였고 1791년 이래 온건 지롱드파와 맞서 공포정치를 실시하였다. 1794년 7월 '테르미도르의 쿠데타'는 프랑스 대혁명 이후 권력을 잡게 된 로베스피에르(자코뱅파의 지도자로 왕정을 폐지하고 독재 체제 수립)가 반대파를 무자비하게 숙청하는 공포정치 끝에 결국 살해당한 사건이다.

장교는 확실히 시민들보다 성전에 대해 더 많은 경외감을 느꼈을 것이다. 이 성전은 시민들이 볼 때 정치적인 이익을 위해 파괴되지 않을 수도 있었다.

하지만 둘째, 여러분의 태도는 별로 우둔하지는 않지만 명예롭지도 않은 여성 운동가들의 전략을 생생하게 상기시켜준다. 이들은 폭탄을 투하했다. 이들은 감옥에 갇히면 "여자들을 고문한다!"고 소리쳤다. 실상 사정이 어떠했던가, 사람들이 우리를 목 졸라 죽이려고 했던 게 아닌가? 그리고 감미로운 프랑스는 이 일을 아주 기꺼이 도와주려 하지 않았는가? 프랑스는 적을 부당하게 다루는 속성을 지니고 있다. 모든 시선에서, 정부의 모든 선언과 회람에서 프랑스는 이렇게 하소연한다. "프랑스를 치려는 것이 얼마나 불명예스럽고 상스러운 행위인가!" 하지만 바로 이 프랑스가 우리에게 최후의 일격을 가하기 위해 적개심에 불타는 자신의 군대를 보게젠 산맥 너머로 보내려고 하지 않았는가? 이 국민은 여성의 권리를 주장한다.[17] 그것은 의심의 여지가 없다. 상냥하고 매력적인 이 민족, 여러 민족 중에서 가장 매혹적인 이 민족은 무슨 일이든 해도 된다. 하지만 누가 이 민족을 건드리면 아름다운 눈에서 눈물이 나온다. 그러면 전 유럽은 성난 기사도의 정신으로

---

17 프랑스 여성들은 제2차 세계대전 중인 1944년 4월에 가서야 참정권을 획득한다. 프랑스는 1789년 프랑스 대혁명 시기에 '인간과 시민의 권리' 선언을 했지만, 여성의 권리는 배제했다. 이에 분노한 올랭프 드 구주(Olympe de Gouges)는 여성 선언을 발표했다가 프랑스의 혁명정부에 의해 1793년 파리의 혁명광장에서 처형당한다. "남성과 동등한 여성의 권리 주장"을 했다는 것이 그녀의 죄목이었다. 구체제(앙시앵 레짐)의 상징이었던 마리 앙투아네트 다음으로 여성으로는 두 번째로 단두대에 오른 구주는 모든 차별과 억압의 철폐를 요구하는 새로움의 상징이었지만 프랑스 사회는 이를 받아들이지 못했다.

전율한다. 어쩌란 말인가? 우리가 살아가는 것을 이들은 허락하려고 하지 않는다. 하지만 우리가 생존하고 있다는 사실을 강하게 주장하면 우린 애처롭게도 기사도 정신이 부족함을 백일하에 드러내는 셈이 된다.

사람들이 놀라워하는 것이 놀라울 뿐이다. 우리의 적 쪽에서 볼 때 전쟁이란 독일을 강제로 문명화시키는 일로 생각되었기 때문이다. 사실 사람들은 우리를 가르치려 한다. 전쟁으로 독일인은 '포츠담'의 정신(프로이센 정신, '군국주의'를 말함)을 버리게 될 거란 버나드 쇼의 발언이 때맞추어 알려졌다. 영국인이지만 프랑스적인 분위기에서 살아가는 언론인 로버트 델[18]의 고찰들도 우린 읽었다. 그자는 좀 더 또렷하게 발언한다. 그는 영국과 프랑스는 전제정치와 군국주의에 대항해 민주주의를 위해 싸우고 있다고 말한다. 그의 말을 단어 그대로 옮기면 이러하다. "지금 우리가 독일에 대해 최상으로 기대할 수 있는 것은 호엔촐레른 왕가[19]의 전제정치에 대항하여 혁명이 일어나 이 제국이 파멸하는 것이다." 그렇게 되면 민주화된 독일은 러시아에 대항해 동맹을 맺을

---

18 로버트 델(Robert Edward Dell, 1865-1940): 영국 언론인이자 사회주의 활동가였다. 그는 반파시스트 작가가 되었으며, 영국 신문의 파리 특파원과 해외 특파원으로 일하면서 베를린, 파리, 제네바에서 지냈다.

19 호엔촐레른 왕가(Haus Hohenzollern): 1415년부터 1918년까지 존속한 독일의 왕가. 1701년에는 프로이센 왕이 되어 합스부르크가에 견줄 만한 세력을 누렸다. 1870-1871년 프로이센-프랑스 전쟁(보불전쟁)에서 승리하여 독일 통일을 이루었으며, 1871년 독일 제국이 성립되자 프로이센의 빌헬름 1세가 황제로 즉위(1871년 1월 18일 프랑스 베르사유 궁전 거울의 방에서 황제 대관식을 치른다)했다. 1918년 제1차 세계대전 패배로 빌헬름 2세가 폐위되고 1919년 바이마르 공화국(1919-1933)이 수립된다. 브란덴부르크-프로이센의 왕가(1415-1918)이며 독일 제국의 왕가(1871-1918)였다.

수 있다는 것이다. "어쩌면 우리가 러시아에 대항해 독일을 방어해야 하는 순간이 올지도 모른다."

타넨베르크 전투[20]가 있은 뒤 독일은 프렌치 씨[21]와 로버트 델 씨의 도움을 받지 않고 러시아에 맞서 유럽을 지키는 것을 영예롭게 생각하는 것 같다. 하지만 그럼으로써 모든 것이 명백해진다. 사랑하는 친구들이여! 온갖 노여운 마음이 누그러지누나! 사람들이 우리를 행복하게 해주려 한다. 사람들은 우리에게 비무장화와 민주화라는 축복을 가져다주려 한다. 우리가 저항하니까 우리를 강제로 인간으로 만들려는 것이다. 이것이 얼마나 위선적이고, 얼마나 뻔뻔스럽고 멍청한 짓인지 누가 말하려고 하는가. 영국의 자유당 의원인 폰슨비[22]는 곰곰 생각한 끝에 반론을 제기한다. 사람들이 이런 식으로 러시아의 전제정치를 지원하고, 러시아의 군국주의에 힘을 실어주어 러시아 민족의 발전을 가로막는다는 것이다. 그렇다, 그 말은 사실이다.

그리고 영국의 주된 문제점은 위선이라고 할 수 있다. 하지만

---

20 타넨베르크 전투(Battle of Tannenberg, 1914. 8. 26-30): 1914년 동프로이센의 타넨베르크에서 독일과 러시아가 벌인 전투. 독일군이 승리하여 러시아가 점령하고 있던 동프로이센을 되찾고 동부 전선에서 유리한 고지를 차지한다. 제1차 세계대전 중 독일 제국을 침공한 러시아 제국이 독일 제국에게 참패한 전투이다.

21 존 프렌치(John 'Denton Pinkstone' French): 1915년까지 프랑스에 주둔한 영국 지휘관. 제1차 세계대전이 시작된 1914년 8월부터 서부전선의 영국군을 지휘하다가 1915년 12월 17일 압력을 받아 사임했다. 그가 지휘한 전투들은 주로 영국군 사상자 수가 터무니없이 많았다. (벨기에의 이프레에서 벌어진 처음 2차례의 전투에서만 11만 명의 장병이 죽었다.)

22 아서 폰슨비(Arthur Ponsonby, 1871-1946): 영국의 정치인, 작가, 사회운동가. 영국의 제1차 세계대전 개입을 반대했던 반전운동가 아서 폰슨비는 자신의 저서 『전시의 거짓말: 제1차 세계대전의 거짓 선전』이란 책에 유명한 말을 남겼다. "전쟁이 선포되면 진실이 그 첫번째 희생자가 된다."

프랑스의 문제점은 망상이다. 이는 조정자 역을 맡은 영국의 편협하고도 확고한 망상보다 더 참을 수 없는 짓이다. 프랑스는 너무 우쭐하고 구제 불능일 정도로 자기 자신에 빠져 있어서 무정부주의, 노쇠증, 시대착오적임에도 불구하고 오늘날에도 자신이 인류를 행복하게 하는 이념의 개척자, 추진자, 전파자라고 생각하고 있다. 제복을 입은 군주 대신 야심적인 변호사가 민족을 대표하고 의회제로 지배하면 프랑스의 이성은 이 민족이 더 높고 더 고상하며 더 자유로운 단계에 있음을 믿도록 강요한다.

어떤 스페인 신문은 최근에 독일의 초중고등학교, 대학교의 숫자를 영국, 프랑스의 그것과 비교했다. 이 신문은 예술과 학문에 쓰이는 금액을 산출한 다음 세 나라의 문맹자와 중범죄자의 비율을 덧붙였다. 그런데 어떻게 해도 저울이 독일에 유리한 쪽으로 기우는 사실이 밝혀졌다. 그 결과는 무엇을 말하는가? 어쨌든 그 결과로 뭐라고 설명할 수 없는 이 독일이 가장 현대적이고 가장 견실한 예절을 갖춘 모든 나라 중에서 최고임이 밝혀질지도 모른다. 그러나 이러한 우월함을 가능하게 하는 정신, 정신의 부족, 원칙들은 여전히 야만적이다. 하지만 첫 번째로 전투에서 패배한 후에는 영국적인 인간적 위선과 프랑스적인 여성적 순진성이 복잡하게 섞여 우리의 머릿속으로 들어갔다고 로버트 델이 말한다. 늦어도 두 번째로 패한 후에는 독일은 혁명을 부르짖을 것이다. 혁명으로 '호엔촐레른 왕가'가 무너지고 합리주의를 수용하여 앞으로는 도덕적인 동시대에 섬뜩한 느낌과 의혹을 주지 않는 합리적이고 납득할 만한 민족이 될 것이다. 그는 패전으로 독일에 혁명이 일어나 민주화될 거라고 아주 진지하게 생각한다. 그는 우리의 시민적 자유의 정치적 특징이 독일적인 법칙에 따라 평시에만 완수될 수 있음을 보지 못한다. 역사적으로 늘 그래왔듯이 독일이 확실한 승리를 거둔 후 프랑스적인 급진적인 정신의 법칙에 의해서가 아니라 독일적인 법칙에 따라 정치적 특징이 완수될 수 있음을 그는 보지 못한다. 이러한 특징이 이미 모습을 드러내기 시작하여 실현되는 과정에 있음을 그는 보지 못하고 있다. 독일이 패배하게 되면 우리와 유럽이 윤리적인 면에서 퇴보하게 될 것임을 그는 보지 못하고 있다. 독일이 패배한 후 독일의 '군국주의'에 직면한 유럽은 독일이 다시 전쟁 상태에 돌입할 때까지 평온도 휴식도 얻지 못할 것임을 그는 보지 못하고 있다.

이와 반대로 독일이 승리해야만 유럽의 평화가 보장될 것이다. 사람들은 그러한 사실을 보지 못하고 있다. 사람들은 독일의 본질을 야만성이라고 본다. 이 야만성의 폭력적인 힘이 어떻게 해서든지 꺾여야 한다는 것이다. 사람들은 독일에 키르기스족(몽골고원 서북부의 예니세이강 상류에 살던 터키계 민족. 19세기 후반 러시아에 정복당하였으며, 지금은 키르기스스탄의 주요 민족이 되었다), 일본인, 구르카족(네팔 고산지대에 사는 소수 민족), 호텐토트족(남아프리카 유목 민족)을 풀어놓을 권리가 있다고 생각한다. 이러한 모욕은 유례가 없이 터무니없는 짓이다. 베르그송[23], 메테를링크[24], 데샤넬[27]과 롤랑[25], 리슈팽[26], 피숑[28]과 처칠[29] 같은 사람이 전적으로 잘못된 사실에 근거해 아주 심한 말을 퍼뜨리는 것은 독일을 전혀 모르기 때문에만 가능한 것이다. 오늘날 유럽에서 가장 중요한 민족을 그처럼 모르고 있다는 것은 용서할 수 없는 일이다. 그러한 무지에 대해 처벌하고 복수해야 한다. 뭐니 뭐니 해도 독일의 승리가 확고부동한 까닭은 무엇인가? 무지와 오류에 역사가 승리의 관을 씌워준 적이 없기 때문이다.

독일적인 본성에 곤혹스러울 정도로 문제가 많음을 누가 부인하려고 하겠는가! 독일인이라는 사실은 그리 간단한 문제가 아니다. 그것은 영국인이라는 사실만큼 그리 편리하지도 않으며, 더군다나 프랑스식으로 사는 것처럼 그리 명료하지도 명랑하지도 않다. 독일 민족은 살아가는 게 힘든 민족이다. 이 민족은 자신을 문제투성이라고 생각하고 때로는 구역질 날 정도로 자신에게 시달리기도 한다. 하지만 민족별로 볼 때 독일인들은 살아가는 게 무척 힘든 무척 소중한 사람들이었다. 독일적인 본성이 휴머니즘과 이성에 밀려, 혹은 위선에 밀려 지구상에서 사라지기를 바라는 자가 누가 있는가.

독일적인 영혼이 무언가 아주 심원하고 비합리적인 것에 적합하다는 말은 사실이다. 이러한 점은 깊이가 얕은 다른 민족들의 감정과 판단을 방해하고 불안하게 하며 낯설게 한다. 그러니까 이들 민족이 반감을 품고 거칠게 나오게 한다. 독일의 '군국주의',

---

23 앙리 베르그송(Henri Louis Bergson, 1859-1941): 프랑스의 철학자. 1928년 노벨 문학상 수상. 그는 알베르트 아인슈타인과 '시간의 본성'을 둘러싸고 논쟁을 벌이기도 했고, 저명한 지식인으로서 사회적 활동에 나서기도 했다. 1917년에는 군사적, 재정적 지원을 요청하기 위해 프랑스 대표단의 일원으로 우드로 윌슨 미국 대통령을 만났다.

24 모리스 마테를링크(Maurice Maeterlinck, 1862-1949): 벨기에의 상징파 시인·극작가·수필가이다. 1911년 노벨 문학상을 수상했다. 그의 작품의 주된 주제는 죽음과 삶의 의미이다. 그는 상징주의를 대표하는 작가이자 침묵과 죽음 및 불안의 극작가로 불리기도 한다. 작품 『파랑새』와 『펠리아스와 멜리장드』 등이 있다.

25 폴 데샤넬(Paul Deschanel, 1855-1922): 프랑스 정치인, 저널리스트, 작가이다. 프랑스 제11대 대통령이 되어 1920년 2월 8일부터 같은 해 9월 21일까지 재임하였다.

윤리적인 보수주의, 군인적인 도덕성은 마성적이고 영웅적인 요소이다. 이것들은 프랑스적인 문민 정신을 인간의 품위를 지켜주는 최종적인 이상으로 인정하지 않는다. 이 독일 민족은 윤리성의 영역에서도 위대하다. 우스꽝스러운 무지만이 이러한 사실을 부인한다. 하지만 이 민족은 윤리성에 빠져들려 하지 않는다. 문명에 대해 위선적이거나 허영적인 야단법석을 떠는 것은 이 민족의 취향에 맞지 않는다. 알기가 어려워서인지 혹은 안일함과 자부심 때문에 이웃 국가들이 독일을 알려고 하지 않았는지는 모르지만, 독일 민족은 정말이지 유럽에서 가장 안 알려진 민족이다. 사명감에 차 있는 이 민족에게는 없어서는 안 되는 고유한 성격이 있다. 이러한 특성을 무지로 말미암아 애써 부인하는 것에 대해 삶과 역사가 부당성을 증거하고 주장할 것이다. 너희들은 우리를 에워싸고 차단해서 제거하려고 한다. 하지만 독일이 사자와 같은 깊디깊고 사나운 자아를 방어할 것임을 너희는 알게 되리라. 너희들이 타격을 가한 결과 너희들은 놀랍게도 우리를 연구할 필요가 절실함을 자각하게 될 것이다.

---

26 로맹 롤랑(Romain Rolland, 1866-1944): 프랑스의 문학가·사상가이다. 1915년 노벨 문학상을 수상했다. 로맹 롤랑의 삶과 글은 당대의 사회와 정치에서 일어난 주요 사건들과 관계를 맺고 있다. 사회악을 규탄하고 인간성을 옹호하였으며, 국제 적십자사의 포로 수용소에서 일하기도 하였다. 제1차 세계대전 때에는 스위스에서 반전활동을 하였다.

27 장 리슈팽(Jean Richepin, 1849-1926): 프랑스의 시인·극작가·소설가이다. 날카롭고 대담한 언어로 사회 하층계급의 생활을 다룬 작품들을 썼다. 에밀 졸라가 자연주의 기법으로 당대 소설에 혁명을 가져온 것처럼 그는 같은 시기 프랑스 시에 혁명을 일으켰다. 주요 작품 『가난뱅이의 노래』, 『신성모독』 등이 있다.

28 스테판 피숑(Stephen Pichon, 1857-1933): 프랑스의 언론인. 클레망소 내각 외무 장관.

29 윈스턴 처칠 경(Sir Winston Churchill, 1874-1965): 당시 영국 해군 제독이었다.

WELTFRIEDEN?

THOMAS MANN 1917

2

유럽식 민주주의 대 민족주의 세계 평화?

베를린 일간지『베를리너 타게블라트*Berliner Tageblatt*』1917년 12월 27일 자에 게재된 이 글은『토마스 만 전집』제13권 560~563쪽에 실려 있다. 이 글에서 토마스 만은 전쟁 때 쓴 모든 에세이와 마찬가지로 민주주의적이고 혁명적인 전통에 거리를 두고, 평화주의자들의 국제주의적인 평화 개념에 반대하여 민족주의적인 평화 개념을 발전시키려 한다. 토마스 만의 글이 실리기 이틀 전에 그의 형인 하인리히 만의 글도 이 신문에 실렸다. 전쟁에 대한 입장이 달랐던 두 형제는 전쟁 중에 발표한 에세이로 극심한 갈등을 겪으면서 서로 사이가 좋지 않았다. 하인리히 만은 이 신문에 민주주의와 평화가 승리할 날이 올 거라는 희망의 글을 실었다. 토마스 만이 형제에 대한 내용을 싣자 하인리히 만은 자기를 두고 하는 말이라고 느껴 편지로 화해를 요청했지만 토마스 만에게 일언지하에 거절당했다. 두 형제가 그동안 주고받은 편지들을 보면 형제간에 불화가 생기게 된 정치적이고 개인적인 이유가 자세하게 드러난다.

세계 평화…. 우리 인간들은 도덕을 지니고 있다고 지나치게 자만해서는 안 되겠다. 우리가 만약 세계 평화에 도달하게 된다면 도덕의 차원에서 세계 평화에 도달하지는 않을 것이다. 샤이데만[30]은 최근에 사회가 전반적으로 기력을 상실했을 때 민주주의가 급격하게 신장될 거라고 말했다. 이는 민주주의로서는 그리 명예로운 일이 아니다. 그리고 인류에게도 마찬가지로 그리 명예로운 일이 아니다. 기진맥진한 상태에서 나온 도덕은 제대로 된 도덕이 아니기 때문이다.

하지만 나는 무엇이 알맞은 행동인지 정확히 알고 있다. 게다가 '민주주의적인 세계 평화'란 개념 연결이 서로 뗄 수 없는 불가분의 관계에 있다는 주장은 의심의 여지가 있다. 민주 정치가 이성이나 정신의 통치라는 사실, 민주 정치가 안전한 평화를 의미한다는 사실이 증명된 것은 아니다. 내가 아는 한은 그러하다. 여러 민족은 평화를 원한다. 그것도 전쟁이 오랫동안 지속되고 전쟁이 힘든 경우 절대적으로 그러하다. 사정이 이렇게 되기 전에는 민족들의 덕성이 중요한 문제였다. '선한 민족'에 대한 루소의 가르침[31], 혁명적인 낙관주의, 즉 정치, 사회주의, 민주적이고 사회적이며 보편적인 공화국에 대한 신뢰를 생각해보면, 나는 오늘날 무엇이 알맞은 행동인지 분명히 알고 있다. 하지만 나의 천성과 내가 받은 교육에 따라 나는 이러한 가르침을 따를 수 없으며 이러한 믿음에 동참할 수 없다. 러시아와 독일의 정신인 도스토옙스키(제정 러시아의 소설가, 1821~1881. 19세기 러시아 리얼리즘 문학의 대표자)와 실러[32]는 인간의 문제는 무릇 정치적으로가 아니라 영혼적·도덕적으로만 해결할 수 있다는 데 의견일치를 보고 있다. 전자는 종교를 통해, 개개인의 기독교적인 자기완성을 통해 인간의 문제를 해결하려고 하고, 후자는 예술을 통해, 개개인의 '미적 교육'과 해방을 통해 그것을 해결하려고 한다.

---

30 필립 샤이데만(Philip Scheidemann, 1865-1939): 독일의 정치가. 1917년 사회민주당(SPD) 지도자였다. 샤이데만은 1918년 11월 9일 제국의회 의사당 발코니에서 바이마르 공화국을 선포, 공화제를 실현시켰으며 첫 총리에 취임했다. 제국의회 부의장이던 그는 의사당 발코니에서 수만 명의 군중을 향해 "독일 인민은 전면적으로 승리했습니다. 낡은 군주제는 붕괴했습니다. 에베르트(바이마르 공화국 초대 대통령) 내각이 새 정부의 총리로 모든 사회주의 정당에 의한 내각을 조직합니다. 독일공화국 만세!"라고 외쳤다. 언론인으로서 1903년부터 제국의회에서 활약했던 샤이데만은 독일의 제1차 세계대전 참전을 지지했다. 1919년에 독일 공화국 초대 수상이 되었으나 베르사유 평화조약에 반대하여 사퇴한다. 1933년 제3제국(나치스 정권)이 형성될 무렵 망명길에 올랐다.

31 장자크 루소(Jean Jacques Rousseau, 1712-1778): 프랑스의 계몽사상가·작가. 루소는 자연 상태(본래 그대로의 상태)의 인간은 도덕적인 맥락 이전에 그냥 자연적으로 '선한 본성'을 갖고 있다고 믿었다. 루소가 "자연으로 돌아가라!"고 외친 것은 자연 상태에서 본래적인 선함을 지닌 자연인은 자유롭고 평등하고 따라서 행복했지만, 사회적 상태가 되면서 불행해졌다는 가정을 바탕으로 한다. 인간의 자유와 평등을 주장했던 그의 사상은 프랑스혁명과 민주주의 발전에 큰 영향을 주었다. 이성보다는 감성을 중요시하는 낭만주의의 기초를 마련하였으며 '인위적인 문명사회의 타락'을 비판하고 자연으로 돌아갈 것을 역설하였다. 저서에 『인간 불평등 기원론』, 『사회 계약론』 등이 있다.

리하르트 데멜[33]이 새로 발표한, 3연으로 된 주목할 만한 드라마에서 양심의 문제에 정통한 누군가가 이렇게 말한다.

"커다란 개념들을 가지고 치장한다면 아무리 위대한 감정일지라도 작아진다. 사람들끼리 나누는 조그만 선의가 인간성에 대한 어떤 사랑보다도 더 낫다."

이건 분명 옳은 말이리라! 수사학적이고 정치적인 인류애는 꽤 말초적인 사랑의 방식이어서 중추부가 부실할 때는 무척 감미롭게 들리곤 한다. 네가 박애주의자 역을 하기 전에 오히려 덜 가혹하고, 덜 독선적이고 덜 거만하며, 덜 공격적인 사람이 되어라…. "나는 신을 사랑한다!"라고 아주 멋있게 말할 줄 아는 자는 커다란 성공을 거둘지도 모른다. 하지만 반면에 그가 '자기의 형제'[34]를 증오한다면 요한 복음서에 따르면 신에 대한 그의 사랑

---

32 프리드리히 실러(Friedrich von Schiller, 1759-1805): 독일의 고전주의 극작가·시인. 초기 비극은 정치적 억압과 전제적 사회 관습을 공격한 것이었으나, 후기 희곡들은 육신의 허약함을 초월하고 물리적 조건들을 극복하는 영혼의 내적 자유에 관한 내용이 주류를 이룬다. 카를 사관학교를 다니며 엄격한 규율 속에서 청년기를 보낸 실러는 최초의 희곡인 『도적들』을 통해 숨 막히는 관습과 고위층의 부패에 대한 맹렬한 저항을 표현했다. 이어서 첫 번째 주요 시극인 『돈 카를로스』가 나온다. 1794년 괴테를 만난 이후 두 사람은 계속 편지를 교환하며 우정을 나누었다. 방대한 규모의 『발렌슈타인』에서 극작가로서의 그의 능력은 절정에 달했다. 이후 『매리 스튜어트』, 『오를레앙의 처녀』, 『메시나의 신부』, 『빌헬름 텔』을 연이어 발표했다. 1802년 귀족 칭호를 받았고, 1805년 러시아를 주제로 한 희곡 『데메트리우스』를 쓰던 중 이른 죽음을 맞이했다.

33 리하르트 데멜(Richard Dehmel, 1863-1920): 독일의 서정시인. 낭만주의 전통양식을 거부하고 형식과 내용을 혁신하여 젊은 작가들에게 중대한 영향을 끼쳤다. 작품은 양식 면에서는 인상주의적이지만, 사실상 표현주의의 선구자였다.

은 아름다운 문학에 불과하고, 피어오르지 않는 제단 위의 연기에 불과한 것이다.

세계 평화…. 민족끼리 증오하는 바람에 하루도 세계가 평화로운 날이 없었다. 나는 유럽의 여러 민족 간의 증오와 적대감이 결국 기만이자 오류임을 생각할 능력이 없었다. 서로를 잔혹하게 물어뜯는 정당들은 요컨대 정당의 차원을 넘어, 신의 의지에 따라 공동으로 형제의 고통을 나누면서 세계와 영혼의 혁신에 매진하고 있음을 나는 생각할 능력이 없었다. 그렇다, 분노가 가라앉고 화해가 된 유럽에 대해 꿈꾸는 것은 가능하다. 선의와 단결이 기진맥진함의 덕택으로 가능하고, 커다란 고통을 겪고 생겨나는 감수성과 세련됨의 덕택으로 가능하다면 말이다. 고통을 겪고 세련되는 것이 행복과 유복한 생활을 통해 세련되는 것보다 더 고상하고 더 인간적이다. 나는 그렇게 생각한다. 종교적인 인간성과 인내심 있는 정신을 진정으로 사랑하는 미래의 유럽을 나도 믿는다. 미래의 유럽은 오늘날 우리가 고집스럽게 세계관 논쟁을 벌인 것에 대해 비웃으며 부끄럽게 기억할 거라고 나도 믿는다. 비교조적이고, 비독선적으로, 말과 반대 명제를 믿지 않고서, 자유롭고, 명랑하게, 부드러운 모습이긴 하지만, 이 유럽은 '귀족정치'나 '민주주의'에 대해 그저 어깨만 추스르며 무관심한 태도를 보인다. 오직 귀족정치와 민주주의에 대해서만 이념적 공방을 벌인다는 괴테의 지적은 극적인 발언이었다. 그리고 이 유럽은 보편적으

---

34 하인리히 만(Heinrich Mann, 1871-1950)은 그의 에세이 「졸라(Zola)」에서 동생 토마스 만을 '비겁자'라고 가차 없이 공격했고 토마스 만은 형을 '문명문사'라고 신랄하게 비판했다. 이로 인해 둘 사이의 관계가 극도로 나빠지게 되었다.

로 인간적인 관심이 없다고 한다…. 어느 반정치적인 예술가가 그렇게 말했다. 그런데 전후의 유럽이 반정치적이고 예술적으로 되지 않을까? 독재정치와 '정치적인 분위기'를 외치는 사람들이 있음에도 불구하고 전후의 유럽은 인간성과 교양을 주된 목표로 삼지 않을까?

물론 유럽은 하나의 귀족수의를, 자기 자신의 귀족주의를 신봉할지도 모른다. 유럽은 이전과는 달리 문화와 취향의 문제에서 자신의 체면에 신경을 쓰는 법을 배울지도 모른다. 유럽은 지나친 심미주의와 이국풍, 야만에 대한 자기 배반적인 애착을 버릴지도 모른다. 유럽은 비정상적으로 유행하는 복장과 예술의 바보스러운 유치함을 거부하고, 식인종의 풍습[35]과 남미의 항구 선술집에서 추는 춤에 대한 고상한 거부의 몸짓을 보일지도 모른다. 이러한 것은 좋은 일이 아니다. 유럽이 이런 식으로 행패를 부리는 한 언제라도 다시 전쟁이 발발할 소지가 있다. 이는 확실하다. 게다가 우리 유럽이 빈곤해지지 않을까? 유럽이 궁핍해지면 단순하고 자연스러운 것을 소중하게 여기지 않을까? 그리고 우리 유럽이 궁핍해지면 달걀, 햄, 우유로 된 식사를 예전에 흥청망청 먹고 마시던 음식보다 더 감사하게 여기지 않을까? 그렇다, 예전의 유럽이 보인 탐욕스러운 향락욕과 문명화된 졸부 근성에 대해 우리 역겹게 생각하기로 하자. 단순하고도 기품 있게 예의범절과 예술에 우리 푹 빠져 생각해보도록 하자. 유럽이 처한 상태를 예술이 순수하게 표현해 줄지도 모른다. 꾸밈없이, 선량하게, 정신적으로,

---

35 아프리카의 문화 수입에 대한 비유적인 표현.

최고의 인간적인 고귀함을 유지한 채, 격식을 차리고 심도 있는 인간성을 토대로 권위 있고도 힘차게….

　나는 '유럽의 지식인'(형 하인리히 만을 지칭)이 그러한 꿈을 꿀 자격이 내게 있는지 시비를 걸까 봐 두렵다. 나는 스스로 알았던 것 이상으로 나 자신이 민족주의적이라고 생각한 것이 사실이다. 하지만 난 물론 민족주의자 '향토 예술가'는 결코 아니었다. 나는 전쟁에 '아무런 관여를 하지 않는 것'이 불가능하다고 생각했다. 가령 전쟁이 문화와 아무런 관계가 없다는 과감한 주장에 난 참을 수 없었던 것이다. 충격을 받은 채, 감정의 불이 지펴져, 무자비한 도전에 직면하여, 소용돌이에 내동댕이쳐진 나는 내 자신의 입장을 논쟁적으로 방어했다. 하지만 나의 영혼이 다시 정치로부터 정화되어 삶과 인간의 본성을 관조하게 된다면 내가 더 행복해질 것임을 신은 알고 있다. 평화를 되찾은 국경선 뒤에서 여러 민족이 서로의 위엄과 명예를 존중하고 살아가면서 그들이 가장 아끼는 재물을 서로 교환한다면 나의 존재는 지금보다 더 잘 진가를 보일 수 있을 것이다. 멋진 영국인, 세련된 프랑스인, 인간적인 러시아인과 학식 있는 독일인이.

IRONIE UND RADKALISMUS

THOMAS MANN 1918

———————

THOMAS MANN

3

비정치적 인간의 고찰 **아이러니와 급진주의**

이 글은 1918년 토마스 만의 『비정치적 인간의 고찰』의 마지막 장에 수록된 것으로, 『토마스 만 전집』 제12권 568~589쪽에 실려 있다. 이 『비정치적 인간의 고찰』은 별로 광범위한 영향을 끼치지는 못했지만 급진주의에 맞서 20세기의 문학적 보수주의를 대변하는 토마스 만의 중요한 저작이다. 이 글은 민주주의, 합리주의, 문명화, 규범화, 대중화, 한마디로 정치화로 이해되는 현대에 대항해 군주제로 요약되는 민족 공동체의 낭만적 이상을 부르짖는다. 이 에세이에서 토마스 만은 아이러니와 급진주의를 대비시키며, 아이러니의 개념으로 문학과 보수적인 정치 사이의 공통성을 제시하는 예술가 토마스 만의 위치를 규정해준다. 이러한 위치 규정은 특히 하인리히 만과 쿠르트 힐러의 행동주의와 대조를 이룬다. 쿠르트 힐러는 토마스 만의 이러한 사고 행태를 전쟁 중에 이미 날카롭게 공격하고, 아이로니컬하고 비정치적인 그의 독일적인 사고를 '정신에 대한 조직적 박해'라고 지칭한다. 토마스 만은 보수주의를 정신의 에로틱한 아이러니라 칭하며, 정신의 삶에 대한 구애가 에로틱한 아이러니라고 말한다. 그는 정신과 삶 사이의 중개적 위치 때문에 아이로니컬한 것을 예술의 고향과 같은 요소로 본다. 그래서 아이러니를 예술적 요소라고 부른다. 정신이 급진주의에서는 허무주의적이고 이기적인 반면에 아이러니에서는 보수적이고 에로틱하기 때문이다. 토마스 만은 괴테와 니체를 보수적인 사람으로 거론하며, 모든 독일정신은 보수적이었고 앞으로도 그럴 것이라고 주장한다.

아이러니와 급진주의는 대립적 성격을 지니며 양자택일의 관계에 있다. 정신적 인간은 아이러니스트^{Ironiker}가 아니면 급진주의자를 선택한다(그가 선택을 하는 한에서는). 제3의 선택은 불가능하다. 정신적 인간은 이러한 선택을 함으로써 자신의 입장을 드러낸다. 삶이나 정신(진리로서의 정신이나 혹은 정의나 순수함으로서의 정신) 중에서 어떤 것이 자기에게 최종적이고 결정적이며 절대적인 근거로 간주되는가에 따라 그의 입장이 결정된다. 급진주의자에게는 삶이 근거가 아니다. "삶이 소중하다면 진리가 대체 하나의 근거인가?" 이러한 물음이 아이러니의 문구이다.

급진주의는 허무주의이고 아이러니스트는 보수적이다. 하지만 보수주의는 스스로를 원하는 삶의 목소리를 의미할 때 아이러니컬한 것이 아니라, 스스로를 원하지 않고 삶을 원하는 정신의 목소리를 의미할 때만 아이러니컬하다. 여기에 에로스가 관계하고 있다. 에로스는 "그자의 가치와는 무관하게 어떤 인간을 긍정[36]"하는 것으로 규정되었다. 그런데 이것은 정신적인 긍정도 아니고, 그렇다고 도덕적인 긍정도 아니다. 그리고 정신을 통한 삶의 긍정도 아니다. 이러한 긍정은 아이러니컬하다. 에로스는 늘 아이러니스트였다. 그리고 아이러니는 에로틱이다.

삶과 정신의 관계는 극도로 미묘하고, 까다롭고, 자극적이고, 고통스러운 관계로, 아이러니와 에로틱을 지닌 관계이다. 이는 내가 언젠가 어떤 행동주의자[37]가 쓴 문장에서 읽은 내용을 가지고는 해결할 수 없는 관계이다. 정신을 통하여 그는 "세계가 정신을 더 이상 필요로 하지 않도록" 세계를 형성하는 것이 필요하다고 한다. 나는 이러한 표현법[38]을 알고 있었다. 동시대 문학에서 벌써 "정신을 필요로 하지 않는" 사람들에 대한 언급, 그것도 미적지근하게 동경하는 사람들에 대한 언급이 있었다. 어쩌면 정신 그 자체일지도 모르는 이러한 동경은 삶에 대한 정신의 본격적으로 철학적이고 문학적인 관계를 이룰지도 모른다. 삶은 정신을(어쩌면 예술을?) "더 이상 필요로 하지 않게" 형성되어 있다! 이것도 하나의 유토피아인가?

하지만 그렇다면 이것은 허무주의적 유토피아이며, 증오와 절대적인 부정에서 그리고 순수한 열광에서 태어난 유토피아이다. 이는 '정신을 위한 정신', 즉 절대정신의 불모의 유토피아이다. 이 정신은 '예술을 위한 예술'보다 더 경직되어 있고 더 차갑다. 그리고 정신은 삶이 자신에게 신뢰를 보이지 않아도 의아하게 생각해

---

36 긍정(Bejahung): 한스 블뤼어의 『남성 사회에서의 에로틱의 역할』에서 유래함.

37 쿠르트 힐러는 논문 「목표의 철학」에서 "아주 진지하게 말한다면, 천국이란 인류가 더 이상 정신을 필요로 하지 않는 삶의 질서이다"라고 말했다.

38 토마스 만은 자신의 작품인 『토니오 크뢰거』와 『베네치아에서의 죽음』에서 나타나는 삶에 대한 정신의 에로틱한 아이러니를 암시하고 있음.

서는 안 된다. 즉 동경은 정신과 삶 사이를 왔다 갔다 한다. 삶도 정신을 갈망하기도 한다. 에로틱한 관계를 띠고 있는 두 세계에 성적인 양극성은 뚜렷하지 않아 보인다. 그리고 한쪽이 남성적인 원칙을, 다른 쪽이 여성적인 원칙을 보이는 것도 아니다. 이 두 세계가 삶과 정신이다. 그 때문에 양자 간에는 어떤 합일이 존재하는 것이 아니라 합일과 이해라는 짧은 도취적 환상만이, 해결점이 없는 영원한 긴장만 존재할 뿐이다.

정신이 삶을, 삶이 정신을 '아름다움'으로 느끼는 것이 아름다움의 문제이다…. 사랑하는 정신은 광적이지 않으며 재기발랄하고 정치적이다. 정신은 구애한다. 정신의 삶에 대한 구애가 에로틱한 아이러니이다.[39] 정치적 전문어를 쓴다면 정신은 '보수주의'이다. 보수주의란 무엇인가? 정신의 에로틱한 아이러니이다.

예술에 대해 말하는 시절이다. 사람들은 오늘날 예술이 목표 지향적[40]이어야 하고, 세계의 완성을 꾀해야 하고, 도덕적인 결과를 지녀야 한다고 생각한다. 그런데 삶과 세계를 완성하려는 예술가의 방식이 적어도 본래는 정치적이고 개량적인 방식과는 전혀 다른 것이었다. 그 방식은 변용과 찬양의 방식이었다. 본래적이고 자연스러우며 '순수한' 예술은 삶, 아름다움, 영웅, 위대한 행위를 찬양하고 칭송하는 것이었다. 예술은 삶에 거울을 제공했다. 거울 속에서 삶은 행복하게 미화되고 정화된 진리 속의 자기 초상

---

39 이러한 에로틱한 아이러니는 토마스 만의 중편 『토니오 크뢰거』에서 토니오 크뢰거의 한스 한젠에 대한 구애로 형상화된다. 토마스 만의 견해에 의하면 정신을 대변하는 토니오의 삶을 대변하는 한스에 대한 구애가 에로틱한 아이러니라는 것이다.

40 쿠르트 힐러의 논문 「목표의 철학」을 암시함.

을 보았다. 이러한 광경을 보고 삶은 자신에 대한 새로운 즐거움에 사로잡혔다. 예술은 삶에 대한 자극제이며 유혹이었고 앞으로도 그러할 것이다. 예술은 정신, 순수한 정신 및 비판적이고 부정적이며 파괴적인 원칙과 연결되면서부터 문제를 띠게 되었고 그 성격이 아주 까다롭게 되었다. 예술이 가장 내적이며 감각적인 소질을 지닌 예술적인 삶의 긍정을 급기야 급진적 비판이라는 허무주의적 파토스와 연결시키는 한 이는 마적인 역설의 연결이다. 예술, 문학은 순수성을 상실하게 되었다. 좀 낡은 표현을 사용하자면 예술은 '성찰적으로^{sentimentalisch}'⁴¹ 되었다. 혹은 사람들이 오늘날 말하듯이 '지적으로^{intellektuell}' 되었다. 예술, 문학은 이제 더 이상 삶이 아니라 삶의 비판이기도 하다. 그리고 비판의 방법이 좀 더 풍부하고, 좀 더 영혼적이고, 좀 더 다양하고, 그리고 좀 더 흥겨울수록, 삶에 대한 비판은 순수한 정신에 대한 비판보다도 훨씬 끔찍하고 충격적이다.

그러므로 도덕이 예술적으로 되었다. 그런데 회의적인 심리학⁴²의 측면에서 빈정대는 표현이 없는 것은 아니었다. 예술은 자신의 영향력을 증대시키고 심화시키기 위한 공명심 때문에 도덕적으로 된 것이었다. 예술이 주로 노리는 것은 영향력이기 때문이다. 우리는 예술의 도덕주의를 너무 도덕적으로 받아들여서는 안

---

41 프리드리히 실러의 논문 「소박한 문학과 성찰적 문학」(1795)에서 구분하여 설명했다. 실러는 인간이 자연과 일치되어 있지 않고 분리되어 자연을 그리워하는 상태를 '감상적'(성찰적) 상태, 반면에 자연과 일치한 상태를 '소박한' 상태라고 하였다. 그는 자연과 일치하는 작가(소박 문학의 대표적인 작가)는 고대 그리스의 호머, 현대의 셰익스피어와 괴테이며, 자연과 분리되어 자연과 일치하도록 노력하는 작가로 자신을 비롯한 근대 작가를 들었다.

42 니체를 암시하는 표현임.

된다고 한다. 예술이 도덕주의를 통해 위엄을 획득하거나 획득하려고 한다는 것이다. 재능은 원래 다소 저열하고 어리석은 것이라고 한다. 하지만 재능은 엄숙함을 열망한다고 한다. 그리고 재능이 엄숙함을 얻기 위해서는 정신이 제격이라고 한다. 하지만 어떤 심리학이 교활한 눈매를 한 수수께끼 같은 존재인 예술과 맞서려고 하겠는가! 아주 진지하게 형식 유희를 하는 이 예술은 사기, 기발한 모방, 내적인 눈속임을 통해, 뭐라고 말할 수 없는 흐느낌과 웃음을 담고 있는 인간의 가슴에 느닷없이 충격을 준다.

예술은 도덕, 즉 급진적이고 비판주의적인 정신과 관계를 맺음으로써 삶의 촉진제로서의 속성을 결코 잃지 않았다. 예술이 이와는 달리 원한다 할지라도, 예술은 이따금 달리 원한다고 생각하거나 원하는 것 같은데, 예술이 감각적이고 초감각적인 자기 관조를 하고, 아주 강렬한 자의식과 자존심을 지니게 되면서 삶에 새로운 흥을 불어넣지 않을 수 없을지도 모른다. 예술의 비판주의가 과격하게 삶에 적대적이고 허무주의적인 것 같은 경우에조차도 이와 마찬가지일지도 모른다.

우린 이런 경우를 알고 있다. 톨스토이의 『크로이처 소나타』[43]

---

[43] 이 소설은 톨스토이의 후기 작품으로 '회심' 이후 자연주의에 경도된 작가의 도덕적·사상적 측면을 잘 보여주는 작품이다. 건강한 정신과 건강한 삶을 위해 음주와 흡연, 육식을 피하고 금욕 생활을 할 것을 주장했던 저자가 삶에서 무엇보다 중요한 것은 '절제'임을 설파한다. 톨스토이는 이 작품에서 여성을 성적 대상으로 보아서는 안 되며, 남성의 성적 절제와 금욕은 결혼 후 부인에 대해서도 엄격히 지켜져야 한다고 주장하여 당시 사람들에게 충격을 주었다. 이러한 주장의 일부는 현대에도 유효한 페미니즘과도 맥을 같이한다. 이런 이유로 이 작품은 출간 당시 사회적 논란을 불러일으키며 발간 금지를 당했고, 빗발치는 항의에 결국 톨스토이는 이 작품을 쓰게 된 이유를 「크로이처 소나타 에필로그」에서 직접 설명하기에 이른다.

가 그런 경우이다. 이때 예술은 이중적 의미에서 스스로를 '배반한다'. 예술은 삶에 등을 돌리기 위해 자신에게도 등을 돌리면서 자신의 본질을 배반한다. 재능, 예언자적 재능은 예술에 반대하는 설교를 하고 순결함을 설교한다. 이러한 식으로 삶이 고갈된다고 사람들은 그에게 항변한다. 예언자는 "있는 그대로 둬라!"고 대답하는 반면 예술가 정신은 이렇게 말한다. "삶이 대체 하나의 근거인가?" 우리는 이러한 물음에 물론 말문이 막힌다. 하지만 그러한 가르침과 물음을 예술적인 소설의 형태로, 즉 흥겹게 인간들에게 제시한다는 것이 얼마나 색다르며, 얼마나 어린애다운 모순인가!

하지만 바로 이러한 점 때문에 예술은 그토록 사랑스럽고, 할 만한 가치가 있게 된다. 예술이 청량제인 동시에 징벌이며, 삶을 즐겁게 모방함으로써 삶에 대한 찬양이자 칭송인 동시에 삶에 대한 비판적이고도 도덕적인 부정이라는 사실은 놀랄 만한 모순이다. 혹은 예술이 양심을 일깨워주는 동시에 즐거움을 가져다준다는 사실은 놀랄 만한 모순이다. 외교적으로 말하면 예술이 삶이나 순수 정신과 좋은 관계를 견지한다는 점에 예술의 사명이 있다. 예술은 보수적인 동시에 급진적이기도 하다. 예술은 삶과 정신 사이의 중간적, 중개적 위치에 있다. 아이러니의 원천이 여기에 있다…. 예술이 정치와 친근하고 유사한 점이 있다면 여기에도 있는 것이다. 정치도 나름대로 순수 정신과 삶 사이에서 중개적 위치를 담당하고 있기 때문이다. 정치가 보수적이거나 급진적·파괴적이라면 정치라는 이름을 붙일 자격이 없는 것이다!

하지만 상황이 이처럼 유사하다고 해서 예술가를 정치인으로 만들려는 것은 잘못된 생각일지도 모른다. 삶의 양심을 일깨우고 유지시키는 정치인의 과제는 단순히 정치적 과제라기보다는 오히려 종교적 과제이기도 하기 때문이다. 어떤 위대한 정신과 의사가 언젠가 양심을 '사회적 불안'이라고 규정한 적이 있었다. 이는 존중할 만한 지적이긴 하지만 기분 나쁠 정도로 '현대적인' 규정이다. 이는 오늘날 사람들이 사회적인 것에서 모든 윤리성과 종교심이 피어나게 하는 전형적인 실례이다. 가령 루터가 예기치 않게도 종교 개혁가가 되기 전에, 그러니까 사회적으로 되기 전 수도원에서의 그의 고독한 고난과 양심의 투쟁이 사회 이념과 관계있었는지 알고 싶다…. 하지만 예술이 순수 정신이라는 재판관 앞에 삶을 데려다 놓는다면서, 누군가가 신에 대한 불안을 일깨우는 것을 예술의 과제로 선언한다면 나는 이에 반박하지 않겠다.

급진적 정신을 체험하는 것이 예술에 잘 어울릴 거라고 말할 사람은 없을 것이다. 우리 개개인은 사회와 국가 속에서 살아가면서 보는, 예를 들어 여행 중에 보는 모든 현상에 대해 계속 분노를 느낄지도 모른다. '정신'은 교회, 공장, 프롤레타리아, 군대, 경찰관, 창녀, 기술과 산업의 힘, 은행 건물, 가난과 부富, 즉 인간적인 것에서 생겨난 수천 가지의 생활 형태를 본다. 정신과 반대로 이 모든 것은 우둔하고 조야하며 비열하다. 다시 말하면 그것은 순결한 무無이다. '정신적인 것'은 분노, 조용한 원한과 내적인 모순, 증오와 항의에서는 결코 생겨나지 않는다. 예술가를 지식인으로 혼동하는 사람들은 이러한 삶의 정취, 이러한 보는 방식, 단정한 무無의 이름으로 행해지는 이러한 지속적인 반항이 예술가 정신과 무슨 관계가 있는지 물어보아야 한다. 나는 이를 알지 못한다. 나는 예술가 정신이 이러한 정치적·비판적 견해에 자신을 영원히 내맡겨버릴 거라곤 생각하지 않는다. 나는 예술가 정신이 세계 현상에 대해 순진무구하고 공평무사하며 경건한 시선을 영원히 잃어버릴 거라곤 생각하지 않는다. 나는 예술가 정신이 어떤 사물을 볼 때 신의 뜻에 따라 즐거운 마음으로, 명랑하게 바라보지 못할 거라곤 생각하지 않는다. 나는 이런 것을 잃어버린 예술가 정신이 자신의 특수한 과제를 잘 수행할 거라곤 생각하지 않는다.

하지만 예술이 급진적일 수 없어서 아이로니컬한 것일까? 정신과 삶 사이의 중간적, 중개적 위치 때문에 아이로니컬한 것이 분명 예술의 고향과 같은 요소가 된 것이다. 예술이 늘 아이로니컬해야 한다고는 말하지 않더라도 나는 아이러니를 급진주의와는 달리 예술적 요소라고 부른다. 정신이 급진주의에서는 허무주의적이고 이기적인 반면 아이러니에서는 보수적이고 에로틱하기 때문이다.

하지만 아이러니는 늘 양자를 향하는 아이러니이다. 아이러니는 정신을 향할 뿐만 아니라 삶을 향하기도 한다. 그렇기 때문에 아이러니는 커다란 몸짓을 보이지 않는다. 그래서 아이러니는 우울하고 겸허하다. 예술이 아이러니의 속성이 있는 한에는 예술도 우울하고 겸허하다. 더 정확히 말하자면 예술가도 마찬가지이다. 윤리적인 것의 영역은 개인적인 것의 영역이기 때문이다. 그러므로 예술가는 아이러니스트인 한 우울하고 겸허하다. 그는 '열정', 커다란 몸짓, 거창한 말을 거부한다. 그러니까 그는 정신적으로 당당한 모습을 보일 수 없다. 이는 예술가의 중간적 위치의 문제성, 정신과 육감성에서 비롯한 예술가의 혼합적 성질, '그의 가슴에 자리하고 있는 두 영혼' 때문이다. 예술가의 삶은 기품 있는 삶이 아니다. 아름다움의 길은 기품 있는 길이 아니다.

말하자면 아름다움은 정신적이지만 감각적이기도 하다(플라톤은 "신적인 동시에 가시적이다"라고 말한다). 그래서 아름다움은 정신에 이르는 예술가의 길이다. 하지만 나는 어떤 소설[44]에서 감각을 통과해서 정신적인 것으로 나아가는 자가 남자로서의 진정한 위엄과 지혜를 얻을 수 있는지 문제 삼았다. 이 소설에서 나는 "위엄을 갖게 된 예술가"[45]로 하여금 그와 같은 일이 필연적으로 방종에 흐르고 감정의 모험에 그치게 될 것임을 파악하게 했다. 그의 문체의 대가다운 면모는 거짓이자 바보스러움이었고, 그의 명성은 하나의 소극笑劇에 불과했다. 그에 대한 대중의 신뢰는 우스꽝스럽기 짝이 없었으며, 예술을 통한 민중 교육과 청년 교육은 금지되어야 할 무모한 시도임을 그가 파악하게 했다.

나는 이러한 사실을 그가 우울하고 아이러니컬하게 파악하게 하면서 나 자신에게 충실했다. 내게는 이것이 중요한 문제이다. 새파랗게 젊은 시절 나는 자전적인 짧은 글[46]을 요구하는 잡지사에 글을 보낸 적이 있었다. 거기에는 이런 글이 담겨 있었다.

"저의 저서를 대충 읽어본 사람들은 제가 예술가, 작가의 생활 형식에 항시 극도로 불신감을 품고 있음을 기억할 겁니다. 사실 저

---

44 『베네치아에서의 죽음』을 말함.

45 『베네치아에서의 죽음』의 주인공 고전작가 구스타프 아셴바흐를 말함.

46 『거울 속에서』라는 글임.

는 이런 종류의 사람들이 사회에서 존경받는 것에 놀라움을 금할 수 없습니다. 저는 작가가 어떤 존재인지를 압니다. 알다시피 저 자신도 작가이기 때문입니다. 작가란 요컨대 진지한 행위가 요구되는 모든 분야에는 전혀 쓸모 없는 사람이고, 오로지 야단법석을 떨 생각만 하는 사람입니다. 작가는 국가에 무익한 존재일 뿐만 아니라 국가에 반항할 생각을 하는 존재입니다. 그는 특별한 이성적 재능을 지닐 필요가 없습니다. 작가란 제가 늘 그랬던 것처럼 민첩하지 못하고 둔감한 정신의 소유자일지 모릅니다. 게다가 내적으로 유치하고 무절제한 경향이 있으며, 모든 면에서 평판이 나쁜 사기꾼입니다. 그가 사회로부터 기대할 거라곤 경멸밖에 없습니다. 근본적으로도 그는 아무것도 기대할 게 없는 자입니다. 하지만 사실 사회는 이런 인간 유형이 사회의 중심에서 최고의 존경을 받도록 해주고 있습니다."

이것이 젊은 예술가 정신의 아이러니였다. 아이러니에 덕성은 없다 하더라도 어느 정도 '지적인 것'이 있음에도 불구하고 아이러니는 점차 낡은 유희vieux jeu가 되었고, 시민성과 좀스러운 경건주의의 특질을 띠게 되었다. 그 행동주의자가 왔다. 그렇지만 나는 조용히 물러나 아이로니컬한 겸허함이 예술이 아닌 예술가 정신에 대한 예술가의 예의 바른 관계일지 자문해 본다.

삶과 인간을 순수한 정신의 관점에서 조망하려는 예술가 정신의 의지에는 삶을 정치적으로 개선하려는 의지에 보다도 아이러니, 우울, 겸허함이 더 많이 담겨 있다는 사실이 특기할 만하다. 하지만 삶을 정치적으로 개선하려는 이러한 의도가 존재한다는 사실은 대체로 관찰자의 그릇된 결론으로 밝혀질 것이다. 내

예술과 정치 반지성주의를 경계하며

가 실제로 경험한 예를 들어보기로 하자.『부덴브로크가의 사람들』[47] 끝부분의 신독일 중등학교에 대한 비판은 극히 모호하고 간접적인 방식으로 학교 개혁을 목표로 하고 있지 않은가? 이 비판은 하나의 고발이지만 사실 별 구속력이 없는 모호하게 표현된 고발이다. 제도를 체험하는 자의 본성에 따라 이 고발은 모호하게 표현되고 제약을 받는다. 이 제도는 고발하는 자의 체험을 통해 나타나고, 이 사람의 눈으로 보인다. 하지만 거기에서 무언가가 좌절된다. 하지만 사실 좌절하는 것은 좋지 않은 평가를 받는 신독일 중등학교라기보다는 오히려 몰락의 어린 왕자이자 음악으로 도피한 하노 부덴브로크이다. 그는 도무지 삶을 거부한다. 삶의 상징이자 잠정적 축도는 학교이다. 예술은 늘 어린 하노를 통해 표현된 삶의 비판이 아니던가? 다른 사람들은 분명 삶이 자신의 발전을 도모할 수 있는 이상적인 곳이라고 느낀다. 하노의 학급 동료들처럼. 하노의 체험을 통해 볼 때 우스꽝스럽고, 고통스럽

---

47 북독일 뤼베크의 4대에 걸친 부유한 사업가 가족을 그린 장편 소설로 현대 문학의 위대한 고전이 된 작품이다. 이 소설에서 토마스 만은 가족의 출생, 세례, 결혼, 이혼, 죽음, 상업적 성공 및 실패를 완벽한 묘사로 재현하고 있다. 여기에는 시적 사실주의, 자연주의 및 인상주의의 요소가 섞여 있지만, 이 소설은 어떤 사조에도 확고하게 속하지는 않는다. 부덴브로크가 사람들은 자신에 대해 많이 알면 알수록 그만큼 더 병약해진다. 즉 네 세대가 흘러가는 가운데 헤겔의 역사철학적인 체계인 예술-종교-철학 순서로 발전하는 것이 아니라 순진성-종교-철학-예술이라는 쇼펜하우어적인 체계가 실현되고 있다. 이 작품에는 한 가문의 몰락이라는 부제가 붙어 있는데, 여기서는 정치적·경제적·사회적 파멸뿐만 아니라 가문의 형이상학적인 정신적인 고양이 그려져 있다. 요한 부덴브로크 1세는 유능한 상인으로 정신적인 세계에 대해서는 별로 이해력이 없으나 자신의 현 위치에 만족하고 더 나은 내일을 위해서 부단히 애쓴다. 그의 아들인 영사 부덴브로크 2세는 종교적인 인물이나 사업적 성공을 위해서는 비정한 일면이 있다. 비일상적이고 비시민적이며 철학적인 토마스 부덴브로크를 거쳐서 어린 하노에 이르면 냉혹한 현실로부터 몸을 숨기고 음악의 환상 세계에 파묻혀 살다가 어린 나이에 죽고 만다.

고, 지루하고, 혐오스러운 것으로 나타나는 학교에서 하노는 자신의 체험 판단과 감정 판단을 결코 보편타당한 것으로 간주할 수 없다. 그는 자신이 신경이 예민한 예외적 존재임을 인식하고 있기 때문이다. 이러한 사실이 그의 자부심이자 겸허함이다. 그리고 이는 내가 볼 때 예술가의 삶에 대한 자부심이자 겸허함이다. 예술을 통한 삶의 비판을 개량적 선전 목적으로 이용하는 것은 불충한 발상이라 할 수 있다. 학교도 삶도 고도의 윤리적·심미적 민감성을 지닐 수 없으며, 감수성과 정신은 거기에서 편안한 마음을 가질 수 없는 것이다.

하지만 이러한 비판이 현실을 개선하는 정치적 작용을 한다면, 사실 이러한 민감한 예외적 경우가 정치적으로 결정하는 데 판단의 기준이 될 수는 없지만, 이 예외적 경우가 인류의 양심을 나타내주고, 좀 더 고상하고 민감한 심미적·도덕적 의미에서, 양심의 의지에 반한다 할지라도 인류의 고뇌하는 지도자이기 때문에, 사실 예술적인 삶의 비판이 개선시키고, 순화시키고, 도덕화시키며 행복하게 하는 작용을 해온 것이다. 이젠 사정이 달라져서 예술은 스스로를 위해 존재한다. 예술이 정치적 결과를 낳을 수 있다고 해서 예술을 정치적 도구로 규정하여, 예술가를 정치가로 만들려고 해서는 안 된다. 자신의 특수하고 아이로니컬한 지도력을 곧장 정치적으로 이해하여 이에 따라 행동하기 시작할 정도로 이러한 지도력을 오해하는 예술가 정신은 독선과 윤리적 안일, 참기 어려운 도덕군자 연하는 태도에 빠져들지도 모른다. 이러한 사건은 번지르르한 속물근성과 민중 계도 근성의 시작일지도 모른다. 이 결과 필연코 예술적 파멸이 뒤따를 것이다.

겸허함, 소극적인 회의로서의 아이러니는 도덕의 형식이고 개인적 윤리이며 '내적인 정치'이다. 하지만 정신 활동자, 행동주의자의 의미에서뿐만 아니라 시민적 의미에서의 정치는 외적인 정치이다. 사람들은 예술가를 비정치인으로, 어울리지 않는 정치인으로 만들 수 있는 모든 가능성을 생각할 수 있다고 한다. 특정한 국가 형태가 예술의 생존 조건이 아니라 극히 다양한 조건들 하에서 예술이 지구상에서 꽃피었다는 사실을 고려할 만하다. 바로 이 점에서 예술가는 선천적으로 서투른 솜씨를 혐오하고, 까다롭고 복잡한 일에 딜레탕트적으로 개입하기를 꺼린다.

예술가의 작업, 존재하는 것 중에서 가장 고상하고 우아하며, 책임감으로 충만하고 소모적인 예술가의 작업은 주제넘게 정치적인 문제에 이러쿵저러쿵 떠드는 역을 하는 것을 예술가에게 거의 허용하지 않는다. 이러한 온갖 억제는 내가 겸허함, 소극적인 회의의 겸허함이라고 불렀던 것들의 강함에 필적하지 못한다. 양심에 꺼리지 않고, 아무런 아이러니가 없고, 자신의 인간성에 동의하고, 자신의 일에 남자답게 만족하고, 대체로 시민적으로 안정된 상태에 있는 예술가, 자신의 언동에 확신을 갖고, 선거권, 아마 새로운 프로이센 선거권[48]을 행사하기 위해 투표장으로 걸어가는 속물, 이러한 예술가를 상상하기란 쉬운 일이 아니다. 하지만 라틴의 시인이자 정치가이며 전쟁 호소자인 가브리엘레 다눈치오[49]의 유형에서 느끼고 있듯이 몰이해, 놀라움, 혐오, 경멸의 정도를

---

48 빌헬름 2세는 1917년 4월 세 계급 차등 선거제를 철폐하고 보통, 평등 선거를 실시하겠다고 약속했다. 하지만 이 제도는 1918년 11월 혁명에 의해 비로소 실시되었다.

지칭하기 위해 내가 예술가라는 단어를 사용해야 하는가? 그러한 웅변가, 선동가가 결코 혼자는 아니지 않은가? 그는 늘 '발코니' 위에 있는가? 그는 고독, 자기 회의, 자신의 영혼과 작품을 둘러싼 걱정과 고통, 명성에 대한 아이러니, '숭배'에 대한 부끄러움을 알지 못하는가?

그리고 허영기 있고 도취벽이 있는 이 바보 같은 예술가를 이탈리아 사람들은 적어도 잠시나마 진지하게 생각했던 것이다! 일어나서 이렇게 말한 사람은 아무도 없었다. "그가 시대를 안다면 나는 그의 기분을 안다. 방울 어릿광대여, 꺼져버려라!" 어린애 같은 나라에서, 이성적 비판과 도덕적 비판을, 예술가 정신의 비판을 조금도 체험하지 못했던 나라에서 이러한 사실이 가능했겠는가? 이 나라에서는 비판과 회의가 아무리 부족해도 아무런 정치적, 민주적 비판도 받지 않는다. 바그너의 원숭이인 다눈치오를, 야심만만한 단어 연금술사를, 자신의 도취, 자신의 위대한 시간, 자신의 '역사적 순간'인 자신의 결혼식을 민족과 함께 하기를 원했던 무책임한 이 모험가를 사람들은 진지하게 생각하여, 역사적 순간에 이 예술가를 정치가로 받아들인 것이다! '갖가지의 종을 치는' 이 자의 재능은 라틴 정신과 민족주의에 영향을 미치고 감동을 준다. 전쟁 찬미가인 이 예술가… '그리고 너는?' 그러면 나는!

---

49 다눈치오(Gabriele d'Annunzio, 1863-1938): 이탈리아의 시인이자 작가로 제1차 세계대전 때 독일에 맞서 참전하자고 열렬히 촉구했음. 시인으로서는 바그너와 세기말의 심미주의의 영향을 받았음.

예술과 정치 반지성주의를 경계하며

전쟁을 호소하고 촉구한 독일의 예술가는 어디에 있는가? 이 자의 양심과 예절은 극단적인 순간에도 전쟁이 가능하다고 생각 했겠는가? 그러면 나는! 전쟁이 운명이 되었다면 나에게는 다른 운명인 것 같다. 내가 보기에 전쟁이 어쩔 수 없는 운명이 되었다 면, 약간의 말과 정신으로 자신의 민족 옆에 서서 '애국심'을 품을 권리를 의심하는 것과, 수백만의 사람들을 피의 지옥으로 내몬 다음 '조국의 하늘로부터'(오, 아첨의 치욕이라니!) 번지르르한 산 문을 그들에게 던지기 위해 자기의 재능, 영혼, 도취 능력, 명예를 남용하는 것은 다른 문제인 것 같다. 여러분에게는 여러분의 행 동가 정신이 있는 것이다! 여러분은 정치화된 미학가, 시적인 민 중 유혹가, 민중 모독자, 수사학적 열광주의의 호색가, 미문美文을 쓰는 정치가, 정신의 이탈리아인, 민주적 '인간성'의 호언 장담가 를 가지고 있는 것이다! 그리고 이러한 일이 우리에게 일어나야 할까? 이러한 사실에 우리가 지배되어야 하는 걸까? 결코 그렇지 않다. 그리고 나는 적어도 이러한 참담한 행패를 저지를 힘을 '정 신'에 부여하지 않을 나라의 국민이란 사실에 고마워한다.

나는 앞에서 정치와 예술이 처한 상황의 유사함을 밝혔다. 나 는 정치와 예술이 삶과 정신 사이의 중간적, 중개적 입장에 있다 고 말했다. 그리고 나는 어쨌든 예술에 대한 나의 입장으로 인정 되는 아이러니로 기울어지는 경향을 여기서 이끌어냈다. 하지만 '아이로니컬한 정치'란 무엇인가? 이러한 단어의 연결을 타당한 것으로 간주하기에는 이것은 너무나 생소하고 너무나 진지하지 않게 들린다. 무릇 정치란 늘 아이로니컬한 본질을 지니고 있다고 사람들은 생각할 것이다. 정치란 결코 대립이 아니고, 결코 급진적일 수 없으며, 정치가 대립이고 급진적이라면 자신의 본성에 모순됨을 적어도 우리 확신하기로 하자! '급진주의적 정치'에 관해 말하는 것은 '나무로 된 철'[50]이라는 논리를 가짐을 적어도 우리 확신하기로 하자! 정치란 필연적으로 중개를 하려는 의지이며, 긍정적인 결과를 도출하려는 의지이다. 정치란 현명함, 유연함, 예의바름, 외교이며, 늘 자신에 대한 반대의 반대로 있기 위해선 이 모든 것에도 불구하고 파괴적인 절대성과 급진성이라는 힘이 결여되어서는 안 된다.

내가 소년 시절에 들은 바로는, 비스마르크가 말하기를 러시아의 허무주의자들은 사회민주주의보다는 오히려 우리의 자유주의자에게 훨씬 친근감을 느낀다고 한다. 나는 이 말을 의아하게 생각했다. 의회주의적·정치적 노선에서 볼 때 사람들은 우파 경향의 자유주의자들과 극단적인 좌파인 허무주의자들 사이에 사회주의자가 위치한다고 생각했을지 모르기 때문이다. 나로서는 허무주의적 공격자들이 전복적인 사회민주주의의 지지자들보다도 시민적인 자유 성향의 진보의 지지자들과 정신적으로 더 가깝다고 생각하기가 어려웠다. 나중에 나는 공격이 러시아 허무주의에 반드시 필요한 부속물이 아님을 알게 되었다. 사실은 오히려 공격적 성향이 서유럽 자유주의이며, 정치적 계몽주의임을 알게 되었다. 러시아에서는 정치적 계몽주의가, 그것도 문학을 통하여 허무주의라는 이름을 얻었다. 비스마르크와 도스토옙스키는 서유럽 계몽주의, 자유주의의 이성적·진보적 정치가 허무주의적 본령을 지니고 있다는 사실에 의견일치를 보았다. 서방의 허무주의자들이 말하고 가르친 것을 동방의 테러 분자들은 사실 실행하기만

예술과 정치 반지성주의를 경계하며

했다는 것이다.

행동하는 '정신'은 자신의 본령인 모든 급진주의를 드러내고 보여준다. 순수한 정신의 행위는 실상 늘 가장 급진적인 행위일 수 있기 때문이다. 행동해야 한다고 확신하는 정신적 인간은 즉각 정치적 살인에 직면하게 된다. '정신적 인간이여, 행동하라!'[51]라는 구호는, 이것이 사실 순수한 정신의 의미에서 이야기된 것이라면 꽤 미심쩍은 구호이다. 자신의 정열로 현실적인 것에 휩쓸리는 정신적 인간은 잘못된 영역으로 빠져든다는 것을 모든 경험이 가르쳐주고 있다. 이러한 영역에서 그는 나쁘고 서툴며 불행한 모습을 보여주고, 인간적으로 손해를 본다. 그리고 그는 자신과 세계 앞에서 존재하기 위해 도덕적인 자기희생이라는 음울한 순교 정신으로 즉각 자신을 감싸야 한다.

"행동하는 자는 언제나 양심이 없다. 관찰하는 자는 아무도 양심이 없다."고 괴테는 말한다. 하지만 이 반대도 사실이다. 관찰하는 자는 현실적인 것과의 관계에서 양심을 훨씬 덜 필요로 한다. 혹은 그는 행동하는 자와는 다른 종류의 양심을 필요로 한다. 관찰하는 자는 급진주의라는 아름다운 사치를 부릴 여유가 있다. 하지만 현실 속에서 행동하도록 요구받는 사람은 그럴 수 없다. 행동하는 자는 소년 같은 미성숙 상태인 무조건성에서 서둘러 벗어날 것이다. 자신의 본령이 사고와 현실 사이의 정치적 중개임, 그러므로 그는 자기에게 양보할 능력이 있음을 알고 있

---

50 '나무로 된 철'이란 말은 형용모순(oxymoron)임.
51 하인리히 만의 에세이 「졸라」에 나오는 말.

기 때문이다. '관찰하는 자'에게는 그런 능력이 전혀 없다. 선천적으로 현실적인 것을 꺼리고 두려워하는 자신의 성향을 극복하기 위해 기울이는 부자연스러운 노력이 그에게 양보하고 절제하고 현명해지는 힘을 부여해주지 않기 때문이다. 관찰하도록 태어난 자의 행동은 늘 부자연스럽고, 보기 흉하고, 왜곡되고, 자기 파괴적인 행동일 것이며, 정신의 행위는 늘 기형적 행위에 불과할 것이다.

'정신적 인간이여, 행동하라!'라는 이러한 외침이 문학적 구호, 잡지의 유행 이론, 화젯거리에 불과하다는 사실이 다행스럽다. 행동주의 예술가는 전혀 행동할 생각을 하지 않는다. 이상하게도 자신이 지닌 재능이 위대할수록 행동을 덜 생각한다. 나는 자기 자신을 위한 위대한 재능의 자상함을 그의 개인적인 소중함, 미소 짓는 허영심이라고 인식한다. 이것으로 이러한 재능의 소유자는 자신의 시대의 떨리는 대범성, 가혹한 광채에 바치는 찬미를 받지 않는가! 이러한 재능이 자기 파괴적인 행위, 개인적 희생을 할 능력이 있을까? 결코 아니다, 일평생 사람들은 이것을 시험해볼 능력이 조금도 없었던 것이다! 사람들은 명예, 돈, 사랑, 박수갈채를 원한다. 사람들은 목에 모피를 두르고 영사기의 렌즈를 들여다보면서 '정신'에 관해 노래한다.

적어도 개인적으로는 사람들은 덕으로 이윤을 추구하면서 민주주의를 실현한다. 사람들은 장관을 사살하거나 시위 연설을 하는 일을 글을 덜 읽은 사람들, 잃을 게 없는 사람들, 불쌍하고 재능이 없는 광신자, 좌절에 빠진 젊은 유대인에게 맡긴다. 한마디로 말해 행동주의자는 행위에 대해(그리고 덕에 대해) 전적으로 처세가적이고 귀족적으로 관계한다. 하지만 사정이 그러하다면,

심각하게 체면을 깎이게 하는 행위가 은총을 적게 받은 자, 낮은 위치에 있는 자들의 일이라면 무릇 행위 자체의 서열과 위엄은 어떤 것인가? 젊은 이상주의자가 혁명적 억양의 대가한테 와서, 때가 왔으니 들고일어나 행동할 순간이 왔다고 그에게 일러주는 대로 희극 장면이 쓰일 수 있다. 그 대가는 거부할 것이다. 젊은 신념가의 기대에 차 이글거리는 눈에는 한 명의 광신자 대신 한 명의 처세가, 예술가가 보일 것이다. 어쩌면 그 처세가는 이러한 검고 이글거리며 요구하는 눈을 보고 약간 안색이 달라질지도 모른다. 하지만 그는 그런 다음 웃으면서 이렇게 말하리라.

"오, 아니오, 젊은이, 자네는 나에게 잘못된 요구를 하고 있네. 나는 자신의 개인적 안전을 중요하게 생각할 약간의 이유가 있다고 생각하네…. 젊은 세대가 소중하게 생각하는 것 같은 나의 건강은 내가 우려하고 있듯이 장기간의 수감 생활을 견딜 수 없을 것 같네. 내가 쓴 『로베스피에르』의 초연에 자네와 자네 친구들은 환호했네. 내가 나의 영웅에게 매독성 뇌질환이 있는 것처럼 묘사했음에도 불구하고 말이오…. 불구하고? 바로 그 때문에! 내가 이러한 의혹을 자유롭게 기술하지 않았더라면 자네는 덜 환호했을지도 모르지. 하지만 우울한 깊이에서 작품들이 생겨나는 체질, 이러한 체질은 자신을 정치적으로 노출하도록 만들어져 있지 않네. 권력이 나에게 손을 댔음을 마음속에 그리게…. 아니, 아니, 사랑하는 친구여, 잘 살게나! 자네는 내가 온천장으로 여행하기 전에 내가 끝내고자 하는 자유와 행운에 대한 감동적인 측면에서 나를 방해했네. 가게나, 가서 자네의 의무를 이행하게나!"

아이러니… 다른 사람들이 보지 못하는 것을 나는 볼 수 있다. 하지만 내가 볼 때 사람들이 이 개념을 제대로 파악하지 못해, 이것을 결코 윤리적으로 정치적으로 받아들이지 못할 것 같다. 칸트가 끔찍하고 너무나 성공적인 인식 비판적인 출정을 한 후 '실천 이성의 공준公準'이라는 이름으로, 방금 자신이 파괴한 모든 것을 다시 도입하여 새로 가능하게 만든다면, 나는 거기에 정치적 아이러니가 있다고 본다. 하이네가 말하고 있듯이 "옛날의 등燈은 하나의 신을 가지고 있음에 틀림없기" 때문이다. 니체와 입센, 한 사람은 철학적으로, 다른 한 사람은 희극을 통해, 삶을 위해 진리의 가치를 의문시한다면 나는 거기서 마찬가지의 아이러니컬한 기풍을 본다. 기독교적 중세가 대중으로서는 극복할 수 없는, 세계의 본질적인 죄악에 관한 이론인 원죄의 도그마를 가지고 이상으로 하여금 늘 눈감게 했다면, 너무나 인간적인 것에 대한 이상을 늘 인정하면서 살았다면 내가 보기에는 기독교적 중세는 다름 아닌 아이로니컬한 정치이다. 원칙적으로 자연의 토대로 하여금 자신이 올바르다는 주장을 내세우지 못하게 하고, 이것을 실제적으로 고려하기 위하여 좀 더 높은 정신문화를 자연의 토대와 구별하여 이것의 상당 부분을 죄악시했다면, 내가 보기에 기독교적 중세는 다름 아닌 아이로니컬한 정치이다. 아담 뮐러[52], 그는 정치적 문제에 대해 가장 현명하고 가장 재기발랄하게 말한, 진보적이지만 평이 나쁜 사상가이다. 그가 정치를 가령 법과 혼동하지 않고 이 법을 의심의 여지 없이 긍정적으로, 자연스럽게 역사적으로 주어진 것으로, 정당한 것으로, 요컨대 가시적인 힘으로 규정한다면 그럼 이제 우리는 다시 사실 정치를 갖게 된다.

긍정적이고 역사적이며 의심의 여지가 없는 법을 '조심스럽게 아끼며 사용하라고', 법을 양심, 현명함, 현재와 미래, 유용함과 화해시키라고 우리에게 가르치는 원칙으로 규정한다면, 그러므로 학문적으로 법학과 구분될 수 있으며 실제적으로는 늘 법학과 나란히 손에 손을 잡고 가야 하는 중개, 타협, 설득과 체결의 원칙으로 규정한다면, 그럼 이제 우리는 다시 사실 정치를 갖게 된다. 그것도 아이로니컬하고 보수적인 의미에서의 정치를 갖게 된다. 정치의 의미와 정신이 사실 그러한 것이다. 하지만 늙은 프리드리히 폰 겐츠[53]가 자신의 젊은 여자 친구에게 보내는 한 정치적인 편지가 내게는 보수적인 아이러니의 가장 아름답고, 거창하고 체념적인 표현으로 생각된다. 그 편지의 내용은 이러하다.

"세계사는 낡은 것에서 새로운 것으로의 영원한 이행입니다. 사물들의 끝없는 순환 속에서 모든 것이 스스로를 파괴합니다. 다익은 열매는 가지에서 떨어집니다. 하지만 이러한 순환이 존재하는 모든 것, 또한 모든 정의와 선의 급격한 몰락을 초래하지 않는다면 새로운 것을 위해서 일하는 압도적인 대다수의 사람들 말고 정당하게 옛것을 주장하고 시대의 흐름을 조절하고자 하는 소수의 사람들도 필연적으로 있을 겁니다. 그렇지만 그들이 시대의 흐름을 막을 수도 없거니와 그럴 의지도 없습니다…. 나의 위임자

---

52 아담 뮐러(Adam Heinrich Müller, 1779-1829): 독일의 언론인·문학 비평가·국가 이론가·경제적 낭만주의의 선구자이다.

53 겐츠(Friedrich von Gentz, 1764-1832): 독일의 정치평론가, 언론인. 프랑스 혁명과 나폴레옹의 이론을 반박한 유명한 글들을 썼으며, 메테르니히의 고문으로서 두터운 신임을 받았다. 그가 남긴 글들은 나폴레옹 시대와 그다음 시대의 유럽 역사에 귀중한 자료가 된다.

들이 존엄하고 강함에도 불구하고, 그들이 쟁취한 개별적 승리들에도 불구하고 시대정신은 결국 우리보다 더욱 강할 거라고 생각해 왔습니다. 언론이 무분별하다고 내가 아무리 멸시하더라도 언론은 언제까지나 우리의 모든 지혜보다 끔찍할 정도로 우월할 거라고 나는 생각해 왔습니다. 그리고 권력과 마찬가지로 예술도 세상의 수레바퀴를 멈출 수 없을 거라고 말입니다. 하지만 내게 부과된 과제를 성실하고 고집스럽게 수행하는 이유는 이것이 아니었습니다. 행운의 미움을 받는 것 같다고 자기의 깃발을 버리는 병사는 나쁜 병사입니다. 나 자신의 암울한 순간에 대해 말할 만큼 나는 자부심이 강합니다."

'정신', 이것은 시대의 정신이자, 새로운 것의 정신이며 민주주의의 정신이다. 이 정신을 위해 "결국 압도적으로 대다수의 사람들이" 일한다. '정신'을 조종하는 임무를 맡고 있는 자들이 가장 명민한 자임을 어떤 문서가 가르쳐주고 있다. 어쩌면 이들에게 "가장 정신이 필요할지도" 모른다.

아이러니와 보수주의는 가깝고 친근한 정조情調이다. 아이러니는 보수주의의 정신이라고 말할 수 있을지도 모른다. 즉 이 보수주의가 진보나 급진주의의 경우와 다른 정신을 가지고 있는 한 말이다. 보수주의는 위트나 우울이 없는, 신선하고 경건하며 즐거운 진보성처럼 강건한, 단순하고 강력한 감정의 경향일 수 있다. 보수주의는 해체에 저항하기 위해 간섭한다. 민족적인 감정을 강조하기 위해 국제적인 지성이 강조될 때, 민주주의의 요소, 문학의 요소가 보수주의의 본질을 복잡하게 할 때 비로소 보수주의가 재기 있고 우울해진다. 아이러니는 지성의 형식이다. 아이로니컬한 보수주의는 주지주의적인 보수주의이다. 그 속에서 어느 정도 존재와 작용이 서로 모순된다. 보수주의는 진보와 투쟁하는 방식으로 민주주의, 진보를 촉진할 수 있다.

진보가 어리석고 신선하고 경건하고 명랑할수록, 내적으로 진보는 보수주의가 필연적으로 조야함과 악의적인 우둔함을 기반으로 해야 한다고 믿는다. 진보와 다투어 보았자 별로 보람이 없다. 부르주아인 야콥 부르크하르트[54]는 우둔하지도 나쁘지도 않았다. 하지만 그의 보수적인 정치 신조, 시끌벅적한 자유사상이 오래된 바젤의 시청과 교회로 뚫고 들어오는 것에 대한 그의 귀족적인 반감, 조용하고 의기양양한 보수적 소수파에 반대하는 그의 확고부동한 태도는 잘 알려져 있다. 게다가 민중에 우호적인 그의 태도는 고대와 근대의 많은 보수적인 정치가들의 특성이었다. 괴테와 니체는 보수적인 사람들이었다. 모든 독일적인 정신은 보수적이었고 앞으로도 그럴 것이다. 정신이 그대로 있고 민주화되지 않는 한, 즉 제거되지 않는 한 말이다.

스트라초프Strachow는 도스토옙스키의 정치적인 글에 대해 여러 번 언급한 서두에서 친슬라브적인 이 작가의 입장에 대해 이렇게 말한다.

---

54 부르크하르트(Jacob Christopher Burckhardt, 1818-1897): 예술사와 문화사를 최초로 연구한 사람 중의 하나로, 그의 저서 『이탈리아의 르네상스 문명』은 문화사 연구방법의 귀감이 되었다. 대학에서 신학과 역사학을 전공하며 문학과 미술도 함께 공부했다. 어린 시절부터 예술과 건축에 매력을 느꼈던 그는 화가와 조각가의 업적에 자극받아 이탈리아와 르네상스로 관심을 돌렸을 뿐 아니라 법률·정치·외교 분야를 다소 하위에 두었다. 이런 그의 문화사 및 예술사가로서의 관점은 정통의 독일 역사학 전통에서 벗어난 것이었다. 주목을 받은 최초의 저서 『콘스탄티누스 대제』는 고대문명에 대한 그의 깊은 관심을 입증했다. 그리스 문명 연구서 『그리스 문화사』는 그의 마지막 대표 저작이다.

"친슬라브주의는 삶과 유리된 이론이 아니다. 이것은 보수주의라는 긍정적인 면에서뿐만 아니라, 서구의 정신적, 도덕적 멍에를 벗어 던지려는 소망인 반동이라는 부정적인 면에서도 전적으로 자연스러운 현상이다. 표도르 미하일로비치[55]에게서 '전적으로 친슬라브적이었던 일련의 견해와 많은 공감들이 발전했다'는 사실은 명백하다. 무엇보다도 진작부터 존재하고 있던 입장에 대해 동감이라는 의사를 피력하지 않고, 나중에 가서야 직접적이고도 공공연하게 그 입장을 지지한다고 말하기 위해 그가 그러한 견해들을 가지고 등장했다는 사실이 명백해진다."

하지만 도스토옙스키가 정치가로서 비교적 오랫동안 보수적이고 친슬라브적인 입장에 지지를 표명한 적극적인 이유는 그의 작가 정신, 문학에 대한 그의 사랑이었다. 스트라초프는 이렇게 말한다.

"그가 문학을 사랑했기 때문이다. 그리고 도스토옙스키가 즉각 친슬라브주의자로 넘어가지 않은 가장 중요한 이유는 이러한 사랑 때문이었다. 하지만 예로부터 친슬라브주의자들이 그들의 원칙에 따라 동시대 문학에 취한 적대감을 그는 생생하게 느꼈다."

분명 보수주의와 작가 정신, 문학 사이에는 모종의 대립이 존재한다. '급진주의적 정치'라는 단어 연결과 마찬가지로 '보수적인 작가 정신'도 어떤 의미에서는 모순적인 수식구이다. 문학은 분

---

55 도스토옙스키를 말함.

석, 정신, 회의懷疑, 심리학이고 민주주의이며 '서구'이기 때문이다. 문학이 자신을 보수적이고 민족적인 성향과 연결시키는 곳에서 내가 말한 존재와 작용의 모순이 생겨난다. 보수적? 물론 나는 보수적이지 않다. 나는 보수적인 견해를 지니려고 했지만 이러한 사실이 여전히 나의 천성은 아닐지도 모르기 때문이다. 결국은 힘을 발휘하는 것이 천성이기 때문이다. 나의 경우와 마찬가지로 파괴적이고 보존적인 경향들이 서로 만난다. 그리고 영향에 관해 언급하자면 사실 이러한 이중적인 영향이 발생하는 것이다.

나의 '문화 정치적인 입장'에 대해 나는 오늘날 꽤 잘 알고 있다. 심지어 그에 대해 힌트를 준 것은 통계였다. 1876년(내가 태어나고 1년 뒤에)은 독일에서 출산율이 1000명당 40.9명으로 최고에 달했음을 통계가 보여주고 있다. 그러다가 20세기로 넘어가면서 서서히 출산율이 떨어졌으나 사망률의 감소로 부족 부분이 충분히 메워졌다. 13년 만에, 정확히는 1900년부터 1000명당 출산율이 35명에서 27명으로 급감한다. 이것은 '어떤 문화 민족도 겪어보지 못한' 출산율의 급감임을 통계가 확연히 보여주고 있다. 그렇지만 인종의 질이 떨어진 것은 결코 아니었다. 성병과 알코올은 줄어들었고 위생이 나아졌다. 그 원인은 순전히 도덕적인 것이다. 아니면 좀 더 객관적으로 학문적으로 말하자면 문화 정치적인 것이다. 그 원인은 '문명화'에, 본질적인 의미에서 독일의 진보적인 발전에 있다. 요컨대 단도직입적으로 말하면 근년에 들어와서 독일 산문이 개선되었다. 동시에 피임법의 추천과 지식이 오지에까지 전해졌다.

나라가 생산력의 정점에 서 있던 1876년에 독일에서는 비스마르크, 몰트케, 헬름홀츠, 니체, 바그너, 폰타네가 살고 있었다. 그들은 문명 문사文士가 아니었다. 하지만 그들은 정신을 강조했다. 지금 우리가 가지고 있는 것은 무엇인가? 수준, 민주주의, 이런 것은 이미 가지고 있다! 독일의 '고귀화', '인간화', 문학화, 민주화는 약 20년 전부터 급속도로 진전되고 있다! 그런데도 사람들은 무엇을 부르짖고 사주하는가? 오히려 보수주의가 시의에 적절한 것이 아닐까?

내가 스물다섯 살이 된 1900년에 어떤 문화 민족에게서도 보지 못한 출산율의 감소가 시작된다는 사실이 무엇을 의미하는지 나는 아주 잘 알고 있다. 이 시점에, 어떤 독일 시민 가문의 고귀화, 숭고화와 몰락의 역사를 다룬 책, 민족의 건강 지수가 떨어졌음을 보여주기도 하는 너무나 독일적인 책인 『부덴브로크가의 사람들』이 나와 그 후 15년 동안 17판을 찍었다. 이 시점에 나와, 나와 같은 사람들에게 도덕적·정치적·생물학적인 과정이 시작된다. 그 배후에는 문명 문사가 사냥 채찍을 들고 서 있다. 내가 그 과정에 얼마나 관여하고 있는지, 나의 활동이 이 과정의 표현과 촉진에 어떤 의미가 있는지 나는 정확히 알고 있다. 급진적인 문명 문사와는 달리 나는 옛날부터 보수적인 생각을 품고, 나를 정치적으로 이해하지 않고 그 생각을 일찍부터 표현해왔다.

이는 내가 니체에게서 가져온 삶 개념 때문이었다. 이 개념에 대한 나의 관계는 아이로니컬했지만 정신에 대한 나의 관계보다 더 아이로니컬하지는 않았다. 이러한 삶 개념은 생산력이 급감한 1900년 무렵에 민족적 현실성을 획득한다. 이것은 보수적인 개념이다. 그 몰락 소설[56]이 완성되자마자 보수적인 반대 의지가 아이

예술과 정치 반지성주의를 경계하며

러니라는 형태로 모습을 드러내고, '삶'과 '보수화하다'라는 단어들이 나의 작품 생산에 역할을 하기 시작한다. 나는 이렇게 썼다.

> "삶을 사랑하면서도, 그럼에도 온갖 술책을 써서 그 삶을 자기 쪽으로 끌어당기려고 애쓰는 것, 그 삶이 섬세함과 우울, 문학의 온갖 병든 귀족성을 옹호하도록 하는 것은 모순입니다. 예술의 나라는 커지는 반면, 건강하고 순진무구한 사람들의 나라는 이 지상에서 감소하고 있습니다. 그중에 아직 남아 있는 것을 우리들은 아주 소중히 보존해야 합니다. 스냅 사진이 들어 있는 승마 교본을 훨씬 즐겨 읽는 사람들을 시문학의 세계로 유혹하려고 해서는 안 될 것입니다!"(토마스 만, 『토니오 크뢰거』)

내가 이 개념들과 단어들을 순전히 도덕적이고 정신적인 것에 적용했음을 사람들은 알고 있다. 하지만 이때 무의식적으로 의심의 여지 없이 정치적인 의지가 내 마음속에 살아 있었다. 그리고 정치적인 행동가나 선언가가 될 필요가 없음이 또 한 번 드러난다. '유미주의자'이면서 정치적인 것에 심원한 감각을 소유할 수 있음이 드러난다.

나는 이 글을 독일과 러시아 간에 정전 협상이 시작된다는 사실이 알려진 날에 끝맺는다. 모든 것이 잘못되지 않는다면 전쟁이 시작될 때부터 품은 오랫동안의 소망이 이루어져야 한다. 러시아와 함께 평화를! 무엇보다도 러시아와의 평화를! 이라는 소망이. 그리고 전쟁이 계속되면 전쟁은 서구, '영불이英佛伊', '문명', '문학',

---

56 『부덴브로크가의 사람들』을 말함.

정치, 미사여구를 늘어놓는 부르주아에 계속 반대할 것이다. 이 전쟁은 계속된다. 이것은 전쟁이 아니기 때문이다. 이는 1789년에서 1815년까지, 혹은 1618년에서 1648년까지와 같은 역사적 시기이다. '합스부르크가의 형제 반목'을 다룬 시에 '뭐, 그럴 리가'가 있다.

> 뭐, 그럴 리가, 무덤이 이제 남자들을 붙잡고
> 이제 아이들은 어른들이 되었고
> 피 속에서는 발효가 되지 않는다.

전쟁은 계속된다. 소규모로 전쟁이 모사되었고, 개인적 체험 속에서 전쟁이 반복된 이 책도 전쟁과 함께 계속될지도 모른다. 이 전쟁은 30년 동안 지속된다. 끔찍할 정도로 빈틈없는 국민들에게 오랫동안 거부된 것을 내가 해도 된다는 사실이 나는 기분 좋다. 이러한 국면들 중 어떤 것은 멋지다. 거기서는 사랑을 이야기해도 되었다. 나는 반목과 쓰라린 이별이 만연하는 그곳에 다시는 눈길을 주지 않을 것이다. 하지만 거기서 부당한 명예 훼손이 저지된 것은 사실이다. 이러한 명예 훼손은 어떤 민족이 언어에 정통한 전 세계로부터 알아낸 큰 세계의 모사일 뿐이었다.

이 세계는 어떤 것인가? 그것은 정치, 민주주의의 세계이다. 내가 이 세계에 맞서고, 이 전쟁에서 문명 문사처럼 적의 편에 서지 않고 독일 편에 서야만 했던 사실, 이러한 필연성은 분명 15년간의 평화로운 시절에 내가 써온 모든 것에서 비롯하는 것이다. 하지만 인간의 문제는 결코 정치적으로가 아니라 정신적·도덕적으로 해결될 수 있다는 믿음을 지닌 내가 오늘날 정신적인 독일인들 중에서 외톨이가 되어 있는 것 같은 모습은 겉모습에 불과할지도 모른다. 이러한 겉모습은 착각에 기인하고 있음이 분명하다. 이러한 사고방식과 감정 방식의 정당성은 철두철미 독일적이었던 고귀한 정신을 지닌 사람들의 무수한 발언을 통해 입증되었다. 빌란트[57]가 인간성의 문제를 중시하여 개혁이 정부 형태나 헌법에서가 아니라 '개별 인간들'에게서 시작되어야 함을 자신의 모든 정치적 꿈들의 영원한 후렴구라고 불렀을 때, 그는 가장 고귀하고 가장 정신적인 의미에서 민족적이었다. 그가 이런 질문을 했을 때도 그는 역시 민족적이었다.

> "가슴에 민족 감정이라는 불꽃이 이글거리는 독일인이, 타민족이 손에 무기를 들고 우리의 모든 가정과 시민 상황을 파괴하는 정치적 상황을 어떻게 참을 수 있겠는가? 이들이 다름 아닌 인권, 자유, 평등, 세계 시민주의와 보편적인 형제애를 입에 올리는 시점에, 우리가 조국의 법의 배반자가 되느냐, 우리의 적법한 통치자, 우리 자신, 우리의 아이들에 대한 배반자가 될 것인가 아니면 우리가 파렴치하기 짝이 없는 노예처럼 대우받을 것인가의 여부에 대한 혐오스러운 선택을 그들이 우리에게 요구하는 시점에 말이다."

---

57 빌란트(Christoph Martin Wieland, 1733-1813): 독일의 시인 겸 소설가. 목사의 아들로 태어나 엄격한 기독교적 교육을 받았고, 처음에는 기독교적·도덕적 작품을 써서 레싱의 조소를 받았으나, 후에 바이마르의 아우구스트 대공 밑에서 일하며 두터운 신임을 받았다. 괴테가 바이마르에 오게 된 것도 빌란트의 힘이 작용한 바 컸다. 그는 당시의 디오니소스적 경향과 아나크레온적 경향을 조화시켜 고전적인 통일을 이루었다. 특히 프랑스적 교양에 젖어 있던 독일 상류사회가 독일 문학에 공감하도록 한 것은 그의 공적이다. 작품으로 서사시 『오베론』과 소설 『아가톤 이야기』가 있다.

그리고 빌란트는 프랑스 혁명을 다룬 자신의 논문을 다음과 같은 말로 끝냈을 때 자신이 외톨이가 아니며 정신에 대한 배반을 저지르지 않고 있음을 알고 있었다.

"나는 35년 이상 동안 공식적으로 개진된 나의 원칙들과 신조에 충실하게, 문필가로서 내가 인류의 보편적인 최선이라고 간주하는 모든 것을 촉진하기 위해 활동하기를 그만둘 것이다. 바로 그 때문에 나는 필요한 한에서, 자유와 평등이라는 거짓되고 혼란스러우며 어지러운 개념들, 무정부 상태, 폭동, 시민적 질서의 강압적인 전복, 서구 프랑스적인 선동가의 새로운 정치적인 종교의 실현을 겨냥하는(어쩌면 소위 선의의 민주주의자들의 의도에 반하게) 혹은 그쪽으로 이끌고 가는 준칙들, 이성적 판단, 열변과 연합에 반대하여 온 힘을 다해 활동할 것이다. 이러한 점에서 나는 모든 '독일의 진정한 애국자, 민중의 친구와 세계 시민을 내 편에 갖고 있음'을 의심하지 않을 것이다."

KULTUR UND SOZIALISMUS

THOMAS MANN 1928

———

4

정신과 삶 **문화와 사회주의**

이 글은 1928년 『프로이센 연감*Preußige Jahrbücher*』 제212호에 처음 실렸고, 『토마스 만 전집』 제12권 639~649쪽에 실려 있다. 토마스 만은 1921년 『괴테와 톨스토이』, 『러시아 시선집』에서 모호하게 암시하며 혁명적인 보수주의를 변호한다. 그는 비정치적인 문화 개념이 사회주의와 동맹을 맺어야 한다고 주장한다. 급진적이고 보수적인 개념을 서로 연결해 당시에 널리 퍼진 이러한 이념은 파시즘과 거리를 취해야 했다. 토마스 만은 1925년 50회 생일을 맞이하여 형 하인리히 만과 화해하고, 형제 불화는 옛날 일이 되어버렸다. 20년대 말에 가서 토마스 만은 사회주의의 개념을 더 이상 추상적이고 보수적인 유토피아로서가 아니라 구체적인 사회 민주주의 편들기로 이해하게 된다. 하지만 문화 개념은 여전히 옛날의 의미로 규정되어 모순이 드러나고 있다. 낭만적인 본질, 죽음과 연결된 자신의 본질에 의해서가 아니라 윤리적이고 의도적으로 토마스 만은 사회주의를 신봉한다고 밝힌다. 이 글은 『비정치적 인간의 고찰』 제2판을 일부 삭제했다고 토마스 만을 공박한 보수적인 비평가들과 논쟁하면서 이에 대한 변명의 형식으로 쓰였다. 그는 이 글에서 그리스와 모스크바 간의 동맹과 협약을 최우선 과제로 설정하면서, 카를 마르크스가 프리드리히 횔덜린을 읽어야 비로소 독일이 잘될 것이며 독일이 자기 자신을 인식하게 될 것이라고 말한다.

정치적인 문헌학자들이 주장하기를 내가 나의 책 『비정치적 인간의 고찰』을 변조해 반민주적인 논박문을 슬며시 민주적인 논문으로 둔갑시켰다고 하는데 이는 어처구니없는 말이다. 아니 그냥 어처구니없다고 할 성질이 아니다. 그들이 그렇게 주장하는 이유는 단지 내가 잊을 수 없는 고난의 시기에 쓴 방대한 그 책에 수긍하기 어려운 곳이 좀 있어서 1922년에 몇 페이지를 삭제했기 때문이다. 그렇게 함으로써 내가 쓴 글들이 2권의 전집으로 나올 수 있었다.

나는 그 글들을 나의 개인적인 삶뿐만 아니라 시대의 기록으로 느꼈고 지금도 그렇게 느끼고 있어서 가령 다른 사람들의 견해를 수용해 그 글에 손을 대는 일은 도저히 용납할 수 없었을 것이다. 그런데 오늘날 내게 당시보다 적지 않게 꺼림칙하게 생각되는 반민주적이고 반독일적인 덕목을 선전하는 자극적인 그 작품이 전집의 일부가 되면서 처음 출간되었을 때보다 오해의 여지가 적어지게 되었다고 해서 아무도 비난할 수 없는 일이다.

독일성의 성격과 운명에 대한 고통스럽고 재기 있는 천착이

늘 행해져 왔다. 그것은 격렬한 논란을 불러일으키는 병기고兵器
庫이다. 그 속에는 민주주의와 상충하는 것은 아닐지라도 '민주
주의'라고 이해되는 것과 상충하는 면이 담겨 있다. 그러므로 변
조되었다고 비난을 가하기보다는 한때 뭇 사람들의 호감을 샀지
만, 나중에 내가 곧바로 다른 견해를 밝혀 혼란스럽게 그 신조를
부인했다는 책을 전집에 포함하는 것은 부당하다고 비난하는 게
더 정당할 것이다.

이러한 이의 제기도 근거가 미약하다. 나는 『비정치적 인간의
고찰』을 부인하지 않으며 그 책을 쓴 후 어떤 글에서도 그것을 부
인한 바 없었기 때문이다. 우리는 자신의 삶은 부인하더라도 자신
의 체험, 자신이 '몸소 겪은' 것은 부인하지 않는다. 근본적으로는
아닐지라도 일부러 '몸소' 겪어 그 단계를 어느 정도 벗어났기 때
문이다. 모은 글들은 형식을 통해 영속성과 상대적인 항구적 정
당성을 확보한 내적인 삶의 과정과 단계를 드러내 보이고, 보여줘
야 하는 정신적인 자서전이다.

사실 삶이란 통일성이지만 운동의 정지는 아니기 때문이다.
그리고 체험한 것이 우리 삶의 가장 내적인 현재였을 때 우리가
거기에 몸과 마음을 다 바칠수록 체험한 것이 나중에 더욱 우리
에게 소중하게 여겨진다. 『비정치적 인간의 고찰』은 한 문제를 놓
고 오랫동안 고통스럽게 깊이 천착한 작품이다. 독일성이라는 그
문제는 당시 가장 개인적이면서 삶과 가장 밀접한 문제가 되었다.
그런데 내가 그 문제를 부인하겠는가?

문학 작품으로 볼 때 이 책이 미학적으로, 멜랑콜리한 점에서
공화국에 대한 아버지 같은 격려[58]보다 훨씬 쓸모 있고 훨씬 무게

가 나간다는 것을 내가 알아차리지 못한다고 누가 믿겠는가? 몇 년 후 저자는 공화국에 대한 자상한 격려를 해서 고집 센 젊은 이들을 깜짝 놀라게 했다. 삶에 대한 친근성의 표명, 이러한 입장은 물론 이전에 찬미한 '죽음과의 공감'과 마찬가지로 그의 존재의 정당한 구성요소가 아니던가? 비정치적인 사람이 쓴 그 책이 예술작품이 아니었다면 그 책은 예술가의 작품이었다. 그것도 다름 아닌 인식이 문제가 된 작품이었다. 하지만 예술가는 오로지 천착, 체험의 열정, 대상과 사랑의 일체가 되어야만 인식을 획득할 수 있다. 그리하여 그 책의 내용을 이루는 독일성에 대한 열렬한 비판은 긍정적이고 호전적이며, 변호하는 의미를 획득했다. 그러한 의미는 당시 '정신'의 불쾌감을 자아내는 것이라서 정신으로 하여금 배반의 작품이자 비열한 부화뇌동의 작품으로 보게 했다. 아, 사실은 그게 아니었다, 그 책은 고뇌에 찬 거창한 답서였던 것이다! 그 책은 부화뇌동하지 않았으며 아직은 새로운 것과 함께 달리려고 하지 않았다. 그 책은 뒤를 바라다보았으며 위대한 정신적인 과거를 변호했다. 그 책은 기념비가 되고자 하여 내 생각이 틀리지 않는다면 하나의 기념비가 되었다.

그 책은 위대한 문체의 퇴각전, 독일 낭만적 시민의 가장 뒤늦은 최후의 퇴각전이다. 전망이 없음을 완전히 의식하고 행해진 퇴각전이었지만 그래도 고결한 마음이 없는 것은 아니었다. 심지어 영혼의 불건강과 죽음에 직면한 것에 대한 모든 공감의 악덕을 통찰하고 행해진 퇴각전이었지만 물론 건강과 덕을 미학적으로

58 토마스 만의 연설 「독일 공화국에 관하여」를 지칭함.

너무 미학적으로 경시하기도 했다. 사실 건강과 덕이 바로 그 책의 진수로 느껴져 비웃음을 사기도 했다. 우리는 정치, 민주주의와 투쟁하면서 후퇴했다….

인식이 진정한 인식인 경우 긍정적이든 부정적이든 간에 하나의 인식이 어떤 징조를 나타내더라도 전혀 상관없다고 인정할 정도로 정신은 충분히 정신적이어야 한다. 『비정치적 인간의 고찰』에서 훨씬 용감한 자유의 정신으로 비판받은 행동적인 정신조차도 민족적인 자각이 문제가 될 경우 이 사실을 인정할지도 모른다. 그것이 '자기 자신을 위한' 자각이라 하더라도, 심지어 변명의 의미에서 행해진 자각이라 하더라도 말이다. 자각이 일어나면 자각의 객체, 그러니까 그 주체가 온전하게 보존되는 법이 없으며 필연적으로 변화를 낳는다. 사실 행동적인 정신의 요구대로 자각은 결과를 낳는다. 나는 언젠가 이런 글을 쓴 적이 있었다.

> "우리는 자각을 정적靜寂주의적이고 경건주의적이며, 무익한 것이라고 간주하면서 그것을 과소평가한다. 자각하는 자는 아무도 온전하게 존재하지 않는다."

『비정치적 인간의 고찰』은 이것을 가르쳤다. 그들의 징조와 견해는 문제가 되지만 그들의 인식은 문제가 되지 않는 사람들을 격분시키기 위해. 나는 그들의 견해를 포기한다. 하지만 그들의 견해가 옳다는 것은 부인할 수 없다. 내가 대표하여 옥신각신 싸우고 있는 독일적인 문제는 그 이후로 계속 초미의 관심사가 되어 왔다.

그러면 대체 그 책의 기본 인식, 그 책이 출발한 근본 명제는 무엇이었는가? 그것은 정치와 민주주의의 동일성, 이러한 복합체의 자연스러운 비독일성이었다. 다시 말해 그것은 정치나 민주주의 세계와 대립하는 독일 정신의 자연스러운 이질성이다. 독일 정신은 이 세계에 맞서 비정치적이고 귀족적인 '문화' 개념을 자신의 본질로 내세운다. 이러한 이질성과 저항성이 결국 전쟁의 원인이었다는 것이 우울하지만 진실한 감정이었다. 그로 인해 독일이 외톨이가 되었고, 그러자 세계가 우리에 맞서 분연히 일어나 우리에게 분노를 터뜨렸다는 것이다….

독일 문화! 1914년경에는 세상에 이것보다 더 가증스럽고 모욕적인 용어는 없었다. 그리고 당시 K[59]라는 문자로 쓰인 독일 문화는 동맹국 기자들의 독특한 분노의 대상이 되었다. 하지만 대문자 K에 대한 적대 세계의 마구잡이식 논박에 우리는 놀라서는 안 되었다. 이러한 논쟁이 우리에게 고통을 안겨주어 우리 것을 방어하도록 우리를 부추겼다는 점은 이해가 된다. 하지만 우리는 이러한 논쟁을 비웃으며 어처구니없다고 일축할 수 없었고 일축해서도 안 되었다. 왜냐하면 정치적이고 민주적인 '문명' 개념이 적국의 전쟁 이데올로기의 중심점이었듯이, 문화 개념이 사실 우리 자신의 전쟁 이데올로기의 중심점이었기 때문이다. 근본적으로 우리는 이 같은 전쟁을 정신적으로 가능하게 만든 것에 대해 적대자들과 똑같은 견해를 가지고 있었으며, 이러한 견해는 의심의 여지 없이 정당한 것이었다.

---

59 Kultur를 말함.

하지만 전쟁을 정신적으로 가능하게 만들고, 전쟁을 정신적으로도 수행하도록 우리에게 허락해준 이데올로기 이외에 극히 야만적인 근원, 관심 및 의도를 지닌 냉정한 현실로서의 전쟁도 있었다. 전쟁의 이데올로기적인 측면이 독일 시민의 눈을 현혹해 전쟁의 현실적이고 야수적인 다른 측면을 못 보게 만들 수 있었다는 점은 사실 독일의 비정치적 이상주의, 문화 개념의 비판적 순결성과 관계되어 있었다. 독일 시민은 군수 산업이 생산한 폭발적 무기를 동원해 문화 개념을 방어해야 한다는 사실을 숭고한 고난이자 성스러운 시련으로 느꼈다.

독일은 전쟁에서 패배했다. 그러나 독일적 정서를 뿌리째 뒤흔들어 놓고 고통을 준 것은 물리적 패배나 몰락, 파멸, 외부의 힘에 의해 국가가 비참하게 몰락한 때문이 아니었다. 그것은 더욱 무시무시한 혼란 때문이었다. 신념의 훼손, 이념적 패배, 독일 이데올로기의 와해, 이 이데올로기의 구심력, 즉 이 전쟁에서 이념적 적대 세계인 민주적 문명 세계에 '함께' 굴복당한 독일 문화 이념의 붕괴 때문이었다. 독일은 전쟁을 너무나 진지하게 변증법적으로도, 이념적 형태로도 수행함으로써 자신이 이념적으로도 패배했다는 생각을 끔찍할 정도로 심각하게 받아들이지 않을 수 없었다. 독일이 패배를 부인하는 절망적 시도를 하면서 '야전에서는 패하지 않았다'[60]고 단언했다면 내가 올바로 느끼기로는 그것은 소위 이데올로기적인 이유 때문에 그러는 것이었다. 즉 정신적이고 이념적인, 소위 철학적인 패배를 부인하기 위해서였다.

---

60 제1차 세계대전에서 독일이 패배한 것은 내부의 적인 사회주의자들의 배신으로 말미암은 것이라는 주장.

오늘날 독일을 사분오열시키는 대립들은 여러 가지 이름들을 내걸고 여러 가지 형태를 띠고 있다. 근본적으로 깊은 곳에서는 그 대립들은 하나에 지나지 않는다. 그것은 고집스러운 반항과 화해적인 양보심의 대립이다. 독일이 전승된 문화 개념을 고수해 나가야 할 것인지 아니면 그 이념을 새로운 모습으로 수정해야 할 것인지의 여부가 쟁점이 되고 있는데, 사람들은 그에 대해 격분하여 창백한 모습으로 논쟁을 벌이고 있다. 우리는 너무 정신적인 민족이라서 정부 형태와 신념이 충돌하면 살아갈 수 없다. 공화제를 도입하면서 독일은 '민주화되어' 있지 않았다. 전승된 독일의 문화 이념을 그대로 보존하려는 모든 독일적인 보수주의, 모든 의지는 정치의 분야에서 공화 민주주의의 정부 형태를 국가와 민족에 이질적인 것으로, 거짓되고 영혼의 현실을 거역하는 것으로 배척하고 반대해야 한다. 이러한 사실은 사물들의 본성과 내적인 일관성에 근거한다. 그리고 이 사실은 이와 동시에 세계 화해적이고 민주적인 방향에서 독일의 문화 이념의 변화가 가능하고 바람직하다고 생각하는 자만이 민주적 정부 형태를 지지하고 독일의 변화 가능성과 미래를 신봉할 수 있다는 데에 근거한다.

여기서 이제 강조되어야 할 사실은 독일의 '민주화'를 막는, 외국에서는 거의 인식할 수 없는 현실적이고 좀 더 까다로운 난점과 민주화를 실행하려는 시도가 제대로 평가되지 않고 있다는 점이다. 사람들은 이러한 시도들이 실패한 것을 의아해하고 그럼으로써 정치에 대한 불신을 강화하면서도 그러한 시도들이 성공하는 데 필요한 거의 모든 정신적 전제조건들이 결여되어 있음을 간과하고 있다. 독일적 인간성의 형성자들이자 교육자들인 루터[61],

괴테, 쇼펜하우어62, 니체, 게오르게63는 유감스럽게도 민주주의자
가 아니었다. 외국인들이 그들을 존경한다면 곰곰 생각해 볼 점
이 있다. 그들은 문화 이념을 대문자 K의 모습으로 창조한 장본
인들이었고, 독일 전쟁 이데올로기의 구심력을 형성한 장본인들
이었다. 파리 사람들은 바그너의 오페라 '뉘른베르크의 명가수'에
박수갈채를 보낸다. 즉 이들은 연관 관계들을 잘못 알고 있다. 니
체는 이 작품에 대해 "반문명적이고, 프랑스적인 것에 대립되는
독일적인 것"이라고 썼다.

  '문화Kultur'라는 낱말은 마지막 철자 하나만 다른 낱말인 '경
배Kultus'와 어원이 같다. 두 낱말은 모두 '재배栽培'라는 뜻을 지닌
다. 후자는 종교적 구원자를 경배하고 격식을 차려 모신다는 뜻
이다. 전자는 종교적인 의미에서 벗어나 순전히 인간의 심미적 도
덕적인 세련됨, 고상함, 개인의 내적 고양을 의미한다. 직접적으로

---

61 루터(Martin Luther, 1483-1546): 독일의 성직자·성서학자·언어학자. 대중들이 쉽게
접근할 수 없던 라틴어 성경을 독일어로 번역하고 루터파 교회를 세워 새로운 교회 형성에
힘썼다. 1505년 죽음의 문제에 대한 체험을 계기로 아우구스티노 수도회에 들어가 신부의
길을 시작했다. 1517년 비텐베르크 교회 담벼락에 '95개 조의 논박문'을 게시, 가톨릭교회
의 교리와 폐쇄성에 의문을 제기하는 등 종교개혁 운동에 힘썼다. 1546년 과로로 숨져 비
텐베르크 교회에 안장되었다.

62 쇼펜하우어(Arthur Schopenhauer, 1788-1860): 흔히 '염세주의 철학자'로 불린다. 무
엇보다도 헤겔의 관념론에 정면으로 반대하는 의지의 형이상학을 주창한 인물로 중요하다.
그의 글은 나중에 니체, 실존철학과 프로이트 심리학에 영향을 끼쳤다. 1813년 여름 동안
박사 학위논문을 완성하여 예나대학에서 철학박사 학위를 받았다. 이후 바이마르에서 지
내면서 괴테와 색채론 등 여러 철학적 주제를 놓고 토론했다. 1819년에는 주저 『의지와 표
상으로서의 세계』를 발간했다. 이후 베를린 대학에서 잠깐 강의를 한 후 프랑크푸르트에서
은둔생활을 했다. 그동안 아무런 관심을 받지 못하다가 『소품과 부록Parerga und Paralipomena』
(1851)이 대중의 인기를 끌면서 그의 주저도 새삼 주목받게 되었다. 생애 말년에는 그의 저작
대부분에 마무리 손질을 했고, 1859년에는 『의지와 표상으로서의 세계』 제3판이 나왔다.

그러한 작용을 겨냥한 것은 아닐지라도 간접적으로 세계를 발전하게 작용한 원인을 사람들은 고양된 개인 탓으로 돌린다. 사실 이를 통하여, 말하자면 초개인적이고 비개인적인 작용들의 무의식성과 개인적인 의외성을 통해 기적과 신비의 요소가 문화 개념에 들어와서 이러한 요소는 새로이 종교와 유사한 성격을 뚜렷이 드러낸다. 왜냐하면 제의祭儀적인 것과 비교해 볼 때 '문화'란 사실 세속적 개념이기 때문이다. 하지만 사회적 도덕이라 할 수 있는 '문명'의 개념과 비교해보면 문화 개념은 종교적 성격을 띠고 있다. 다시 말해 문화 개념은 본질적으로 비사회적인, 이기적이고 개인주의적인 성격을 띠고 있다.

"종교적 인간은 자기 자신만을 생각한다"고 니체가 말한다. 그 말은 종교적 인간은 자신의 '구원', 자신의 영혼의 구원을 생각하지, 적어도 원래적으로는 그 외의 다른 것은 생각하지 않는다는 뜻이다. 하지만 종교적 인간은 몰래 원칙적으로 신앙을 신봉하고, 자신을 신성시하는 내적인 작업이 신비적인 방법으로 '전체'에 도움을 주리라는 약속을 굳게 믿는다고 한다. 문화 신봉자의 경우에도 이 같은 점이 꼭 그대로 적용된다는 것이다.

하지만 인류는 지구상에서 함께 살아가고 있다. 그리고 집단이나 공동체의 형식과 상응하지 않는 개별성과 신적인 직접성은 존재하지 않는다. 종교적 자아는 '교구'에서 단체를 이룬다. 문화

---

63 게오르게(Stefan George, 1868-1933): 독일의 서정시인으로 19세기 말 독일의 시 부흥에 크게 기여했다. 게오르게는 압운을 섞어 쓰는 것과 불규칙한 운율을 피하면서 독일 시를 신고전주의 방향으로 이끌기 위해 노력했다. 나치 정부가 부와 명예를 제공하자 그는 모두 거절하고 망명길에 올라 얼마 후 사망했다.

적 자아는 '공동사회Sozialität'라는 형식과 이름으로, 극히 귀족적이고도 제의적으로 강조된 이름으로 최고의 잔치를 벌인다. 문화적 자아는 그러한 이름을 통하여 공동체 이념의 신성함을 민주적인 도덕인 세속적인 사회 개념과 구별한다. 그래서 나는 '공동체Gemeinschaft'와 '사회Gesellschaft'[64] 사이의 차이점, 공동사회의 문화적 형태와 민주적 형태 사이의 차이점을 가장 교훈적으로 보여주는 곳이, 지방 곳곳에 흩어져 있지만 다양한 특징을 지닌 토착 연극 단체라고 늘 생각해 왔다. 내가 스무 살 나이에 지중해 연안의 외국[65]에서 일 년 반 동안 살다가 독일로 귀국하면서 가장 고향다운 것, 가장 독일적이라고 느낀 것은 독일 연극에 압도적으로 나타나는 문화적 원칙이었다. 그것은 외국의 연극에서 특징적으로 드러나는 사회적인 나태함과는 다른 원칙이었다.

독일 연극은 깊은 곳에서 문화 사상이나 제의적 공동체의 사상과 연관되어 있다. 이러한 영역에서 독일 연극은 형이상학적인 품위, 사회적인 절대성, 정신적인 장엄함을 끌어낸다. 독일 연극의 창조자들과 시인들이 독일 연극에 이러한 장엄함이라는 특징을 부여해주었다. 그런데 서구와 남방의 사회극은 이러한 정신적 장엄함에 대해 별로 아는 것이 없다. 사회극이 하나의 법정, 신문, 토론장이자 공적인 안건을 분석하고 유희를 통해 상세히 토론하

---

64 사회학자 페르디난트 퇴니스가 1887년에 쓴 책 『공동체와 사회』를 암시함. 그는 이 책에서 사회화의 비합리적이고 감정적인 형태와 합리적이고 정치적인 형태를 구분하고자 한다.

65 토마스 만은 1896년 10월에서 1898년 4월까지 이탈리아의 로마 근교 팔레스트리나에서 살았음.

예술과 정치 반지성주의를 경계하며

기 위한 도구라면 독일 연극은 이념을 따르는 하나의 신전이다. 그리고 독일 연극의 관중은 다시금 연출가의 초경험적 이념과 의지에 따라 '민족'의 성격을 띤다. 반면에 문명극의 관중은 사회적인 사회이며 최고로 축제의 성격을 띠는 경우 국가가 된다. 독일극의 경우 귀족적인 소박함이라는 낭만적인 음향을 아무도 건성으로 듣지 않는다. '민족', '독일 민족'이라는 단어는 낭만적인 음향을 통해, 민주적이고 혁명적인 추억과 울림을 주는 '국가'라는 이름과 구별된다. 엄밀히 말해 독일인의 국가에 대해 말하는 것은 잘못이다. 그리고 독일에서 민주주의에 반대하는 자가 독일 국가를 부르짖는다는 것은 상당히 우스꽝스러운 일이다. '민족'이라는 독일어 단어는 아무리 위협적인 의미를 지니고 있다 하더라도 언어상으로는 더 적절하다. 국가라는 단어는 역사적으로 민주주의의 개념과 연관을 맺고 있는 반면 '민족'이라는 단어는 엄밀히 말해 독일이라는 개념, 즉 문화 보수주의적이고 비정치적·반사회적 사상과 관계를 맺고 있기 때문이다. 우리의 정치적인 낭만주의자들인 프란츠[66]와 골츠[67]가 독일인들이 한 번도 하나의 국가를 이룬 적이 없었다고 생각한 것은 나름의 근거가 있었다.

현실적이고 내적인 헌법상의 민주화뿐만 아니라 독일의 민주화에 장애가 되는 난점들이 이것으로 드러난 것은 아니지만 암시는 된 셈이다. 이러한 난점들이 민족 개념, 문화 이념과 가장 밀접한 관계를 맺고 있다는 사실, 그러니까 여기에 근본 원인이 있다

---

66 프란츠(Konstantin Franz, 1801-1891): 보수적인 정치가이자 언론인으로 부분적으로는 반자본주의적인 사회적 봉건제도를 옹호했음.

67 골츠(Bogumil Goltz, 1801-1870): 독일의 유머러스하고 교육적인 문필가.

는 사실이 저절로 입증되었다. 경건하고 반정치적이며 비정치적인 독일에서도 너나 할 것 없이 정치를 하는, 정치를 하지 않을 수 없는 희비극적인 상황이 오늘날 두드러지게 드러난다면 그 이유는 문화 정책과 실제 정치 사이에 더 이상 경계선이 존재하지 않기 때문이다. 모든 문화 정책은 그 단어의 정서에 반하는 의미에서 이미 정치이며, 그러한 모든 정치는 엄밀히 말하자면 문화 정책인 이유가 그 때문이다. 독일에서 편들기는 모두 그것을 강요하는 문화 개념을 기준으로 삼으며, 이 개념에 보수적인 태도를 취할지 아니면 자유주의적인 태도를 취할지에 따라 편들기가 정해진다. 하지만 여기서 정신적인 양당제도라는 의미에서만 '자유주의'가 논의되지 의회제적 중심과 시민성의 의미에서 그것이 논의되지 않는다 하더라도 사실은 '사회주의'가 문제의 관건임이 추가로 밝혀질지도 모른다.

서유럽에서 교육받은 유대인 사회이론가[68]의 발명품인 독일 사회주의는 독일적인 문화 경건주의에 의해 늘 낯선 것으로, 민족과 상충하는 것으로, 순전히 악마적인 것으로 느껴졌으며 저주를 받아 왔다. 이러한 사실은 당연하다고 할 수 있다. 왜냐하면 사회주의는 사회 계급을 통한 문화적이고 비사회적인 민족 이념과 공동체 이념의 해체를 뜻하기 때문이다. 사실 이러한 해체 과정이 너무 많이 진행되어 민족과 공동체라는 문화적인 이념 복합체를 사람들은 오늘날 단순히 낭만주의라고 일컬을 정도이며, 현재와 미래라는 내용물을 담고 있는 삶은 의심의 여지 없이 사회주의

---

[68] 카를 마르크스를 말함.

쪽에 기울어져 있는 형편이다. 삶 지향적인 의식은 시민적인 문화의 편을 드는 것이 아니라 사회주의에 공감하는 형태를 띤다. 그리고 사회주의는 죽음과 결부된 낭만적인 본질을 따르지 않고 단지 윤리적이고 의도적인 성질을 띠고 있기도 하다.

그 이유는 이렇다. 개인주의적 이상주의의 형태를 띠고 있는 정신적인 것이 원래는 문화 사상과 결부되어 있지만, 반면에 사회적인 계급 이념은 순전히 경제적인 유래를 결코 부인하지 않았다. 그럼에도 이러한 유래는 시민적으로 민족적 낭만주의와 대립되는 개념으로서 정신과 훨씬 친근한 관계들을 유지한다. 그러한 보수주의는 생기 있는 정신과의 접촉, 보수주의적인 삶의 요구와의 공감을 누가 보아도 명백할 정도로 거의 완전히 상실하고 잊어버렸다. 이 세상에서 최고의 인물들이 이미 도달하여, 내적으로 실현된 인식의 상태인 정신과, 현실 속에서 여전히 가능하다고 생각되는 것인 물질적 현실 사이에 조성된 병적이고 위험스러운 긴장 관계에 대해 최근 다른 곳에서 언급한 적이 있었다.

하지만 이 수치스럽고 위험스러운 괴리를 되도록 없애기 위해, 사회주의 계급인 노동자 계층은 자신의 문화적 상대방보다 의심의 여지 없이 더 낫고 더 생기발랄한 의지를 드러내고 있다. 이제 문제가 되는 것은 입법, 국가 생활의 합리화, 유럽의 국제 헌법 등등이라는 것이다. 사회주의 계급은 문화적인 민족성과는 정반대로 자신의 경제 이론에 따라 정신과 소원한 관계에 있으나 실제적인 면에서는 정신과 친근한 관계에 있다. 그리고 오늘날과 같은 사정에서 볼 때 이러한 점이 결정적이다.

전통적인 독일 정신의 실제적 불충분성은 사회적, 사회주의적

이념이 그러한 정신에서 산출되지 않는다는 사실에 근거한다. 즉 미래 지향적인 의식이 내적으로 독일 정신과 밀접한 관계에 있다고 느낄지라도 그러한 모색하는, 미래 지향적인 의식을 도와 무언가 대단한 것을 더 이상 낼 수 없는 이유는 위와 같은 사실에 근거한다. 니체에게는 사회주의 이념이 결여되어 있다. 따라서 오늘날 슈테판 게오르게[69]에게는 이것이 결여되어 있다. 게오르게의 서정시적 가르침은 전적으로 문화적·민족 낭만주의적 문화 사상에 향해 있다. 그러한 가르침은 사회, 계급, 사회주의에 맞서 그의 태도를 심미적으로 두드러지게 해주는 저 모든 경직되고 매력적인 고상함을 드러내 준다. 이 위대한 시인은 사실 이러한 점에서 자신이 '파르나스'[70]와 '심미주의' 출신임을 부인하지 않는다.

하지만 문화 사상과 결부되어 있으며 아울러 순수한 개인주의로서 낭만적 민족 공동체의 통합 이념과 결부된 심미주의는 사실 쟁점으로 거론되는 독일적인 문제를 무시하고 부인한다. 즉 사회적인 것이 전통적, 보수적, 독일적 정신에 따라 문화적으로 파악될 수 있는지 아니면 정치적으로, 다시 말해 사회적으로 사회주의적으로 파악될 수 있는지의 쟁점에 따라 정당들이 배열된다.

---

69 슈테판 게오르게(Stefan George, 1868-1933): 독일의 서정시인. 상징주의의 영향을 많이 받았다. 초기에는 반자연주의적이고 예술지상주의적인 작품을 썼으나 만년에는 예언자적 경향을 나타냈다. 시집 『삶의 융단』(1900), 『동맹의 별』(1914) 등을 썼다.

70 파르나시앵(parnassien): 19세기 후반 프랑스에서 생긴 시 문학의 한 유파. 파르나스란 '예술만을 위한 예술'을 주창한 순수 예술주의파를 말한다. 감성을 배격하고 이지적이고 실증적인 정신을 중시하였으며, 예술지상주의를 주장하였다(고답파, 파르나스파라고도 함). 고답파의 시풍은 감상적인 심정 토로를 일삼던 낭만파 시에 대한 반동으로 생겨났으며, 선구자로는 테오필 고티에와 테오도르 드 방빌이 있다.

예술과 정치 반지성주의를 경계하며

그리고 민족 이념이 정치화되고 공동체 개념이 사회적, 사회주의적인 것으로 옮아가는 것이 현실적이고 내적이며 정신적인 독일의 민주화를 의미할지도 모른다.

그러므로 독일에서 '민주주의'라는 말을 입에 올리는 자는 대중이 이해하는 바와 같은 의미에서의 조야함, 부패 및 파당 경제를 말하는 것이 아니라, 문화 이념은 접어 두고 시대에 걸맞게 사회주의적 사회 이념을 따를 것을 권하는 자다. 그러한 사회 이념은 진작부터 승리를 구가하고 있어서 독일 문화 사상이 사회 이념에 맞서 보수적인 태도를 고집하는 경우 그 문화 사상은 도저히 승산이 없을지도 모른다. 독일 문화 사상의 위대한 과거 때문에 그 사상을 사랑하는 자는 사회주의적 사상이 확실히 이미 완전히 승리했음을 문화 사상의 눈앞에 보여주고 민첩성, 적응 의지 및 수용력을 촉구하면서 무엇이 참되고 필요한지를 문화 사상에게 말하는 자다. 그렇다고 해서 그가 사실 정치적인 급진주의자로 증명되는 것은 아니다.

정치적 급진주의, 그것은 공산주의적 구원론에 헌신하는 것이며, 사실 '문화'에도 사회 이념에도 그러한 구원력이 없지만 그것은 사회 이념과 프롤레타리아 계급의 구원하는 힘에 대한 신념을 내포한다. 다시 말하자면 그러한 정치적 급진주의는 광적인 자기 마비 상태에서만 버틸 수 있는 인간의 자기 자신을 통한 구원력에 대한 신념을 내포한다. 절실히 필요한 것, 궁극적으로 독일적일 수 있는 것은 보수적인 문화 이념의 혁명적인 사회사상과의 동맹과 협약이며, 특히 강조해서 말하자면 그리스와 모스크바 간의 동맹과 협약이다. 벌써 언젠가 나는 이 점을 최우선 과제로 설정하려고 했다(토마스 만의 에세이 「괴테와 톨스토이」를 지칭함). 카를 마르크스가 프리드리히 횔덜린[71]을 읽어야 비로소 독일이 잘될 것이며 독일이 자기 자신을 인식하게 될 것이라고 나는 말했다. 게다가 이러한 만남이 바야흐로 실현되려고 하고 있다. 덧붙여 말하자면 일면적인 지식은 아무런 결실을 맺지 못할 것이다.

---

[71] 토마스 만은 횔덜린을 비정치적이고 내면적인 시인의 전형으로 생각했다. 그는 최근 들어 논의되고 있는 횔덜린의 자코뱅적 특성들을 이때 알지 못했다.

REDE VOR ARBEITERN IN WIEN

THOMAS MANN 1932

————

5

빈의 노동자들 앞에서 행한 연설

1932년 10월 22일에 행해진 이 연설문은 1932년 10월 23일자 빈의 『노동자 신문』에 처음으로 발췌되어 실렸고, 『토마스 만 전집』 제11권 890~910쪽에 실려 있다. 「문화와 사회주의」와 아울러 이 연설문은 파시즘의 발흥과 발맞추어 토마스 만이 자신의 정치적 원칙을 표명한 글이다. 토마스 만은 이 글에서 마르크시즘이나 독자적인 프롤레타리아 문화와는 분명한 경계를 긋고 그 대신 시민적 휴머니즘의 전통에서 비롯하는 사회주의 개념을 받아들인다. 토마스 만은 보수적이고 국수주의적이며 파쇼적인 운동을 퇴보적이고 시의에 적절하지 않은 세력으로, '정신적인 것에 대한 자연의 혁명'으로, 합리적인 역사에서 새로운 비합리주의로 역행하는 무정부주의적인 퇴보로 비판한다. 노동자에게는 너무 지적이고, 까다로운 이 글은 예상치 않게도 노동자 사회에 비교적 광범위한 영향을 끼쳤다. 그는 노동자들에게 유럽의 주요 국가들에서 시민적·봉건적 정부 대신에 노동자 정부가 들어선다면 이 대륙은 질서, 이성, 건전함으로 가는 도상에서 현재보다 한 걸음 더 진전하게 될 것이라고 말하기도 한다.

존경하는 여러분, 여러분에게는 어떨지 몰라도 저에게는 오늘 밤이 대단히 큰 의미가 있습니다. 부르주아 계층 출신의 문필가인 제가 처음으로 사회주의적인 노동자 청중 앞에서 연설하게 되었으니까요. 이러한 상황은 이를 초래하는 시대의 특징일 뿐만 아니라 저는 제 개인적인 삶과 정신적 발전에도 획기적이라 느낍니다.

제가 여러분 앞에 서 있다는 사실에 만족감을 느끼는 데에는 특별한 이유가 있습니다. 얼마 전에 오스트리아에서 선거전이 벌어지는 동안 빈의 한 사회주의적인 신문에서 이런 보도를 했습니다. 제가 오스트리아에서 사회 민주주의가 승리하도록 단호한 어조로 힘을 다하고 있으며, 오스트리아가 마르크시즘의 수중에 들어가는 것이 제일 좋겠다고 선언했다고 합니다. 그 기사는 터무니없는 것이 아니었으며 어떤 내적인 진실이 있는 것이었습니다. 왜냐하면 제가 연설에서 바로 제국 독일의 시민 계층에게 정치적으로 사회 민주주의적인 입장을 취하라고 주의를 주었으니까요. 하지만 위에서 인용된 글은 사실이 아니었습니다. 선거에서 선전 활동을 할 목적으로 제 이름을 자의적으로 사용한 것이었습니다.

그리하여 마치 제가 남의 나라 일에 개입한 것 같은 모습이 되었습니다. 저는 무척 분개한 나머지 상당히 날카로운 어조로 항의문을 작성해 오스트리아 언론에 공개했습니다. 사회주의의 친구들은 날카로운 표현을 유감으로 생각하기까지 했습니다. 그리고 저 자신도 이런 표현을 유감으로 생각했습니다. 이 표현은 어떤 언론인의 독단적 행동에 대한 불만 때문에 촉발된 것이지 오스트리아의 사회 민주주의에 대한 것은 결코 아니었습니다. 하지만 그렇게 보일 수 있는 소지는 있었습니다. 그 이후로 저는 여러분의 일, 여러분의 당에 대한 일종의 죄책감에 짓눌려 왔습니다. 저는 여러분 앞에 등장하는 것을 일종의 시위로 파악하고 있습니다. 여러분 앞에 등장하여 여러분에게 말하고자 하는 내용으로 저는 그러한 죄책감에서 벗어나고자 합니다.

이러한 강연을 한다는 사실을 알릴 때 제가 여러분 앞에서 연설할 거란 사실만 알렸습니다. 주제를 좀 더 자세하게 알리지도 않았습니다. 제가 그러기를 바랐습니다. 여러분에게 이야기할 내용에 하나의 문구나 제목을 단다는 사실이 용이하지 않았기 때문이었습니다. 이는 여러분이 하는 일을 제가 신뢰한다는 표현이자 그 일에 대한 설득력 있는 동감의 선언에 지나지 않을지도 모릅니다.

어떻게 시작하면 가장 좋을까요? 하지만 저는 자신을 부르주아 문화의 아들로 지칭하면서 연설을 시작했습니다. 시대와 확신이 저를 여러분 앞에 서게 했습니다. 제가 이 시간 무의식적으로 생각하는 개념이 바로 문화와 사회주의입니다. 그리고 저는 이 둘의 관계를 상세히 설명하라는 권고를 받고 있습니다. 무엇보다도 제가 문화 개념을 마르크스적으로 파악하는 정통 신봉자가 결코 아님을 분명히 말씀드리고자 합니다. 경제적이고 계급적인 것을 삶의 창조적인 기본 사실로 파악하고, 모든 정신적이고 문화적인 것을 이데올로기적인 상부 구조로 파악하는 이론에 역사적으로 진실이 담겨 있다고 해도 저는 결코 그렇게 보지 않습니다. 예술가적·정신석인 영역에서뿐만 아니라 경세적인 영역에서도 문화와 정신의 작품들은 제 견해에 의하면 결코 계급에 소속되지 않습니다. 그것들은 과학의 위대한 발견과 인식인 뉴턴이나 아인슈타인의 행위, 혹은 심지어 기술의 획기적인 발명들도 계급적으로 규정할 수 없습니다. 그것들은 인류의 자유로운 행위들입니다. 좀 더 높은 차원에서 이것들은 정신, 철학, 예술의 행위들입니다. 심지어 이것들은 운명적 필연성으로 출신과 계급으로부터의 해방이며, 스스로를 해방하는 일탈입니다. 위대한 예술가들과 사상가들은 항시 어느 정도는 그들 계급의 잃어버린 아들들입니다. 그들의 본질은 마르크시즘에서 원하는 조건성과 결코 딱 맞아떨어지지 않았습니다. 가령 프랑크푸르트 명문가 아들인 괴테의 정신적 비약이나 신교 목사의 후예인 니체의 정신적 비약을 살펴보십시오. 그러면 여러분은 이러한 성공적이거나 비극적인 세계 운명들이 시민성과 더 이상 관계가 없음을 인정하실 겁니다. 그리고 제가 알기로는 교양을 요구하는 현명한 시민 계층 출신들은 소위 말하는 시민 문화와 프롤레타리아 문화를 대치시켜 자기 만족감을 얻으려 하지 않을 겁니다. 자유롭고 대담한 사고, 양심, 인식은 인간의 가치들로 계급적인 데서 나오는 것이 아님을 우리는 분명히 하려고 합니다. 하지만 어떤 관점에서는 물론, 문화 개념 특히 독일적인 문화 개념을 사회주의와 관련지어 고찰하고 이러한 관계에서 특정한 적대감과 대립성을 인식한다면 시민적 유래나 시민적 특징을 눈치챌 수 있을 겁니다. 저는 이러한 점을 여러분에게 짧게 설명하고자 합니다. 문화Kultur라는 단어는 경배Kultus라는 단어와 어원이 같습니다. 둘 다 돌본다는 의미를 지니고 있습니다. 후자는 숭배한다는 의미와 종교적인 성물들을 제의적으로 보살핀다는 의미에서 그렇고, 전자는 종교적인 데서 벗어나 순전히 인간적으로 미적이고 도덕적인 세련화, 고귀화와 내적으로 개인적인 것의 상승이라는 점에서 그러합니다. 그럼으로써 직접 그러한 효과를 노린 것은 아니었다 하더라도 간접적으로 세계를 촉진하는 효과를 거두게 됩니다. 사실 이로 인하여, 비고의성과 초개인적 효과의 개인적인 불가측성으로 인하여 문화 개념에 기적과 신비의 요소가 들어옵니다. 이것이 종교와 가까운 성격을 새로이 뚜렷이 해줍니다. 사실 제의적인 것과 비교해 볼 때 문화는 세속적인 개념이기 때문입니다. 하지만 사회적인 예절Gesittung인 문명과 비교해보면 문화 개념에는 종교적인 성격, 즉 본질적으로 비사회적이고 이기적이며 개인주의적인 성격이 드러납니다. "종교적인 인간은 자기 자신만을 생각한다"고 니체가 말했습니다. 즉 그런 인간은 자신의 구원, 자기 영혼의 구제를 생각한다는 말입니다. 그리고 본질적으로 적어도 그는 다른 것은 생각하지 않고, 은밀하게 원칙적으로 신앙에 충실히 따르고, 자기 신성화라는 내적인 작업이 신비적인 방식으로 전체에 도움이 되리라는 약속을 믿습니다. 문화를 신봉하는 사람들의 경우도 전적으로 이와 똑같습니다.

하지만 지상에는 인류가 함께 모여 살고 있습니다. 그리고 집단과 사회라는 형태에 부합하지 않는 개별화와 신과의 직접적인 소통은 존재하지 않습니다. 종교적인 자아는 교회에서 집단적으로 변합니다. 문화적인 자아는 공동체라는 형식과 이름, 귀족적이며 제의적으로 강조된 이름으로 최고의 축제를 맞이합니다. 이러한 이름으로 문화적 자아는 자신의 공동사회 이념^{Sozialitätsidee}의 신성화를 민주적인 예절의 세속적인 사회 개념^{Gesellschaftsbegriff}과 구별합니다. 공동체라는 단어 대신 민족이라는 단어나 민족 공동체라는 단어를 사용할 수 있습니다. 이 개념은 보수적이고 비정치적이며 반사회적인 문화 개념에 상응합니다. 그리고 모든 사회주의를 독일에 생소하며 독일 민족에 반하는 것으로, 악마적인 것으로 느끼고 저주한 문화적 경건성에 상응합니다. 사회주의가 사회적인 계급을 통하여 문화적이며 반사회적인 민족 이념과 공동체 이념의 해체를 의미한다면 이는 정당하다고 할 수 있습니다.

사실이지 이러한 해체 과정은 상당한 정도로 진행되어 민족과 공동체라는 문화적인 이념 복합체가 오늘날 한낱 낭만주의로 치부되게 되었고, 현재와 미래에 대한 내실을 지닌 삶이 의심의 여지 없이 사회주의의 편에 서게 되었습니다. 삶을 지향하는 의식은 시민적 문화의 편을 드는 것이 아니라 사회주의의 편을 들지 않을 수 없을 정도입니다. 제가 지금 여러분들에게 개진하려고 한 반쯤 종교적인 문화 개념은 본질적으로 18세기와 19세기 말경의 시민적인 교양 시대에 발원한 것이므로 저는 이런 편들기를 시민적이라고 부릅니다. 고전 시대 덕분에 독일인들은 시인과 사상가의 민족이라는 명예 타이틀을 얻게 되었습니다. 그때는 이상주의적인 개인주의의 시대입니다. 가령 괴테의 경우 개인주의의 인간적인 마력은 자서전적인 자기 교양과 자기 성취의 교육 사상과의 본원적이고 심리학적인 결합에 있습니다. 그것도 교육 이념이 개인적이고 내적인 인간의 세계에서 사회적인 것의 세계로 넘어가게 다리를 놓아준다는 사실입니다. 그러므로 사회적인 것에 대한 접근과 그것의 의무와 요구에 대한 접근은 이상주의적인 내면성의 영역에서도 모색되고 부분적으로는 찾아집니다. 하지만 내면성의 영역은 본질적으로 사회 이념과 계급 이념에 귀족주의적인 항의를 하는 관계에 있습니다. 이 영역은 그 세계의 유물론적인 경제주의와는 달리 자신을 정신적으로 느끼고 멸시와 두려움의 감정을 가지고 그 세계를 바라봅니다. 이는 오늘날의 여러 현상을 볼 때 부당한 것입니다. 시민 출신의 정신적 인간이 오늘날 사회주의의 편에 선다 하더라도 이는 그가 이렇게 말하기 때문입니다. 사회적인 계급 이념은 순전히 경제적인 자신의 출신을 결코 부인하지 않는 반면 정신적인 것은 사실 개인주의적인 이상주의의 형태로 본원적으로 문화 사상과 연결되어 있었다고 말입니다. 하지만 그럼에도 실은 계급 이념이 반대쪽보다 정신과 훨씬 친근한 관계를 유지합니다. 누가 보기에도 그 반대쪽의 보수주의는 살아 있는 정신과의 접촉, 삶의 요구와의 공감을 명백하게 거의 잃어버리고 말았습니다. 우리 세계에 최상의 인간이 이미 도달하여, 내적으로 실현된 인식의 단계인 정신과 여전히 가능할 것으로 간주되는 물질적인 현실 사이에 병적이고 위협적인 긴장 관계가 존재한다고 정신적인 인간은 말합니다.

　이러한 치욕스럽고도 위험한 불일치를 가능한 한 없애기 위해 사회주의적인 계급, 노동자 계급은 문화적인 반대 세력보다 의심의 여지 없이 더 낫고 더 생기발랄한 의지를 드러냅니다. 이제는 입법, 국가 생활의 합리화, 유럽의 국제적인 헌법이나 그러한 종류의 것이 중요하다는 겁니다. 사회주의적인 계급은 문화적인 국민과는 정반대로 그들의 경제적인 이론에 따라 정신에 낯설어합니다. 하지만 실천 면에서는 정신과 친근합니다. 그리고 오늘날 여러 현상이 그러하듯이 이러한 사실이 결정적입니다.

오늘날 여러 현상이 그러하듯이 정신적이고 문화적인 인간이 사회적인sozial 영역, 정치적이고 사회적인gesellschaftlich 영역을 내면성, 형이상학, 종교적인 것의 세계와 그 밖의 세계와의 관계에서 2류라고 지칭하면서 오만하게 멸시하는 것을 저는 그릇되고 삶에 반하는 태도라고 말합니다. 이처럼 개인적이고 내적인 세계와 사회적인 세계를 비교하고 값어치를 매기는 것, 그러니까 사회주의와 형이상학을 대조하여 사회주의를 경건하지 못하고 성스럽지 못하고 유물론적인 것으로 치부하여 군집 사회의 행복[72]에 대한 의지로 깎아내리는 것은 오늘날 허락되지 않습니다. 오늘날처럼 신을 거역하고 이성을 무시하는 세상에서 형이상학, 내적인 것, 종교적인 것을 더 나아지려는 의지보다 월등한 것으로 부각하는 것은 오늘날 허락되지 않습니다. 정치적인 것과 사회적인 것은 인간적인 것의 영역입니다. 인간적인 관심, 인간적인 열정, 인간의 문제에 얽매임, 자신의 운명이나 자기 존재의 수수께끼와의 공감,

---

[72] 슈펭글러는 『서구의 몰락』에서 대도시에 사람들이 모여 사는 것을 '새로운 유목 생활'이라고 칭했다.

우주 속에서 자신의 위치의 비밀에 대한 공감, 자신의 과거와 미래의 비밀과의 공감, 이러한 관심과 열정은 개인적이고 내적인 것의 영역뿐만 아니라 인간적인 공동생활이라는 외적인 질서라는 두 영역을 포괄합니다. 그것도 종교적인 것입니다. 인간의 비밀 속에서 자연은 정신적인 것과 초월적인 것으로 흘러 들어가기 때문입니다. 이러한 비밀은 두 세계 사이에서 자신이 소속하고 있는 위치의 비밀입니다. 인간을 한낱 자연으로 취급하는 것, 엄지손가락을 다루는 솜씨 좋은 맹수[73]로 취급하는 것은 일종의 염세주의입니다. 이는 특별히 용감하다는 표정과 영웅적으로 진리에 엄격하다는 표정을 짓지만 잘못된 낭만주의에 지나지 않는 일종의 염세주의입니다. 마치 왕과 같은 사자만이 맹수이고 가령 거미는 맹수가 아니기라도 하듯이 무엇보다도 맹수의 어리석은 변용은 잘못된 낭만주의의 일부입니다. 인간이 인간인 이래로 인간은 자연 이상의 존재라는 사실이 인간의 정의에 더 부합합니다. 인간의 본질의 일부는 동물이지만 다른 일부는 더 고상한 영역인 정신적인 영역에 속합니다. 의식이 그를 분별하게 가르칩니다. 인간은 창세기[74]에서 신이 말하듯이 "우리와 같은 존재"입니다. 인간은 선과 악이 무엇인지 알고 있으며, 절대적인 것을 소유하고 있습니다. 우리는 종교적으로 느끼기 위해 교회를 긍정하는 의미에서 신을 믿

---

73 이 표현은 1931년에 나온 슈펭글러의 저서 『인간과 기술』의 내용에 반대하고 있다. 슈펭글러는 이 책에서 인간을 맹수로 정의하고 있다. 그는 인간이 이룩한 기술 발전의 자기 역동성 때문에 인간은 몰락할 운명이라고 한다.

74 창세기 3장 22절. "여호와 하나님이 이르시되 보라 이 사람이 선악을 아는 일에 우리 중 하나같이 되었으니 그가 그의 손을 들어 생명 나무 열매도 따 먹고 영생할까 하노라"

을 필요는 없습니다. 저는 절대자를 인격화할 필요성을 전혀 느끼지 못했음을 솔직하게 고백합니다. 하지만 인간은 양심 속에, 이념 속에, 실현될 수 없는 이념 속에 그것을 지니고 있습니다. 하지만 본성은 양심에 따라, 저급하게 낭만적인 비관주의와 모순되고, 이념으로서 낙관주의적이며, 민주적인 사회 미풍과 내적으로 밀접하게 연결되는 진리, 자유, 정의라는 교정 기능을 수행하는 사고를 합니다.

제가 여기에서 인문주의와 그 포괄적인 성격에 관해 말하고 있으므로 여러분은 저를 잠시 인간적인 영역으로 오게 한 것입니다. 이것이 저의 가장 큰 개인적인 관심사이며 저의 가장 본격적인 과제인 예술의 영역입니다. 우리가 예술이라고 부르는, 유희를 통한 이러한 인간적인 것의 열정적인 심화도 인문적 관심사이며 어느 정도는 인문주의적 학부學部입니다. 예술은 항시 존재해 왔으며, 언제나 인문적 정신의 소유자들이 꿈꾸어 온 완성된 '제3제국'일 것입니다. 이 말은 오늘날 잘못 쓰이고 있습니다. 이것은, 즉 육체성과 정신성의 통합, 자연적인 것과 인간적인 것의 통합입니다. 예술가적 정신의 소유자인 니체가 이렇게 요구했듯이 말입니다. "인간적인 것을 가지고 우리는 자연 속으로 침투하려고 합니다…. 우리는 인간을 넘어서는 것을 꿈꾸기 위해 우리가 필요로 하는 것을 자연에서 끄집어내려 합니다. 폭풍과 뇌우와 바다보다 더 거창한 무엇이 아직 생겨나야 합니다. 인간의 아들이 말입니다!" 이는 최고의 인문주의와 인간에 대한 최고의 사랑의 표현이자 자신을 뛰어넘는 상승의 표현입니다. 그리고 이것은 예술가다운 적합한 말입니다. 바로 창조적 예술은 인간적인 것을 가지고 자연에 뛰어들어 생의 창조적인 상승에 필요한 것을 자연에서 끄집어내지 않았습니까? 예술의 본질은 늘 이러한 침투와 인간화에 있습니다. 이는 정신화를 의미합니다. 예술은 질료 속에서 정신을 점화시키는 것이며, 삶을 형상화하고 정신화하기 위한 자연스러운 충동인데 그러한 자연 충동도 있습니다. 괴테는 예술이란 정신의 빛으로 본 삶이기 때문에 이 예술을 '삶의 삶'[75]이라고 불렀습니다. 예술가가 어찌 자연과 서먹서먹할 수 있겠습니까? 예술가는 무의식적인 것, 힘 있는 것, 모성적인 것, 어둠에 싸인 창조적인 것을 잘 다루는 게 필요합니다. 예술가는 의식의 체험이 인간의 최종적인 현실이라고 생각하지 않습니다. 그리고 예술가는 단순한 지성의 신봉자가 아닙니다. 역사를 쓰는 자는 누구나 자신이 직관을 영상적으로 사고하고, 상징적으로 사고한다는 것을 알고 있습니다. 이럴 때 지성은 좀 더 심원한 힘의 공복公僕이자 무의식적인 것의 하수인일 뿐입니다. 질서, 형식, 의미 부여라는 정신적 원칙에 결부되어 있지 않다고 느끼며, 자연을 정신화하기 위한 충동을 자신의 가장 강한 충동으로 느끼지 않는 자가 어찌 예술가일 수 있겠습니까? 특히 범례적으로 각인시켜 예술가는 무릇 인간의 상황을 한꺼번에 정신과 자연으로서 되풀이합니다. 예술을 이성의 산물로만 파악하거나 충동의 산물로만 파악한다면 이는 인간을 잘못 파악한 것과 마찬가지로 예술을 잘못 파악한 것입니다.

다시 말씀드리건대 인문적인 것은 내적인 세계와 외적인 세계

---

75 괴테의 『서동 시집』에 나오는 말. "삶은 사랑이고, 삶의 삶은 정신이기 때문에."

를 모두 포괄합니다. 정치적인 것과 사회적인 것은 인문적인 영역의 하나입니다. 이러한 사안은 열등하고 비종교적이며 형이상학적인 의미를 결여하고 있으며, 군집 사회를 목표로 하는 유물론에 불과하다고 비난하면서, 우리는 이러한 영역을 인간화하고 정신화하기 위한 의지, 형식과 이성, 자유와 정의를 가지고 그 속에 침투하려는 의지를 폄하하지 않을 겁니다. 유물론, 유치한 공포의 단어이고 게다가 음험하다니요! 인간적으로 예의 바른 것은 짐짓 이상주의적인 방식으로 유물론으로 억눌려야 합니다. 내면성의 이름으로 말입니다! 유물론은 물질적인 것에 맞서 거드름을 피우며 내적으로 고상한 척하는 것보다 훨씬 정신적이고 이상주의적이며 종교적일 수 있습니다. 왜냐하면 유물론은 문화 시민이 원하듯이 물질적인 것에 빠진 것을 의미하지 않고 사실 "인간적인 것을 가지고 그것에 침투하려는" 의지를 의미하기 때문입니다. "지금 지상에서 저지르는 비행非行이 가장 끔찍하다"[76]고 니체는 외칩니다.

"애원하건대, 형제들이여, 지상에 충실하십시오. 더 이상 머리를 하늘에 있는 모래에 처박지 말고 지상에 참뜻을 부여해주는 지상의 머리를 자유롭게 들고 다니십시오!…. 여러분이 보내는 사랑과 인식을 지상의 참뜻에 도움이 되게 하십시오! 나처럼 사라진 덕을 지상에 되돌리십시오. 그렇습니다, 사랑과 삶에 되돌리십시오. 지상에 의미, 인간적인 의미를 부여하도록 말입니다!"

---

[76] 니체의 『차라투스트라는 이렇게 말했다』에 나오는 말.

이는 정신의 유물론이며 종교적인 인간을, 우리에게 우주적인 것을 대변하는 지상으로 방향 전환시키는 것입니다. 그리고 사회주의는 물질적·사회적·집단적인 삶의 절박한 요구 앞에서 머리를 더 이상 형이상학적인 것의 모래에 처박지 않고 지상에 의미, 인간적인 의미를 부여하려는 자들의 편에 서겠다는 의무감에 따른 결단에 다름 아닙니다. 그것은 제가 말한 모순, 실제 모습과 당위 사이의 모순에 대한 양심의 민감성이고, 조정 국면이 가까워졌다 하더라도 이러한 긴장을 조정하려는 의지입니다. 그것은 정신의 배후에 있는 현실이 얼마나 낙후되어 있으며 그 배후에서 현실이 어떤 모습을 띠게 될 것인가에 신경을 쓰면서, 정신이 더 이상 자신의 길만을 가지 말고 실제 모습과 당위 사이의 간격이 결국 인간적으로 감내할 수 있을 정도로 줄어들도록 애쓰라는 요구입니다.

존경하는 여러분, 저는 사회 민주주의자들 앞에서 말하고 있습니다. 그러므로 사회적인 것이 민주적인 것과 결부될 수 있다는 정치적 확신을 품고 있는 사람들 앞에서 말합니다. 그것도 완전히 정당하고도 논리적인 방식으로 말입니다. 민주주의란 민중의 의지에 의한 통치를 의미하니까요. 제가 말한 저 개량적이고 정신적인 의지를 민중의 의지와 동일시하는 것이 오늘날 전적으로 정당합니다. 정신적 인간인 예술가는 민중과 함께 그 의지에 순응합니다. 사람들은 역사적으로 검증받은 형식인 민주주의의 몰락과 죽음에 관해 말합니다. 우리가 민주주의를 시민적으로 자본주의적인 공화국이라고 이해한다면 이는 사실입니다. 공화국의 이러한 성격은 바이마르에서 생겨난 것[77]에, 혹은 어쨌든 거기서 만들어진 것에 너무나 확연히 드러납니다. 그러므로 우리는 이러한 국가 형태와 사회 형태의 역사가 더 이상 장기적으로 신용할 만하지 못하다는 점을 인정해야 합니다. 하지만 우리가 민주주의를 그 말의 뜻에 따라 민중의 의지가 지배하는 국가로 이해하고, 여러 민족의 의지가 결정적으로 중요한 하나의 유럽으로 이해한다면 민주주의를 시대에 뒤진 것으로 선언하는 것이 그다지 시의에 맞지 않습니다. 민주주의는 실현되지 않았기 때문입니다. 그리고 민주주의가 실현되지 않았기에 필수적인 것이 일어나지 않습니다. 적어도 유럽에서 가장 중요한 곳에서는 일어나지 않습니다. 유럽 대륙의 생존을 위해서는 그곳이 문제의 관건입니다. 여러 민족의 의지는 무시됩니다. 여러 정부가 추진하는 것은 이러한 의지가 아니며 이러한 의지에 반하는 것입니다. 여러 민족이 바라는 것은 평화, 일과 빵입니다. 이들은 서로를 미워할 생각이 없습니다. 이들은 조국이라는 외침을 크게 불신합니다. 이들은 군수 산업이 서로 경쟁하게 되면 자신들의 안녕은 고려의 대상이 되지 않을 것임을 정확히 알고 있습니다. 그리고 군수 산업이 서로 사이가 좋아지면 자신들의 안녕은 더욱 고려의 대상이 되지 않을 것임을 정확히 알고 있습니다. 예를 들어 프랑스 국민은 자신들에게만 가능한 방식으로, 투표용지를 통해 자신의 의지를 명백히 밝혔습니다. 이들의 의사는 평화, 양해, 타협, 정의였습니다. 이러한 의지를 위임받은 정부 당국자들이 이러한 의지를 실행한다고 우리가 주장할 수 있겠습니까? 아마 이들은 그러고 싶어 한다고 할지도 모

---

77 나오는 말. 바이마르 공화국의 헌법을 일컫는 말.

릅니다. 하지만 이들이 그러지 못하게 하고 민중의 의사를 이행하지 못하게 만드는 것은 외교적인 권력 음모가들이 떨치지 못하는 타성 말고도 이들이 독일에 맞서고 있다는 사실입니다. 독일에서도 역시 민중의 의사는 무시되고 있습니다. 가령 오늘날 우리나라를 지배하는 것은 경건한 척하는 기독교적이고 군국주의적이며 군주제적인 복고주의입니다. 그것의 정신적인 도구의 실체는 주로 우둔하고 모욕적 별명인 '문화 볼셰비즘'[78]에 있습니다. 복고주의는 분명 의심의 여지 없이 한 세대 정도 나라의 상태를 후퇴시키려고 합니다. 이것이 가령 국민의 말과 행위에 따른 국민 의사의 표현인지 저는 묻습니다. 봉건적 과거의 이러한 잔재들이 하는 모든 말은 우리가 14년 전에 전쟁에서 이겼더라면 우리가 지녔을 정신적 상태로 독일을 몰아넣으려는 목적을 지니고 있습니다. 위대하고 현대적이며 정신적으로 많은 경험을 쌓은 어떤 민족에게 기독교적이고 군인적인 비굴한 근성의 극히 반동적인 생각을 주입하려는 이들의 지속적인 시도는 정신과도 민중과도 아무런 관계가 없습니다. 민중과는 아무런 관계가 없기에 정신과 아무 관계가 없다고 저는 주장합니다.

그렇습니다, 민주주의, 여러 민족이 원하는 사회적 민주주의는 실현되지 않았습니다. 반면에 정부들은 조국의 이름으로 이를 방해하고 있습니다. 국제 연맹과 다른 국제단체가 필요할지도 모르겠습니다. 국민들의 평화 의지를 실행하지 않는 정부들에 반대하는 여러 민족의 연맹 말입니다. 그리고 시민 계층 출신의 정신적

---

78 문화 볼셰비즘은 당시 예술과 학문에 종사하는 전위적인 비판적 지식인이 주창한 극우적 슬로건이었다.

인간은 오늘 말해야 합니다. 오늘날 유럽의 주요 국가들에서 시민적·봉건적 정부 대신에 노동자 정부가 들어선다면 이 대륙은 질서, 이성, 건전함으로 가는 도상에서 현재보다 한 걸음 더 진전하게 될 것이라고 말입니다.

독일의 복고주의는 어제부터 비로소 시작된다고 사람들은 내게 대답할 수 있을지도 모릅니다. 그리고 이전의 사회주의적 정부들이 복고주의의 길을 가로막았다면 복고주의는 권력을 잡을 수 없었을 거라고 사람들은 나에게 대답할 수 있을지도 모릅니다. 하지만 이는 방금 말한 것에 반대하는 논거가 되지 않을지도 모릅니다. 사회주의적인 정부들이 있음에도 불구하고 진실로 평화, 자유, 국제적 합의에 따라 국민의 의사를 실현한다는 의미에서 사회적인 공화국이 결코 온전히 실현되지 않았기 때문입니다. 이는 독일에서 공화국이 탄생한 상황 탓임을, 이러한 상황에서 공화국이 탄생한 것에 대한 적대감 탓임을 우리는 시인해야 합니다. 그리고 이러한 적대감 때문에 공화국을 별로 신뢰하지 않았기 때문입니다. 사회적 정부는 자신을 신뢰하지 않았습니다. 이 정부는 실제적인 혁명이 아닌 혁명을 한 후 학교, 대학, 법원, 관청에 미래의 정신을 불어넣는 대신 기존의 정신이 계속 영향을 끼치도록 했습니다. 이 정부는 과거의 세력에 압력을 받는 상태에 있었습니다. 정부는 그 세력에 계속 양보해야 한다고 생각했습니다. 정부는 하는 일과 하지 않는 일에서 계속 양보를 하게 되었습니다. 그리고 저는 이 세력이 전 세계에서 위대한 사회주의 원칙에 반대하는 세력, 나치[79]라는 이름으로 뭉뚱그릴 수 있는 모든 세력이라고 생각합니다.

존경하는 청중 여러분, 여기에서 자칫하면 오해가 생겨날 수 있습니다. 조국 말입니다! 이것은 진실로 위대한 이름입니다. 정신적 인간, 문필가나 예술가와 마찬가지로 사회주의적 노동자도 이런 사실을 알고 있습니다. 우리가 태어난 땅에 우리를 단단히 묶어주는 이 깊이 뿌리박힌 자연스러운 끈을 누가 부인하고 반박할 수 있으며, 부인하고 반박하려고 하겠습니까? 출신과 전승이란 끈, 한마디로 말하면 민족임으로 해서 생래적인 영적이고 정신적인 형식을 말입니다. 예술가는 여기에서 귀족주의적으로 느낍니다. 그는 출신을 의식하는 자입니다. 그는 자신의 정신적 유래를 알고 있습니다. 그는 확실한 자부심을 갖고 이러한 의식을 긍정합니다. 저 자신에 대해 말한다면 저는 어떤 문화 정치적인 비평가가 저를 비난하는 것처럼 인간과 문필가로서 세계인이 아니라 선한 한 독일인입니다. 저는 저의 작업이 독일 문화의 전통에 근거하고 있음을 알고 있습니다. 물론 서양 문화권의 예술가적이고 정신적인 영역에서는 비교적 오래전부터 점점 더 관대해지고 있습

---

79 국가 사회주의 독일 노동자당(Nationalsozialistische Deutsche Arbeiterpartei, 약칭 NSDAP)은 1919년부터 1945년까지 존재했던 독일의 정당이다. 일명 '나치', '나치스', '나치당'으로도 불린다. 나치즘은 나치의 사상 체계 및 그들이 수립한 전체주의 체제를 뜻하는 것으로 혼용되어 사용된다. 나치는 반유대주의, 반공주의, 반자유주의, 전체주의, 인종주의, 군국주의를 중점 정책으로 내세웠으나, 이러한 이념과 사회주의를 절충한 게 논란이다. 제1차 세계대전의 평화협정인 베르사유 조약에 강력히 반대해서 폭넓은 지지를 얻었으며, 이른바 인종 본질주의 '아리아인', '게르만인'이나 '독일인' 우월주의를 주장했다. 독일에서는 제3제국과 관련된 상징물뿐만 아니라 나치 관련 각종 기장의 착용 및 제복의 착용 또한 금지되어 있다. 나치 경례 역시 금지되어 있어서 신나치주의자들은 5개의 손가락이 아니라 3개만을 펼친다고 한다. 나치는 재벌기업과 결탁하여 금전적 지원을 받기도 했으며 노동운동 또한 탄압했다. 집시·유대인·사회주의자·공산주의자 탄압, 국민 감시, 군사력 증강, 제2차 세계 대전 발발 등 25개 조 강령은 1920년 2월 히틀러가 발표한 나치당의 강령이다.

예술과 정치 반지성주의를 경계하며

니다. 그리고 정신적인 재화와 형식의 교환이 우리 문명의 조건 하에서 더 구속적이고 국가적으로 더 닫혀 있던 시대보다도 물론 더 활발합니다. 하지만 중요한 예술작품들의 민족적 특징들이 창작시 외국의 영향과 도움을 받았다고 결코 지워질 수는 없는 것입니다. 우리가 유럽적 태도라고 말하는 어떤 보편적이고 초국가적인 타당성이 있어, 이것이 세계로 나가 자신의 국가 영역 바깥에서 영향을 끼칠 수 있게 되면 외국의 영향들은 바깥에서는 항상 민족적인 것, 그러므로 우리의 경우에는 독일적인 것을 대변하게 될 것입니다. 그렇습니다, 비교적 중요한 예술가가 자신의 나라에 유럽적인 것을, 외국에는 자신의 나라의 얼굴을 보여준다는 것이 하나의 법칙인 것 같습니다. 하지만 국내에서는 초국가적인 것을 국제적인 일용품과 혼동하는 일이 잦습니다. 자주 그러한 혼동이 일어나는 경향이 있어서 다들 고통을 겪고 있습니다. 독일성은 다른 민족들에게서도 나타날 수 있음이 인간적으로, 형식상으로 실증될 수 있습니다.

이는 오늘날 유럽의 거의 모든 국가에서 감지될 수 있는 하나의 운동과 관계있습니다. 이러한 운동은 정신사적으로 설명할 수 있고 정당화된, 19세기의 자유주의적인 이념에 반대하는 반동을 의미합니다. 추상적이고 지적인 것에 너무 몰두하게 된 인간의 정신을 삶의 근원에, 사물들의 자연스러운 현실Realität에 다시 좀 더 가까이 가져가고, 자유의 파토스Pathos에보다 자연적인 속박과 공고화의 파토스를 우위에 놓는 것이 이러한 운동의 의미입니다. 인간적인 것은 민족적이고 민중적인 것이 굴절되면서 나타나고 실현됩니다. 그리고 제가 말하고 있는 운동은 추상적이고 보편적인 것을 경시하면서 이러한 신조를 표명하는 가운데 일어납니다. 이러한 운동은 학문과 예술에서 확연히 드러납니다. 이것은 오늘날의 젊은이가 세계관을 갖고자 노력할 때 지대한 역할을 하고 있습니다. 이 운동에 정신사적인 정당성, 그러니까 필연성을 인정하는 것을 아무도 거부하지 않습니다. 이것은 특히 학문적인 현상에서, 근대의 인류학에서 인간의 지식을 심화시키는 데, 지나간 세기의 세계상이 보유했던 색채보다도 우리의 세계상에 더 다채로운 색채를 부여하는 데 안성맞춤이었습니다. 이 운동은 그러므로 물론 자신이 터부시한 단어를 사용하자면 하나의 진보입니다. 하지만 이 운동은 진보와는 하등 관련이 없는 세력, 과거의 세력에 의해 극히 위험하게 남용되며, 거짓되고 삶에 반대하는 것을 위해 동원됩니다.

존경하는 청중 여러분, 여러분 모두 알고 계시듯이 이러한 일은 정치적·사회적 영역에서 일어납니다. 여기서 피, 본능, 충동, 폭력이라는 철학적인 유행 개념이 자유와 민주주의라는 소위 다 끝장난, 정신적으로 더 이상 생존 능력이 없는 사상에 대항하여 투입된다면 혁명과 반동이라는 저 혐오스러운 혼합이 이루어집니다. 우리는 오늘날 이러한 혼합이 다양하게 이루어지는 것을 보고 있습니다. 과거에 대한 저 거친 낭만적인 봉사는 청년과 미래의 면모를 띠면서 유혹적인 모습을 보입니다. 이러한 종류의 반시민적인 혁명은 정신사적인 기회를 감지하고 이와 동시에 인간 탐구와 세계인식이라는 사실상 설득력을 잃은 원칙과 방법을 가지고 인류의 성과물을 극복된 것이자 하찮은 것으로 선언합니다. 이러한 성과물들은 인간의 이념과 인간이라는 사실 자체에 대한 모든 감정과 떼려야 뗄 수 없는 굳건한 관계에 있습니다. 그리고 이러한 성과물들은 시대의 그러한 경향적인 멋 부리기에 참여하지 않는 어느 누구에게도 양도될 수 없습니다. 정신적인 것에 맞서는 자연 혁명은 18세기와 19세기에 설정된 인문주의의 요구가 실현된 것처럼 합니다. 그리고 이 때문에 자연 혁명은 삶이 계속 생기를 유지하기 위해서는 이걸 넘어서서 여러 면에서 조정적이고 원상복구적인 반대 요구로 넘어가야 하는 것처럼 합니다. 예를 들어 우리 대륙의 여러 민족 연맹과 경제적·정치적 통합이라는 자유주의적이고 사회적인 요구에 맞서 전적으로 민족적 속박과 국가주의의 개념만 유용한 것처럼 합니다. 유감스럽게도 젊은 이들의 대부분은 이구동성으로 이러한 사고를 받아들일 태세입니다.

하지만 이는 근본적으로 잘못된 것입니다. 소위 말하는 시민적 시대의 인도적 요구들은 결코 실현되지 않았습니다. 그것을 실현할 시간적 여유는 아직 충분히 있습니다. 그리고 그것을 실현하지 않고 소위 새로운 것으로 훌쩍 넘어가는 것은 사실상 무책임하고 인간에 적대적인 태도입니다. 정치적·사회적 형상으로 이루어지는 자연 혁명적인 운동은 이 세기가 오로지 자기 자신을 통해 규정된다고 생각한다면 세기를 완전히 잘못 평가하고 있는 겁니다. 왜냐하면 이 운동은 자신의 멸시를 받고 경멸을 받는 경향들이 이 세기 동안 적어도 이 운동만큼이나 아주 중요할 거라는 사실을 간과하기 때문입니다. 자유라는 단어가 담고 있는 정신적이고 도덕적인 내실이 없이는 인간이 인간이 아니며, 인간적인 방식으로 살 수 없을 것임을 간과하고 있기 때문입니다.

예를 들어 많은 젊은이들은 민주주의와 공화국이 경영을 완전히 망쳤으며, 민주적 특성을 지니는 사회주의, 즉 사회 민주주의가 사방에서 생생한 매력을 상실했다고 생각합니다. 이와 관련해서 예를 들면 우리는 스페인의 혁명적인 젊은이들이 공화국에 완전히 열광하여, 있는 힘을 다해 청동 바위rocher de bronze처럼 공화국을 공고히 하는 모습을 봅니다.[80] 우리는 덴마크와 스웨덴에서 사회주의가 선거에서 승리한 소식을 듣습니다. 그리고 벨기에에서는 바로 사회주의자들이 20개 지역에서 압승을 거두었음을 알고 있습니다. 이 모두는 혁명적 몽매주의의 이론을 준엄하게 반박하는 징후들입니다. 그리고 바로 이러한 사실은 오늘날 교만한 열정으로, 필수불가결하게 아직 없어서는 안 되는 충만한 생명력을 실증해주는 많은 것이 시대에 뒤진 것으로 배격당하고 있다는 저의 주장을 증명하고 있습니다.

이제 우리가 출발한 국가주의의 이념, 국수적 이념에 관해 말하자면 속박과 자연 경건성의 설교자들은 조국에 관한 것과 민족적인 것을, 그들이 한물간 것이라고 낙인찍고 있는 유럽적인 것과 인류적인 것, 초국가적인 것과 여러 국가를 연결하는 것에 맞서는 진정한 인간적 현실로 제시하고 있습니다. 그리고 정치적 운동으로서 이것이 무엇보다도 국가주의의 르네상스를 의미한다는 것입니다.

하지만 이제 국가는 자연과 낭만주의의 의미에서 결코 원현

---

80 1932년 8월에 공화국에 반대하는 군주주의적 폭동이 일어났지만 성공적으로 진압되었음.

상이 아니고 애초에 삶과 관계되는 사실이 아니라 연맹과 통합의 늦된 결과입니다. 나중에 하나의 국가로 합쳐진 부족과 지역은 오늘날 국가들이 그러는 것처럼 이전에 고집스럽게 불신감을 품고 격리된 채로 살았습니다. 수미일관하게도 신성한 자연 현실의 민족적인 숭배자들은 국가, 즉 부족, 지역, 그러니까 가족에게로 더욱 거슬러 올라가야 할 것입니다. 이런 식으로 이들은 무정부적인 개인주의로 끝나게 될지도 모릅니다. 자연적인 것의 분리주의에 대항하여 오늘날 우리가 국가라고 부르는 위대한 통합에 도달하려 얼마나 애썼던가를 파악하기 위해, 그리고 국가라는 것이 최초의 것도 최종적인 것도 아님을 인식하기 위해서는 우리는 유럽 국가들의 역사, 가령 스페인이나 이탈리아의 역사, 프랑스와 무엇보다도 독일의 역사를 상기하기만 하면 됩니다. 국가는 좀 더 커다란 통합으로 가는 하나의 단계입니다. 국가는 부족과 지역에서 유럽으로 가는 도정에 있습니다.

그럼에도 오늘날의 국가주의적인 운동은 퇴보로서가 아니라 혁명으로 느껴집니다. 이 운동은 자신을 새로운 국가주의라고 자랑스럽게 말합니다. 그리고 저는 여러분에게 그 정신의 샘플, 그 활기차고 필연적인 행동 짓거리를 여러분에게 보여주지 않을 수 없습니다. 이탈리아의 파시스트이자 미래학자인 마리네티[81], 무솔리니가 설립한 이탈리아 학술원 회원인 그는 한 논문에서 이렇게 선언합니다.

---

81 마리네티(Filippo Tommaso "Emilio" Marinetti, 1876-1944): 미래주의적인 운동의 두목으로 나중에 확신을 품은 파시스트가 됨.

"이 때문에 우리는 벌써 20년 전에 사회 민주주의자, 의회, 교권주의, 공산주의가 쇠약해지는 가운데 우리가 선포한 미래주의자들을 부른다. 이탈리아라는 단어가 자유라는 단어보다 더욱 소중해야 한다. 게다가 오늘날에는 이탈리아라는 단어가 천재라는 단어보다도 더 소중해야 한다! 이탈리아라는 단어는 지성이라는 단어보다도 더 소중해야 한다! 이탈리아라는 단어는 문화라는 단어보다도 더 소중해야 한다! 이탈리아라는 단어는 진리라는 단어보다도 더 무게가 나가야 한다! 필요하다면 비판의 총구는 다른 민족을 향해야지 자민족을 향해서는 안 된다…. 무엇보다도 '신적인 코미디[82]'보다도 더 위대한 이탈리아의 참된 걸작품을 생각해보라. 비토리오 베네토[83]! 이 걸작품의 이름으로, 우리 탱크에 의해 박살이 나서 타르비스의 거리에 나뒹굴고 있는 오스트리아-헝가리 제국의 잔해가 오늘날 더욱 눈에 선명하게 보인다. 모든 반 이탈리아주의자들과 외국의 친구들이여, 우리는 조금만 위험이 있더라도 너희들을 총살시키겠노라!"

이러한 터무니없고 황당무계한 말이 이탈리아에서 나온다는 것은 다소간 우연입니다. 오늘날 어디서나 이런 글을 쓸 수 있습

---

82 단테의 『신곡*La divina commedia*』을 말한다. 이 시는 단테가 1308년 이전에 쓰기 시작한 것으로 추정되며 죽기 바로 전인 1321년에 완성했다. 인간의 속세 및 영원한 운명을 심오한 기독교적 시각으로 그리고 있는 『신곡』은 피렌체에서 추방당한 시인 자신의 경험을 바탕으로 한 작품이지만, 지옥·연옥·천국을 여행하는 형식을 취한 우화로도 볼 수 있다. 단테 자신으로 추정되는 한 인간이 저승 세계로 여행할 수 있게 되어 지옥·연옥·천국에 사는 영혼들을 찾아가게 된다. 그에게는 안내자가 둘이 있는데, 한 명은 지옥·연옥을 안내하는 베르길리우스이고, 또 한 명은 천국을 소개하는 베아트리체이다.

83 1918년 이탈리아군이 오스트리아-헝가리 군대를 격파한 상부 이탈리아의 도시. 마리네티는 전쟁에 승리한 이 체험을 파쇼 운동의 원형적 신화로 삼았음.

니다. 독일권에서 이러한 유의 발언이 없으리라고 생각하는 것을 잘못일지도 모릅니다. 최근에 나치의 어떤 문학 대변가가 선언하기를 독일 예술은 오로지 독일인을 '비저항적으로' 만드는 목적과 임무만을 지니고 있다는 것입니다. 사람들은 이에 대해, 어떤 예술의 의미와 열정이 진리, 자유, 인식과 미에 향하지 않고 호전적이고 국가적인 단련에 향해져 있는 예술은 자신이 생성된 토양인 민족을 비저항적으로가 아니라 참을 수 없게 만들 거라고 대답할 수 있을지도 모릅니다.

저는 고향, 토양, 조국과 민족 문화에 결속감을 느끼는 것을 이런 의미에서 신성하고 질긴 자연스러운 현상이라 지칭했습니다. 이러한 현상이 정치적·사회적 삶에서 국가적 이념이 오늘날 자신의 주도적 위치를 요구하고 미래를 더 이상 요구할 수 없도록 방해하지는 않습니다. 국가적 이념에는 한때 영웅적인 시절이 있었습니다. 이 이념이 역사적 사명을 지녔던 때는 19세기입니다. 그 이념은 19세기에 태어나 그때 투쟁하면서 모든 방면에서 승리를 거두었으며, 정치, 사회, 예술과 같은 모든 면에서 완전히 실현되어 전성기를 누렸습니다. 이것은 과거의 이념이지 미래의 이념은 아닙니다. 오늘날에는 전 세계에서 이것으로 시작할 수 있는 것이 더 이상 없습니다. 삶이 요구하는 더 커다란 통합에 도달하기 위해서는 이것을 거쳐서 나갈 수 있습니다. 감정과 지성을 지닌 모든 인간, 그리고 좀 나은 정치가라면 유럽의 여러 민족이 오늘날 홀로 고립되어서는 더 이상 생존하고 번영할 수 없음을 알고 있습니다. 각국은 서로 의존하여 높이 평가하고 실현할 가치가 있는 운명 공동체를 이룩하는 것이 필요합니다. 이러한 삶의 필연성에 논거로서 민족적 자연 낭만주의를 대치시키는 것은 무가치한 방해 짓거리에 다름 아닙니다. 그럼에도 오늘날 전 유럽에서 소위 민족 자급자족 경제의 사상, 즉 여러 민족을 물질적으로나 정신적으로 서로 차단해 모든 점에서 자신만만하고 남을 불신하는 자기만족과 자급자족의 사상이 횡행하고 있습니다. 삶의 모든 사실과 필연성을 정면으로 공격하는 실제로 불가능한 이러한 요구는 자유주의적이고 인문적인 이념이 소위 시대에 뒤진 것이란 생각을 정신적인 토대로 하고 있습니다. 하지만 궁극적으로 사실상 배후에 똬리를 틀고 있는 것은 호전주의입니다. 결국 이성적으로 불가능하게 되어 그런지는 몰라도 사람들은 이런 생각을 버리려 하지 않으며 또 버릴 수도 없습니다. 예를 들어 오늘날 미국에서는 밀 가격이 2마르크를 밑도는데 독일 국민이 필요한 밀을 사는데 세계 시장 가격보다도 약 6억 5천만 마르크를 더 치른다면, 프랑스인들이 밀 가격에 셰펠[84] 당 8마르크 40에 달하는 더욱 터무니없는 관세 비율을 적용했다면, 여러 민족에게 부과되는 공물은 상호 간의 불신감과 자족적인 전투 능력 과신으로 치르는 희생과 다를 바 없습니다. 사람들은 이러한 조치를 정당화하면서 수치스러운 나머지 전쟁이라는 단어는 그냥 생략하고, 국민의 영양을 확보해야 할 필연성에 관해 말합니다. 평화 시에는 그로 인해 국민이 영양실조에 걸리는 반면 국민의 영양은 전시를 위해서는 이런 식으로 확보되기만 하면 됩니다.

이와 관련해서 저는 도덕적이고 생물학적인 이유에서 농업에

---

84 곡량의 옛 단위. 지방에 따라 30-300리터로 일정치 않음.

동감하지 않게 되었습니다. 의심의 여지 없이 이러한 정당성도 낭만적이고 경향적으로 보수적인 의미에서 과장되었음에도 확실히 동감할 만한 정당성이 있기는 하지만 말입니다. 왜냐하면 진리를 사랑하는 문학의 관찰 및 묘사와 자신의 경험은, 사람들이 신성하게 재생적 역할을 맡고 있다고 여기는 농부 계급의 도덕적, 신체적 힘과 건강에 다소간 미화적인 허구가 작용하고 있음을 가르쳐주고 있기 때문입니다. 오늘날의 사정에서 보듯이 대도시는 위생과 스포츠에 대한 좀 더 깨어난 의식으로, 생기 넘치는 회복을 위해 교외로 나가는 새로운 야외 생활 형식으로, 적어도 시골의 생활 양식만큼은 유용하게 기여할 수 있습니다.

오늘날 '국가적'이라는 단어, 이 으뜸가는 단어이자 공포를 주는 단어, 이로 인해 독일공화국이 겁먹고 위축되고 있는 이 단어를 남용하는 것에는 이성도 논리도 모두 결여되어 있습니다. 이 단어에 계속 양보를 함으로써 독일공화국은 거의 붕괴할 지경에 이르렀습니다. 이와 동시에 사람들은 '국가적'이라는 단어가 극히 다양한 내용으로 채워질 수 있는 전적으로 중립적인 개념을 띠고 있다는 사실을 망각하고 있습니다. 가령 사람들은 상태가 좋을 수 있는 국가 통화에 관해 말합니다. 사람들은 국가 문학에 관해 말합니다. 관련되는 국가가 산출한 저작에 관해 말입니다. 이럴 적에 이 저작의 가치나 무가치는 전혀 논의의 대상이 아닙니다. 사람들은 국가적 결점과 국가적 장점에 관해 말합니다. 하지만 국민의 절반은 국가적일 수 있고 나머지는 그렇지 않을 수도 있다는 태도는 완전히 터무니없는 말입니다. 우리 민족의 생활 형식과 삶의 중대 관심사에 우리 모두 관련되어 있습니다. 그것은 확실하지 않을 뿐입니다. 이러한 관심사에 어떻게 하면 가장 도움이 될까에 대해 견해가 나누어질 뿐입니다. 저는 14년 전 제1차 세계 대전이 끝났을 때 옛것을 회복하려는 생각만 하는 대신 독일이 평화운동과 군축 운동에 앞장섰더라면, 독일이 새로운 것과 미래적인 것으로, 우리가 소망하는 사회적 세계로 나아가는 세계 지도권을 떠맡았더라면 말할 수 없는 국가적 자부심을 느꼈을 어떤 독일인을 생각할 수 있을지도 모릅니다.

하지만 탁월함으로뿐만 아니라 배타성으로도 국가적이라고 지칭되는 사람들이 비국가적이고 반국가적이라고 저주하는 견해가 바로 이것입니다. 현재 겉보기로는 그렇지 않을지 몰라도 이를 둘러싼 다툼은 해결되지 않고 결말지어지지 않은 다툼입니다. 사회적 공화국의 이념은 현재 독일에서 쑥 들어가 있습니다. 모든 영역에서 그 반대 이념이 득세하고 있습니다. 이와 관련해서 공화국 자신이 책임이 없는 것은 아니라는 사실은 이미 제가 암시했습니다. 정치적 좌익이라고 일컬어지는 자들의 영향력은 현재 의심의 여지 없이 배제되어 있습니다. 사람들은 그 대신 현 순간을 다스리고 혼란을 억제하도록 온건 우익이 역사적인 부름을 받고 있다는 사실에 순응해야 합니다. 이 우익은 독일 민족에게 시간을 벌어줘 각성하고 인식하도록 하는 비상 임무를 맡고 있습니다. 그리고 쑥 들어간 좌익의 임무는 그저 현재 통치 세력이 비교적 미미한 이러한 소명을 벗어나지 않도록 하고, 국민이 쟁취한 기본권이 침해되지 않도록 하는 것일 수 있습니다. 우리가 확신하는 사회적이고 민주적인 독일은 현재 상황이 일시적인 것이며, 지금은 그렇지 않아 보일지 몰라도 미래는 사회적이고 민주적인 독

일의 것임을 믿어도 좋습니다. 유럽의 여러 국가에서 벌어지고 있
는 국가적 열정의 광분은 벌써 꺼진 불이 뒤늦게 마지막으로 나
풀거리는 것에 지나지 않습니다. 이는 스스로를 새로운 삶의 열정
으로 오해하고 죽어가면서 다시 불타오르는 것에 지나지 않습니
다. 삶과 발전의 모든 사실, 경제적이고 기술적이고 정신적인 모든
사실은 미래는 여러 민족이 진작부터 들어서려고 마음먹은 길에,
우리도 오늘 저녁 정신 속에서 추적한 길에, 평화와 자유의 길에
있음을 증거하고 있습니다.

BRUDER HITLER

THOMAS MANN 1934

————

THOMAS MANN

6

국가사회주의 **형제 히틀러**

이 글은 1934년 8월 『근대 사상가와 작가 개관*The modern Thinker and Author's Review*』 제5호 제2권에 처음 실렸고, 『토마스 만 전집』 제13권 321~325쪽에 실려 있다. 토마스 만은 독일에서 자신의 책이 출판 금지되는 것을 피하기 위해 처음엔 히틀러의 제3제국을 공개적으로 비판하는 일을 주저했다. 토마스 만이 히틀러 정권에 대한 공격을 자제하고 계속 침묵을 보이자 망명자들은 이에 대해 미심쩍어하면서 그에게 날카로운 비판을 가하기도 했다. 이 결과 전체 망명자와 연대하여 히틀러 정권에 대항하기가 힘들어졌다. 그는 1933년 이전에 행한 날카로운 연설과는 대조적으로 외진 곳에서 외국어로 발행된 몇몇 정치적 간행물에서도 불확실한 태도를 보인다. 토마스 만이 잠시 이처럼 모호한 태도를 보인 이유는 뚜렷한 근거도 없이 가재도구를 비롯하여 뮌헨의 집을 되찾고, 심지어 여권 기한을 연장하려는 희망을 품고 있었기 때문이다. 1934년 봄에 토마스 만은 내무부 장관에게 여권 기한을 연장해주고 동산動産과 책을 내달라는 편지를 썼으나 답장은 받지 못했다. 그는 이 편지에서 자신의 정치적 입장을 명확히 밝히고 히틀러 정권에 대한 혐오감을 표시했다. 토마스 만은 망명 초기에 망명가들과 연대하지 않고 독자적으로 개인적 사명을 수행하려고 했지만, 후에 생각을 바꾸어 그들의 입장에 동조했다. 이리하여 토마스 만은 독일 망명자들 중 가장 핵심적인 인물이 되어 1935년 4월 1일에 처음 나치 정권을 공개적으로 반박하기에 이르렀다.

모든 문필가는 문학이 '경향성'을 지녀야 하는지, 아니면 당파나 정치적 영향으로부터 자유로워야 하는지의 문제에 직면해 있음을 느낀다. 이제 정치 사건들이 결국 문학에 영향을 미치지 않을 수 없음은 명약관화한 사실이다. 모든 예술은 암묵적으로나 명시적으로 정치 문제에 의존해 있다. 예술적 사건들과 정치적·사회적 사건들 사이에 하나의 분명한 경계선을 긋는다는 것은 어려운 일이다. 이러한 사건들은 물론 예술작품을 창조하는 데 중요한 역할을 한다. 시대의 정신적 분위기는 하나의 매개체이고 그러한 매개체에서 문필가는 떨어져 나올 수 없다. 하지만 이 말이 예술가가 문예란 집필자의 기능이나 순수한 기자의 기능을 담당해야 한다는 의미는 아니다. 그리고 동시에 이 말은 문필가가 예술적 원칙의 요구로부터 자유롭다는 의미도 아니다.

특히 소설가는 작중 인물들을 그릴 때 이 문제에 부딪힌다. 소설가는 자연스러운 삶에서 그들을 취해야 하는가, 또는 혹은 적어도 그렇게 하려고 해야 하는가, 아니면 자신의 상상으로 그들을 창조해야 하는가? 이러한 사안에 대한 나의 견해는 하나의 인물과 하나의 성격이 현실적인 것과 이상적인 것에서 나온 복합물이어야 한다는 것이다. 소설가는 현실을 토대로 예언할 수는 있지만 결코 성격들을 있는 그대로의 삶에 의거해 묘사할 수는 없다. 그것은 사진일지는 몰라도 예술은 아니다. 문학예술은 다른 모든 예술과 마찬가지로 현실의 정신적 고양이다. 진정한 문학은 문체로 양식화된 것이지 문자에 충실한 것은 아니다.

이러한 일반적인 지적에 비추어 근대 독일 소설의 발전을 고찰하고 그 미래에 대해 곰곰 생각해보는 것은 흥미로운 일이다. 지난 30~40년 동안 독일 소설은 커다란 변화를 경험했다. 독일 소설은 스칸디나비아의 사실주의 작가들인 입센과 뵈르논, 러시아 작가들인 투르게네프, 톨스토이, 도스토옙스키, 그리고 졸라와 프랑스 자연주의 작가들로부터 많은 영향을 받았다. 하지만 나는 앞으로 독일 소설의 발전이 이 불행한 나라에서 벌어지는 현재의 정치적 문화적 사건들의 영향의 결과로 엄청난 타격을 받으리라 생각한다. 전쟁 중과 전쟁 후에 독일 국민이 겪은 끔찍한 체험들은 독일 작가들에게 깊은 영향을 끼쳤다. 극단적으로 국수주의적인 생각이 독일 작가들의 지속적인 경향인지 아니면 전쟁 이후부터 독일에 충격을 안겨준 정치 불안에 대한 자연스러운 반응에 불과한 것인지 현재 우리는 자문해 보아야 한다. 나는 그것이 일시적인 경향에 불과하다고 생각한다.

민족주의는 일반적으로 유럽 문학에 해로운 영향을 끼쳤고, 나치는 독일 문학에 마찬가지로 해로운 영향을 끼치고 있다. 개인적으로 나는 본래 독일적인 것, 본래 유럽적인 것과 세계 시민적인 것 간의 균형을 맞추려고 노력해 왔다. 괴테 전문가이자 독일 낭만주의 작가 전문가인 나는 이 대가들과 마찬가지로 유럽 문화에 관심을 기울여 왔다. 독일적인 시각에서 보면 나는 특수하게 독일적인 것보다 오히려 유럽적인 것에 더 쏠린다. 나의 유럽적인 선입견은 나의 어머니의 영향으로부터 유래한 것이다.

정치적 사건에 대한 예술가의 입장은 전적으로 해당 예술가의 개인적인 방향 설정에 달려 있다. 문필가는 공산주의, 파시즘 및 자본주의 간의 투쟁에 얼마나 영향을 받고 있는가? 이러한 투쟁은 내적인 것에 관심을 갖고 내적인 것에 대해 글을 쓰는 문필가에게는 커다란 영향을 주지 못할 것이다. 하지만 정치적·사회적인 사건에 관심이 있는 문필가에게는 그 투쟁이 대단히 중요하다. 이러한 문필가의 개인적인 관심, 그의 직업 활동, 소위 말하자면 그의 사회적인 동정 능력과 그의 메시아적인 충동은 그로 하여금 사회적인 싸움의 중심에 위치하도록 할 것이다. 이와는 기질이 다른 예술가는 이런 문제들에 신경을 쓰지 않을 것이다.

나는 게르하르트 하우프트만[85]이 이 자유주의적 민주주의자에서 국가 사회주의자로 변절했다고 즉결 판결을 내리는 것을 부적절하다고 생각한다. 하지만 그는 여전히 정치적 사건에 대해 취할 수 있는 태도의 한 전형을 대변한다. 하우프트만은 항시 아주 강력하고도 아주 독특하게 독일적인 사람이었다. 애당초부터 그의 민주주의는 민족주의의 색조를 듬뿍 띠고 있었다. 그는 순간적인

---

85 하우프트만(Gerhart Hauptmann, 1852-1946): 초기에 쓴 자연주의적인 작품으로 사회 민주주의적인 바이마르 공화국의 문화적 대표자가 되었다. 그는 1933년 11월 11일 작가 동맹에서 탈퇴함으로써 새로운 권력자를 인정하는 듯한 모습을 보였다. 그는 히틀러 정권과 약간의 거리를 두었지만 제3제국에서 살아가는 데 그리 어려움이 없었고, 1942년 그의 80회 생일에는 공식적인 행사가 벌어졌다.

정치적 사건들과 보조를 맞춘다. 그는 정부의 통제에 따라 여러 변화에 적응할 수 있을 정도로 다방면에 재주가 많다. 비록 나는 강한 의심을 품고 있긴 하지만 하우프트만은 국가 사회주의[86]의 정신적 원칙들에 대해 확신하고 있는지도 모른다. 어쨌든 그는 현 순간 권력을 잡고 있으면 어떤 정권에든 겉보기에 매달리는 것 같다.

독일 망명 작가들은 조국과의 접촉을 잃어버릴지도 모를 커다란 위험에 처해 있다. 그들이 추방됨으로써 그러한 망명문학이 독일 바깥에서 생존력이 있을지의 물음이 제기되었다. 고백하건 대 나로서는 그러한 망명문학이 지속성 내지 발전력이 있을지 의심한다. 독일적 삶에 대한 느낌이 사라질 커다란 위험과, 망명 작가들이 독일적 삶과의 접촉을 상실할 커다란 위험이 존재한다. 이러한 사실은 이미 러시아에 망명한 작가들에게서 나타났다. 다른 문화권에서, 소위 사회적 진공 상태에서 저술 활동을 시작했을

---

86 히틀러가 옥중에서 집필한 『나의 투쟁』의 내용은 이러하다. 인종이나 개인 사이에 존재하는 불평등은 불변적인 자연의 질서이고, 아리아인은 인류에서 유일한 창조적 인종이며, 유대인은 모든 악의 구현체이다. 인류의 자연적 단위는 민족이며, 독일 민족은 세계에서 가장 위대한 민족이다. 또한 국가는 민족에 봉사하기 위해 존재할 가치가 있는 것인데, 바이마르 공화국은 이 사명을 저버렸으니 해체되어야 한다. 모든 도덕성과 진리의 판단 기준은 민족의 보호와 그 이익에 있다. 이러한 기준에 근거할 때 민주주의 정부는 첫째, 민족 간의 평등을 상정하기 때문에, 둘째, 민족의 이익을 투표나 토론으로 결정할 수 있다고 생각하기 때문에 비난받아 마땅하다. 민족의 통일성은 절대적 권위를 부여받은 지도자에게서 그 화신(化身)을 찾을 수 있으며, 지도자 아래에서 나치당은 민족의 가장 위대한 요소를 찾아내고 그것을 보호해야 한다. 즉 히틀러는 자신의 책에서 독일 민족 지상주의, 사회적 다원주의와 민족생존권의 확보, 민족 공동체 사상, 의회정치와 계급 투쟁에 대한 반대 등을 피력했다. 나치즘의 주된 적은 붕괴 직전에 있는 자유 민주주의가 아니라 민주적 사회주의를 포함하여 국제주의와 계급 투쟁을 주장하는 마르크스주의였다.

때 그들은 두 발밑에 확고한 토대가 없음을 발견했다. 내 개인적인 상황으로는 이러한 위험을 아주 예민하게 느꼈다. 조국의 상황이 내가 작업하는 데 불리하기에 나 역시 외국에서 살고 있다. 하지만 그럼에도 나는 독일 문화와 독일어와 친밀한 관계를 유지하고 있다. 그래서 나는 독일어권인 스위스에서 살기로 결심했다.

나의 형 하인리히 만[87]은 망명 중인 모든 독일인이 서로 결속하여 독일의 국경 밖에서 자유주의적이고 급진적인 독일의 이상을 구현해 나갈 것을 호소했다. 하지만 나는 지식인들의 집단행동을 그리 신뢰하지 않는다. 모든 예술가 개개인은 자신에게만 관심이 있는 작품에 매진해야 한다고 나는 생각한다. 정신적인 문제에서 협동이란 늘 예술가 개개인에게 해를 끼쳤다고 나는 생각해왔다. 나는 독일에서 현재의 사건이 벌어지기 이전부터 이런 견해

---

[87] 하인리히 만(Heinrich Mann, 1871-1950): 독일의 저명한 참여 작가로서 빌헬름 2세 치하 독일의 전제적인 사회구조를 맹비난한 작품들을 썼다. 하지만 그는 평생 동생의 명성에 가려진 불행한 삶을 살았다. 처음에는 군주주의자로 출발했으나 1900년대 중반 무렵부터 민주주의자로 변신하여 제1차 세계대전이 발발하자, 그리고 나치에 반대해 민주주의를 위해 투쟁했다. 어떠한 작가도 하인리히 만만큼 바이마르 공화국을 위해 정열적으로 참여운동을 한 사람은 없다. 그는 문학과 사회참여를 통해 바이마르 공화국의 민주주의 창조와 보전을 위해 노력했다. 동생 토마스 만이 인생과 예술에 대해 고민했다면, 하인리히 만은 세상과 사회에 대해 말하고자 했다. 초기 소설에서는 상류사회의 퇴폐적인 모습을 그리고 있으며, 후기 소설은 빌헬름 치하 독일에 퍼져 있는 부·지위·권력에 대한 탐욕을 다루고 있다. 폭군 같은 시골 학교 교장의 위선적 행태를 적나라하게 묘사한 소설 『운라트 선생』 (1905)(후일 「푸른 옷의 천사」로 영화화됨), 빌헬름 2세 치하의 독일의 민족주의적 권력 구조를 풍자하며 예리하게 비판한 『충복』(1918), 권력을 인간답게 쓰고자 하는 그의 이상을 표현한 『앙리 4세』 등이 있다. 그는 자신의 민족을 사랑하면서 인류를 중요하는 것을 비판하며, 민족 간에도 사랑이 있다는 것을 아는 자만이 자기 민족을 진정으로 사랑하는 것이라고 말했다. 나치가 집권하자 1933년 망명을 떠나야 했으며, 여생을 프랑스와 미국에서 보냈다. 그는 구동독에서 초대 예술원 원장으로 모신다며 보내준 돈으로 배표까지 마련했으나 귀국 준비를 하던 중 산타 모니카에서 곤고한 삶을 마감했다.

를 지니고 있었고, 국가 사회주의가 다시 모습을 드러낸 이후에도 이러한 견해를 고수하고 있다. 나는 항상 개인적 예술가의 일이 조직의 일보다 더 중요하다고 생각해 왔다. 그 때문에 나는 정신적이고 예술적인 문제와 관련된 독일 망명자들의 조직에 동의하지 않는다. 하지만 나는 평화를 위해 활동하는 것이 독일 예술가의 의무이자 무릇 모든 예술가의 의무라고 생각한다. 이것을 어떻게 성취할 것인가 하는 것은 다른 문제이다. 히틀러[88]와 괴링[89]이 질문을 받는다면 그들은 독일이 평화를 사랑하는 국가이며 그들 자신도 평화를 위해 활동한다고 대답할 것이기 때문이다.

나는 히틀러가 권력을 장악하기 전에 독일의 문학적·사회적 삶이 사실 공산주의화할 위험에 처해 있었다고 주장하는 모든 사람에게 단연코 '아니오!'라고 대답할 것이다. 다른 한편으로 문학과 문화에 대한 괴벨스[90]의 일목요연한 정책은 기회주의자들과 평범한 문사들이 사이비 애국주의의 물결에 편승하도록 그들에

---

88 히틀러(Adolf Hitler, 1889년 4월 20일~1945년 4월 30일): 독일 국가 사회주의 노동자당의 지도자이자 나치 독일의 총통이다. 1914년 제1차 세계대전이 발발한 뒤 독일군에 자원입대했다. 전쟁에서 패배하자 크게 낙담했고, 이후 정치 활동에 적극 참여했다. 반혁명 반유대주의 정당인 독일노동당(이후의 나치당)에 입당하여 뛰어난 웅변술과 감각의 소유자였던 히틀러는 베르사유 체제, 대공황 이후 정권을 잡고 1934년 총통에 취임했다. 이후에 독일 민족 생존권 수립 정책을 주장하며 자를란트의 영유권 회복과 오스트리아 병합, 체코슬로바키아 점령, 1939년 9월 폴란드 침공 등을 일으키며 제2차 세계대전을 일으켰다. 전쟁 중 그의 유대인 말살 정책으로 인해 수많은 유대인들이 아우슈비츠 수용소와 같은 나치 강제 수용소의 가스실에서 학살당했다. 또한 상당수의 폴란드 사람들까지 유대인이라고 모함하여 역시 강제 수용소의 가스실에서 같이 학살했다. 학살된 사람들 가운데에는 집시와 동성애자, 장애인도 있었다. 전세를 확장하던 독일은 스탈린그라드 전투와 북아프리카 전선에서 패배하였고, 히틀러는 1945년 4월 29일 소련군에 포위된 베를린에서 에바 브라운과 결혼한 뒤 이튿날 베를린의 총통관저 지하 벙커에서 시안화칼륨 캡슐을 삼키고 권총으로 자살했다. 그러나 독약 캡슐을 쓰지 않고 권총 자살을 했다는 이야기도 있다.

게 문을 활짝 열어주었다. 물론 현재의 정치 조직은 성격이 유약한 사람들과 선동자들을 크게 유혹하고 있다. 하지만 이러한 경향은 오래 지속되지 않는 법이다. '유산'과 '조국'을 다룬 이러한 초기의 책들을 독일 대중이 더 이상 그리 대량구매 하지 않는 것이 사실이다. 대중은 그러한 책들에 싫증을 내기 시작한다.

독일의 저널리즘은 물론 강요된 획일화를 통해 독일 신문들을 정부의 공식 기관에 의해 발행된 기관지로 변모시켰다. 그것이 독일 언론의 기본 생각이다. 이탈리아나 러시아에서와 마찬가지로 독일 언론은 정부의 도구에 불과하다. 하지만 모든 출판물의 배후에 특별한 관심이 도사리고 있다고 말할 수 있는 게 아닐까?

뉴욕의 어떤 주도적인 일간지와 가진 최근의 인터뷰에서 내가 "독일의 사회주의는 성장하고 있고 독일 대중은 민족주의보다 사

---

89 괴링(Hermann Göring, 1893-1946): 독일을 나치 경찰국가로 만드는 데 핵심적인 역할을 했다. 직업군인으로 훈련받은 뒤 그는 1912년 장교로 임관되었으며, 초창기 독일 공군에 들어가 제1차 세계대전 동안 두드러진 활약을 했다. 1928년 선거에서 국회의원이 되었고 1932년 7월 선거에서 나치당이 230석을 차지하였을 때 국회의장으로 선출되었다. 그는 프로이센 경찰을 나치화했으며 비밀경찰 게슈타포를 창설했고 강제 수용소를 만들었다. 그는 약물중독 때문에 감정의 기복이 심했으며 자기중심적이고 허황하여 자기 과시욕을 만족시킬 훈장과 보석들을 좋아했다. 전범 재판 중 약물중독에서 벗어난 괴링은 히틀러 정권이 저지른 끔찍한 만행과 자신은 관계가 없고 그 모든 것은 하인리히 히믈러가 비밀리에 저지른 것이라고 주장했다. 교수형을 받고 총살형을 바라는 탄원을 올렸으나 거절당하자 감방에서 극약을 먹고 자살했다.

90 괴벨스(Joseph Göbbels, 1897-1945): 나치 정권의 선전을 담당하여 대활약을 했다. 독일 국민들이 나치 정권을 호의적으로 받아들이게 된 것은 주로 그의 헌신 때문인 것으로 믿어지고 있다. 제1차 세계대전 때 괴벨스는 다리가 굽어서 병역에서 면제되었는데, 이는 그에게 강렬한 보상심리를 유발함으로써 불운한 인생의 불씨가 되었다. 1922년 하이델베르크대학교에서 독일 어문학으로 박사 학위를 취득하고 문학·연극·언론계에서 거의 무보수로 활동하고 있던 그를 히틀러가 베를린지구당 위원장에 임명하면서 나치당에 입당했다. 곧 국가선전기구를 장악하고, 최후까지 히틀러를 보좌했다.

회주의에 훨씬 깊이 공감하고 있다"라고 말했다고 인용되었다. 이러한 발언이 전적으로 옳은 것은 아니다. 하지만 그 발언은 어느 정도의 사실을 토대로 하고 있다. 내가 실제로 말하고자 했던 바는 어떤 '부류'에서, 특히 젊은이들 사이에 사회주의적 경향이 현존하고 있으며, 이들은 반동 세력을 극복하려는 경향을 보인다는 것이었다. 독일에는 러시아와 어느 정도 유사한 종류의 사회주의가 존재한다. 국가가 기업 활동에 능동적으로 참여한다. 자본주의와 동의어였던 개인주의는 집단 기업을 위해 사라져버렸다. 독일 정부가 가격을 조종하고 수출입의 가격 할당량을 정한다. 나치가 정권을 잡았을 때 사람들은 나치가 일종의 사회주의 형식을 도입할 거라고 기대했다. 하지만 그와 같은 일은 결코 발생하지 않았다. 현재 독일에서 기업가의 불만은 여전히 대단하다. 그러한 사실은 정부가 자본주의에 전적으로 호의적이지는 않다는 증거이다.

나 자신의 일에 관해 말하자면 나는 현재 성서 소설인 『요셉과 그의 형제들*Joseph und seine Brüder*』을 집필 중이다. 독일에서 이미 이 작품의 제2권이 발간되었다. 지금은 제3권을 집필 중이다. 아직 1년은 더 있어야 그 작품이 완성될 것이다. 내 개인적 의견을 감히 피력하자면 『요셉과 그의 형제들』을 나는 나의 최고 작품이라 생각한다.

BRIEFWECHSEL MIT DER PHILOSOPHISCHEN FAKULTÄT UNIVERSITÄT BONN

THOMAS MANN 1937

————

THOMAS MANN

7

본 대학 철학부와의 서신 교환

이 글은 『토마스 만 전집』 제12권 785~793쪽에 실려 있다. 토마스 만은 1919년에 『비정치적 인간의 고찰』과 관련하여 본 대학 철학부에서 명예박사 학위를 수여받았다. 그러나 1936년 12월 2일 제3제국[91]의 국적이 박탈되자 본 대학으로부터 1936년 12월 19일 그의 명예 박사학위도 박탈되었다. 토마스 만의 국적이 박탈된 이유는 반국가적인 발언을 하고, 반국가적 망명자들의 편을 들고, 제3제국을 공개적으로 모욕한 때문이었다. 그는 국적이 박탈되기 2주일 전에 체코 국적을 얻었다. 자신의 국적이 박탈된 것에 대해 언론에 자신의 견해를 밝힌 지 며칠 후 토마스 만은 본 대학교 독문학 교수 카를 유스투스 오베나우어로부터 명예박사 학위가 취소되었다는 서신 연락을 받았다. 이 소식에 충격을 받은 만은 학장에게 편지를 보냈는데 이 글이 독일 국내외에 광범위하게 유포되어 세계적으로 커다란 반향을 불러일으켰다. 외국에서는 주요 신문들이 이 편지의 내용을 싣고 관련된 해설까지 달았다. 이로써 만은 독일의 자유 대사 역할을 한 동시에 제3제국 내에서 격렬한 공격을 받았다. 이제부터 토마스 만은 일반적으로 반파쇼적 망명자의 대변자 중 한 명으로 인정되었다. 그래서 그는 많은 대도시에서 초청을 받았고, 사방에서 답지하는 격려의 편지를 받았다.

---

91 제3제국은 히틀러 제국을 말함. 제2제국은 비스마르크 제국, 제1제국은 독일 신성로마 제국.

라인 빌헬름 대학
철학부
58번지

문필가 토마스 만 씨에게!

1936년 12월 19일, 본

본 대학 총장님과 협의하여 철학부는 귀하의 국적이 박탈된 후 귀하를 명예박사 학위자의 명단에서 삭제할 필요가 있음을 귀하에게 전달하는 바입니다. 우리 대학의 학위 규정 8조에 의거하여 이 칭호를 사용할 귀하의 권리가 해소되었습니다.

학장 (아무개)

본 대학
철학부 학장님 귀하

존경하는 학장님,

저는 귀하가 12월 19일 자로 저에게 보낸 우울한 소식을 받았습니다. 그에 따라 귀하에게 다음의 답장을 보내드리고자 합니다.

독일의 대학들이 역사적인 순간에 대한 끔찍한 오해의 소치로 자신을, 도덕적으로, 문화적으로, 경제적으로 독일을 황폐하게 하는 극악무도한 권력의 온상으로 삼으면서, 현재의 모든 불행에 대해 독일의 대학들이 심각하게 연루된 사실, 이렇게 연루된 사실은 학위를 수여 받은 것에 대한 저의 기쁨을 진작부터 망쳐버려 제가 박사 칭호를 사용하지 못하게 했습니다. 하버드 대학에서 최근에 저에게 명예박사 학위를 수여했기 때문에 지금도 저에게는 명예박사 학위가 있습니다. 제가 학위를 수여 받은 이유에 대해 학장님께 굳이 숨기지 않고 싶습니다. 라틴어를 독일어로 옮기자면 그 증서의 내용은 이러합니다.

"…우리 총장과 대학 평위원회는 존경하는 대학 감독관들의 박수를 받으면서 엄숙한 회의 석상에서, 우리 동시대 시민들 중 많은 사람들에게 삶을 해석해주었고, '얼마 안 되는 동시대인들과 함께 독일 문화의 높은 품위를 지켜준', 세계적으로 저명한 문필가인 토마스 만을 명예박사로 임명하고 공고했으며, 이러한 학위와 관련된 모든 권리와 명예를 그에게 부여했습니다."

독일의 현실적인 견해와는 달리 대양 저편의 자유롭고 교양 있는 사람들의 머리에서 저의 존재는 그토록 신기하게 그려지고 있습니다. 그리고 덧붙이자면 저는 그곳에 있지도 않습니다. 저는 문필가의 글로 자랑할 생각은 추호도 없습니다. 하지만 지금 여기서 저는 그 글을 인용해야겠습니다. 학장님(저는 관례를 알지 못합니다)이 저에게 전달한 내용을 귀하의 대학 게시판에 게시하려거든 이러한 저의 항변에도 그러한 명예가 주어지기를 진실로 바라는 바입니다. 어쩌면 대학의 구성원인 대학생이나 교수에게, 자유로운 정신세계에 대한 악의적으로 강요된 격리와 무지로 말미암아 흘끗 훑어보는 것에 지나지 않을 강의에서 사려 깊은 두려움, 억압된 불안스러운 공포가 엄습할지도 모르겠습니다.

여기서 끝낼 수 있을지도 모르겠습니다. 하지만 이 순간 더 이상의 설명을 하는 것이 바람직하거나 혹은 그것이 허락될 것 같습니다. 저의 '국적을 박탈한' 사실에 대해 저는 많은 질문을 받았으나 법적으로 침묵해 왔습니다. 저는 대학이 이러한 처사를 보인 것에 대해 저의 부족한 개인적 신조를 피력할 적절한 기회로 생각하고자 합니다. 그리하여 제가 이름조차 모르는 학장님은 생각지도 않게 저의 이런 표현을 받아 보는 입장이 되고 말았습니다. 4년 동안 망명 생활을 하는 가운데 저는 얄궂은 저의 잘못된 운명에 대해 곰곰 생각해보았습니다. 저의 망명을 미화하는 말로 들릴지 모르지만 제가 독일에 남아 있었거나 그곳으로 되돌아갔더라면 아마 저는 목숨이 붙어 있지 않을지도 모릅니다. 제가 이런 상태에 있는 것은 제 꿈이 아니었습니다. 제가 한창 시절에 망명자 신세로 국내의 재산을 몰수당하고 추방당한 채 불가피하게 정치적 항의를 하면서 보낼 줄은 꿈에도 생각지 못했습니다. 제가 정신적인 삶에 들어온 이후 독일 민족의 정신적인 기질과 일치되는 것에 행복을 느꼈고, 독일의 정신적 전통 속에 안전하게 보호받고 있다고 느꼈습니다. 저는 순교자로 보다는 오히려 대표자로 태어났습니다. 투쟁과 증오를 품게 하기보다는 오히려 세계에 조금이나마 더 고상한 명랑함을 주기 위해 태어났습니다. 저의 삶을 그릇되고 부자연스럽게 하려고 극히 잘못된 일이 일어나고야 말았습니다. 미력이나마 저는 이런 끔찍하게 잘못된 것을 막으려고 노력했습니다. 사실 이렇게 되자 원래 저의 기질이 이러한 운명과 맞지 않지만 이제 적응해나가는 법을 배워야 하는 신세가 되었습니다.

제가 이 4년 동안 외국에 체재하면서 억제할 수 없는 혐오감을 드러내 보임으로써 권력자들의 화를 돋운 것이 확실히 처음은 아니었습니다. 훨씬 그 전에 저는 벌써 그런 일을 했고 또 해야만 했습니다. 저는 오늘날 절망한 독일 시민 계층이 알기 이전에 무슨 일이 일어날지를 알았기 때문입니다. 그런데 독일이 정말 이런 자들의 수중에 떨어지자 저는 침묵할 생각이었습니다. 희생을 치렀기에 저는 침묵할 권리가 있다고 생각했습니다. 그렇게 침묵함으로써 저의 독일 국내의 독자와 계속 접촉을 가질 수 있으리라 생각했습니다. 저에게는 이것이 진심으로 중요한 일이었습니다. 저의 책들은 무엇보다도 독일인들을 위해 쓰였다고 저는 스스로에게 말했습니다. '세계'와 세계의 참여는 늘 기분 좋은 부수입에 불과했습니다. 이 책들은 민족과 작가 상호 간의 교육적인 연대감의 산물이고, 저 자신이 독일에서 마련하려고 한 전제조건들을 고려하고 있습니다. 이것은 정치가 엉망으로 찢어지게 해서는 안 되는 섬세하고 지킬 만한 가치가 있는 관계입니다. 스스로 속박당한 채, 자유롭게 사는 사람들이 침묵하는 것을 나쁘게 생각하는, 참을 수 없는 사람들이 고국에 있었습니다. 사람들 대부분이 저의 자제하는 태도, 그러니까 저의 의향을 이해하리라 저는 희망합니다. 저의 의향은 실현 불가능한 것이었습니다. 저는 살 수 없고, 작업할 수 없었을 겁니다.

때때로 그러는 사이에 옛 민족들이 말했듯이 '제 마음을 씻지' 못한 채, 국내에서 참담한 글과 좀 더 참담한 행위로 일어난 것에 대해 저의 말할 수 없는 혐오감을 솔직히 표현하지 못하고 저는 숨이 막혀 죽어버렸을지도 모릅니다. 그럴 만하든 그렇지 않든 간에 저의 이름은 이제 일단 세계에서 세계가 사랑하고 존경하는 독일적인 것의 개념과 결부되어 있습니다. 바로 제가 지금 독일적인 것을 황폐하게 하고 왜곡하는 것에 분명히 항변하는 것은 제가 기꺼이 몸을 맡긴 모든 자유로운 예술의 꿈속으로 불안하게 울려오는 하나의 요구였습니다. 이는 늘 자신의 생각을 표현할 수 있었고, 글로 자신을 해방시킬 수 있었던 사람으로서는 물리치기 어려운 요구였습니다. 그에게는 체험이란 늘 깨끗하게 보존하는 언어와 하나였습니다.

언어의 비밀은 큽니다. 언어와 언어의 순수성에 대한 책임은 상징적이고 정신적인 종류의 것입니다. 언어는 단지 예술적인 의미뿐 아니라 일반적으로 도덕적인 의미도 지니고 있습니다. 언어는 책임 그 자체이고, 오로지 인간적인 책임입니다. 언어는 자신의 민족에 대한 책임이기도 하고, 인류의 면전面前에서 이 이미지를 순수하게 지키는 것이기도 합니다. 그리고 언어 속에서 인간적인 것의 통일, 인간적인 문제 전체가 체험됩니다. 오늘날 이러한 문제 전체는 정신적이고 예술적인 것을 정치적이고 사회적인 것과 분리시키고, 이것에 맞서 고상하고 예술적인 것 속에서 자신을 고립시키는 것을 조금도, 아무에게도 허락하지 않습니다. 가령 인간적인 것의 부분 영역인 정치, 국가를 '총체적으로 보려는' 자는 휴머니즘 자체이자, 이 휴머니즘을 범죄적으로 위반하는 것일지도 모르는 이러한 진정한 총체성입니다.

언어를 통해 책임에 익숙해진 어떤 독일의 문필가, 독일에서 일어나는 일이 도덕적으로 무척 중요하다는 믿음에서, 순진한 것일지도 모르는 애국심을 표출하는 한 독일인이 우리나라에서 육체, 영혼, 정신에, 정의와 진실에, 인간에게 매일 가해졌고 가해지는 속죄 받을 길 없는 온갖 악행에 침묵해야겠습니까? 앞으로 어떤 일이 들이닥칠지 전혀 모른 채, 인간을 파멸시키는 이 정권이 지구에 끔찍하게 위험하다는 사실에 대해 침묵해야겠습니까? 이는 있을 수 없는 일이었습니다. 그리하여 강령에 반대하는 발언들을 하게 되었고, 불가피하게 입장을 취할 수밖에 없는 제스처들을 보이게 되었습니다. 그 결과 이제 국가에서 저를 파문하는 불합리하고 한심한 행위가 일어나게 되었습니다.

어쩌다가 저의 독일 국적을 박탈할 수 있는, 별거 아닌 천박한 권력을 손에 쥔 자들이 누구인가를 조금만 생각해보아도 그들의 행위가 가소롭게 보이게 하기에 충분합니다. 제가 그들에게 반대 입장을 표명하면서 독일 제국을 모욕했다고 합니다! 그들은 어처구니없을 만치 무모하게도 자신들을 독일과 혼동하고 있습니다! 독일이 그들과 혼동되지 않을 중요한 순간이 곧 올 것입니다.

그들은 채 4년도 안 되는 사이에 독일을 어디로 몰고 갔습니까? 독일은 군비 증강을 하느라 정신적으로, 육체적으로 착취당해 파멸 상태에 있습니다. 이에 위협을 느껴 전 세계는 평화 유지라는 절실하고도 중요한 문제를 이행하지 못하고 있습니다. 아무의 사랑도 받지 못하고 불안을 조성하는 나라로 찍혀 전 세계로부터 차가운 반감을 받는 독일은 경제적으로 파탄 일보 직전에 있습니다. 독일의 '적'들은 깜짝 놀라 독일을 향해 손을 내뻗었습니다. 독일이 말도 안 되는 전설을 꾸며낼 생각을 하는 대신 이성적인 태도로 돌아와 세계적 시간의 현실적인 필요성을 자각하려고 한다면, 미래의 민족 공동체의 중요한 일원인 이 나라를 심연으로부터 잡아당겨 도와주기 위해서 말입니다. 그렇습니다, 위협당하고 방해받는 나라들은, 독일이 지구를 낚아채 급기야 전쟁에 돌입하지 못하도록 결국은 독일을 도와주어야 합니다. 독일은 전쟁이라는 최후의 수단에 여전히 눈을 떼지 못하고 있습니다.

저는 '교양'이라는 개념을 '전쟁이 다시는 허락되어서는 안 된다'는 근본적인 사실을 아는 것으로 이해하고 있습니다. 성숙하고 교양 있는 국가들은 이 크고 위태로운 나라, 모든 것을 위태롭게 하는 나라, 혹은 오히려 그 지도자들을 치료하고 있습니다. 의사들이 환자를 치료하듯이 말입니다. 말할 수 없이 관대하고도 조심스럽게 치료하고 있습니다. 비록 명예로운 참을성은 아니라 하더라도 말입니다. 하지만 이 나라들은 독일의 지도자들에 대항해 '정치,' 힘의 정치와 헤게모니 정치를 수행해야 한다고 생각하고 있습니다. 이것은 어울리지 않는 게임입니다. '정치'의 힘, 다른 나라들이 더 이상 '정치'를 생각하지 않고 평화를 생각하는 곳에서는 일시적으로 평화가 유지될 뿐입니다. 시대착오적으로 이제 다시는 전쟁이 없을 거라 생각한다면 사정을 아는 이들은 자명하게도 잠시 '성공'을 거두게 됩니다. 하지만 더 이상 어찌할 바를 몰라 결국 가증스럽고 참혹한 전쟁에서 탈출구를 찾는 민족에게는 화가 있을 겁니다! 이 민족은 전쟁에서 패배할 겁니다. 다시는 소생하지 못할 정도로 타격받을 겁니다.

국가 사회주의적인 국가 체제의 의미와 목표는 오로지 전쟁이며 전쟁일 수밖에 없습니다. 이것은 '다가오는' 전쟁에 방해되는 모든 운동을 가차 없이 배제하고 억압하며 차단합니다. 그리하여 독일 민족을 한없이 순응적이고, 비판적인 사고에 물들지 않는, 맹목적이고 광신적인 무지에 사로잡힌 전쟁 도구로 만드는 것입니다. 이 체제는 다른 의미와 목표, 다른 '핑계'를 가질 수 없습니다. 주저 없이 은밀하고 공개적인 범죄를 저지른 사람들을 포함하여, 자유, 정의, 인간의 행복을 희생한 모든 사람은 전쟁을 위한 절대적인 단련이라는 이념 속에서만 자신을 정당화하고 있습니다. 그 자체의 목표로서 전쟁에 대한 생각이 없어지자마자 이는 다름 아닌 인류에 대한 학대에 지나지 않게 될 겁니다. 이것은 완

예술과 정치 반지성주의를 경계하며

전히 무의미하고 불필요한 것일 겁니다.

진실을 말하자면 이는 두 가지 점에서 무의미하고 불필요합니다. 사람들이 더 이상 전쟁을 허락하지 않을 것이기 때문입니다. 그뿐만 아니라 심지어 절대적이고 '전체주의적'인 전쟁을 위한 단련이라는 주도 이념을 고려해볼 때 얻고자 하던 것과 반대되는 결과가 나오기 때문입니다. 오늘날 지구상의 어떤 민족도 독일 민족과 마찬가지로 전쟁을 치를 수 있는 상태에 있지 않으며 전쟁을 치르기에 전적으로 부적합한 상태에 있습니다. 독일이 세계에서 단 하나의 동맹국도 얻지 못할 것이지만 이는 전혀 고려되고 있지 않습니다. 독일은 혼자일 것이며 끔찍할 정도로 여전히 버림받은 상태에 있을 겁니다. 하지만 이러한 버림받은 상태가 더 끔찍할지도 모릅니다. 스스로에게서도 버림받은 상태일지도 모르기 때문입니다. 정신적으로 쇠약해지고 굴욕감을 느끼고, 도덕적으로 피폐해지고, 내적으로 분열된 채 독일은 자신의 지도자들과 그들이 몇 년간 저지른 모든 일에 대해 깊은 불신을 품고 있습니다.

독일 국민은 굉장히 불쾌한 기분으로 사실 아무것도 모른 채 나쁜 예감에 가득 찬 상태로 전쟁에 빠져들지도 모릅니다. 1914년의 상태가 아니라 육체적으로는 벌써 1917년과 1918년의 상태에서 말입니다. 10%의 직접적인 체제 수혜자들로는 전쟁에서 이기기에 불충분할 겁니다. 그들도 사실 반쯤은 체제에서 떨어져 나가 있습니다. 대다수의 다른 사람들은 전쟁으로 오랫동안 그들을 짓누른 치욕적인 억압에서 벗어날 기회만을 엿보고 있습니다. 그러므로 첫 패배를 겪은 후 전쟁은 내란으로 화할지도 모릅니다.

아닙니다, 이 전쟁은 불가능합니다. 독일은 전쟁을 수행할 능력이 없습니다. 독일의 권력자들에게 어느 정도 사리분별이 있다면 평화 애호에 대한 그들의 보증들은 자신들의 신봉자들 앞에서 눈을 깜박이며 하고 싶어 하는 전략적인 거짓말이 아닙니다. 전쟁이 일어날 수 없고 없어야 한다면, 그렇다면 어째서 강도들과 살인자들이 있다는 말입니까? 고립, 세계에 대한 적대감, 정의의 상실, 정신적인 금치산 선고, 문화의 밤과 이런저런 부족이 어째서 있다는 말입니까? 왜 독일이 유럽으로 되돌아와 유럽과 화해하여 세계로부터 대대적인 환호를 받으며, 내적으로 자유, 정의, 복지, 인간다움을 모토로 내걸고 있는 유럽의 평화 체제에 합류하지 않습니까? 왜 그러지 않습니까? 오로지 권력을 유지하려는 일념으로 인권을 말과 행위로 부인하는 정권이 스스로를 부인하며 파기하려 하기 때문입니다. 그 정권이 정말 화해한다면 전쟁을 일으킬 수 없기 때문입니다. 그런데 그것도 하나의 이유가 아닌가요?

학장님, 제가 학장님께 이야기하고 있다는 사실을 깜빡 잊었군요. 확실히 학장님이 진작부터 글을 읽지 않고 있을 거란 사실에 제가 위안을 받아도 되겠군요. 독일 사람들은 어떤 언어에 깜짝 놀라 몇 년 전부터는 그 언어에 익숙해진 습관을 버리고 있습니다. 감히 옛날처럼 자유롭게 독일어를 구사하는 것에 깜짝 놀라서이겠지요. 아, 제가 이런 말씀을 드리는 것은 주제넘고 건방져서가 아니라 걱정스럽고 고통스럽기 때문입니다. 독일의 권력자들은 제가 더 이상 독일인이 아니라는 조처를 내렸지만 저는 그런 걱정과 고통, 심적 고통과 고민으로부터 벗어날 수 없었습니다. 4년 동안 저는 그러한 고민으로부터 한시도 벗어날 수 없었습니다. 그리고 그러한 고민에 맞서 매일 매일 예술 작업을 수행해야 했습니다. 고뇌가 큽니다. 종교적인 수치심 때문에 지고한 이름을 입에 올리거나 글로 쓰기를 너무 힘들어하는 사람이 깊은 충격의 순간에 최종적인 표현을 하기 위해 그 이름이 꼭 필요할지도 모르지만, 하지만 모든 것을 다 말할 수는 없기에, 저는 이 답장을 짧은 기도로 끝내겠습니다.

신이시여, 황폐하고 남용된 우리나라를 도와주시고 세계 및 자기 자신과 화해하도록 가르쳐주소서!

**VOM KOMMENDEN
SIEG DER DEMOKRATIE**
THOMAS MANN 1938

THOMAS MANN

1938년 봄에 행해진 이 강연은 1938년 취리히에서 처음 인쇄되었고, 『토마스 만 전집』 제11권 910~941쪽에 실려 있다. 이 강연은 미국의 15개 도시에서 행해진 토마스 만의 위대한 연설들 중의 하나로 여기에 민주주의, 파시즘, 자본주의와 사회주의에 대한 그의 입장이 정의되어 있다. 그는 루스벨트적인 사회적 민주주의를 통해 시민적 민주주의와 윤리적·이상주의적인 사회주의 사이의 중개를 시도한다. 제목의 낙관적인 요지는 널리 만연하고 있는 파시즘에 의해 조장된 비관주의를 타개하려는 것이다. 이 강연은 파시즘의 위험을 깨닫게 함으로써 압제에 대항하여 자유를 옹호할 수 있는 민주주의를 창출할 것을 요구하는 일종의 선포였다. 토마스 만은 서방 세계가 공산주의의 위험을 두려워하여 파시즘을 관대하게 처리한다고 생각했다. 그는 자신이 공산주의 교리를 신봉하지 않음을 확실히 하면서 문화와 평화에 치명적인 위험을 주는 파시즘을 타파할 것을 주장했다. 토마스 만은 사회적 민주주의가 진리라면서 그것에 동조한다. 민주주의가 승리하기 위해서는 민주주의의 사회적인 혁신이 필요하기 때문이다. 토마스 만은 루스벨트의 민주주의에는 사회적 요소가 우세하기 때문에 그를 사회적인 요소가 가미된 정치가라고 부른다. 그런 점에서 민주주의가 정신적인 면뿐 아니라 경제적인 면에서 자유주의적인 민주주의에서 '사회적 민주주의'로 되기를 바란다.

신사 숙녀 여러분, '부엉이를 아테네로 데려간다'[92]는 관용구는 아마 독일어의 인문주의적 사유 재산일지도 모르겠습니다. 이 말은 그러지 않아도 그런 것이 아주 많이 있는 장소에 어떤 물건을 갖다 놓는 쓸데없는 노력을 지칭하는 표현입니다. 부엉이는 아테네의 성스러운 새이기 때문에 아테네에는 특히 부엉이가 많이 있었습니다. 그러므로 아테네에 부엉이를 데려가야 한다고 생각한 사람은 비웃음을 받았을 겁니다.

미국에서 민주주의에 대해 말하려는 저의 입장이 마치 부엉이를 아테네로 데려가는 사람처럼 생각됩니다. 민주주의의 고전적인 나라에 제가 있다는 사실을 마치 모르기라도 하는 듯 말입니다. 이곳에는 사람들 말로는 신조와 사회 규약이 제법 제 자리를 잡고 있습니다. 이것이 모든 사람의 확고한 확신으로, 요컨대 당연한 사실로 굳어져 있어 미국 사람이 그에 대해 가르침을 받을 필요는 없습니다만 반대로 유럽 사람은 확실히 그렇지 않습

---

92 아리스토파네스의 희극 『새들』에 나오는 구절임. 뉴캐슬에 석탄을 운반한다는 말도 여기에서 나왔다.

니다. 민주주의가 무엇인가에 대해 유럽 사람은 미국 사람한테서 많이 배워야 합니다. 링컨과 휘트먼[93] 같은 미국의 정치가와 시인은 민주적 사고와 감정, 민주적 인간성을 세계만방에 글로 알린 장본인들이었습니다. 즉 휘트먼으로 말할 것 같으면, 민주적 원칙과 같은 사회적 원칙을 음주와 노래의 차원으로 끌어 올려, 그 원칙에 정신과 감각이 섞인 강력한 감정의 내용을 부여할 줄 아는 이러한 언어의 대가를 지구는 아마 배출해 내지 못할 겁니다.

아닙니다, 미국은 민주주의에 관해 지도받을 필요가 없습니다. 하지만 지도하는 일과 기억하고 자각하며 수정해서 정신적·도덕적 자산을 재의식하는 일은 다른 문제입니다. 그러한 자산을 무척 안전하다고 간주하고 그냥 방치하는 일은 위험한 일일지도 모릅니다. 소홀하게 놓아둬도 괜찮은 자산은 없습니다. 육체를 소유하고 있다는 것이 너무 자명하게 생각된다고 해서 그것에 신경을 쓰지 않아, 주인의 눈길과 손을 느끼지 못하고 외면받으면 육체조차도 사멸하거나 말라 죽고, 또는 사라지고 맙니다. 민주주의의 자명성이 전 세계에서 미심쩍은 것이 되어버렸습니다. 미국에서도 말입니다. 미국은 서구의 문화 영역에 속하기 때문이며 서구의 내적인 운명과 서구의 정신적·도덕적 삶의 기복에 관여하기 때문입니다. 미국은 거기에서 고립될 수 없습니다.

민주주의가 오늘날 토대가 확고한 자산이 아니라는 사실, 그

---

93 휘트먼(Walt Whitman, 1819~1892): 시집 『풀잎』으로 미국 문학에서 혁명적인 인물이 된 시인이자 저널리스트이다. 1835년 뉴욕에서 식자공으로 일하다가 이후 각종 신문 편집 등에 종사했고, 1855년 『풀잎』 초판을 출간했다. 이 시집에 수록된 시들은 미국 시민들이 넓고 관대한 정신을 가질 것과 정치적 자유를 마음껏 누릴 것을 촉구하고 있다.

것이 적대시되고 있으며 내부와 외부로부터 심각한 위협을 받고 있다는 사실, 그것이 다시금 문제가 되었다는 사실을 미국도 느끼고 있습니다. 미국은 민주주의에 대해 스스로 성찰하고 다시 기억에 떠올려 다시 토론하고 자각할 순간이 왔음을 느끼고 있습니다. 한마디로 말하면 사고와 감정 면에서 민주주의를 혁신할 순간이 왔음을 느끼고 있습니다. 민주주의에 적대적인 경향들이 이점을 갖고 있거나 이점을 지닌 것처럼 보이는 사실은 무엇보다도 새롭다는 매력이 있기 때문입니다. 인류는 어느 시대를 막론하고 그 매력에 민감한 모습을 보입니다. 케사르는 고대 갈리아인들이 새로운 것을 열망하고 있다고 말했습니다. 이러한 사실은 대체로 전 인류에 해당하는 말입니다. 이는 인류의 운명을 비관적이고 동정적으로 판단하는 것을 지지해주는 데 적합한 이유들 때문입니다. 이제 인간은 어떤 상황이나 상태에서도 지상에서 안락하게 살지 못할 것이고, 삶의 상태가 인간에게 온당하거나 적합하지 못할 겁니다.

왜 그런지, 지상의 이 피조물에게는 늘 불충분, 불만족, 고통의 잔재가 남는지가 비밀입니다. 인간에게는 어쩌면 무척 명예로운, 하지만 무척 고통스럽기도 한 비밀일지도 모릅니다. 하여튼 인간은 그 결과 적든 많든 기분전환, 변화, 새로운 것을 열망하게 됩니다. 그럼으로써 인간은 반쯤 고통스러운 상태가 개선되고 수월해지기를 희망하기 때문입니다.

되풀이해서 말하겠습니다. 오늘날 민주주의를 위협하고 문제 있게 만드는 이념과 경향들의 주된 힘과 본격적인 유혹의 힘은 새로움이 주는 매력입니다. 이 이념과 경향은 새로움의 매력을 내세우고 그것을 과시합니다. 이것의 혁명적인 몸짓, 젊음과 미래에 대한 태도는 세계의 젊은이들을 매료시킵니다. 적어도 유럽에서는 그런 일이 드물지 않게 일어납니다. 저의 견해에 의하면 이러한 유혹에 넘어간 젊은이는 사기를 당한 것입니다. 저는 이러한 사실을 이 자리에서 즉각 말하고자 합니다. 저의 견해에 의하면 이러한 경향, 파시즘적인 경향의 혁명적인 미래성과 아침노을 같은 성격은 사기라는 점입니다. 제가 말하고 있는 것은 명백한 사실입니다. 이러한 점에서뿐만 아니라, 말하자면 전 세계의 정직한 젊은이가 여기에 관여하고 있는 사실을 부끄러워해야 한다는 점에서도 그것은 허위적 본질을 지니고 있습니다. 이것에 대한 감수성도 결코 노년과 젊음의 문제가 아닙니다. 노인들이 사실 다른 시대에 속하고 더는 함께 할 수 없다고 해서 그들이 제외되거나 보호받는 것은 결코 아닙니다. 그리고 파시즘이라 불리는 이러한 사상계를 노인들이 젊은이에게 맡겨야 하는 것은 결코 아닙니다.

예를 들어 저의 위대한 동료인 노르웨이의 크누트 함순[94]은 무척 고령이지만 열성적인 파시스트입니다. 그는 자기 나라에서 이 정당을 위해 선동합니다. 그는 독일 파시즘에 희생당한 세계적으로 잘 알려진 평화주의자 오시에츠키[95]를 공개적으로 비웃

---

[94] 크누트 함순(Knut Hamsun, 1859-1952): 노르웨이의 소설가로, 절제되고 우아하며 시적인 문장으로 20세기 소설가들에게 가장 영향력 있는 문장가로 추앙받으며 '북유럽 문학의 별'로 불린 인물이다. 헤밍웨이는 "내 모든 글쓰기는 함순으로부터 배웠다."라고 말했고, 아이작 싱어는 '20세기 소설의 모든 유파는 함순에게서 유래했다'고 표현했다. 함순은 1920년 과도한 자연주의적 경향으로부터 소설을 구해 냈다는 평가를 받으며 노벨 문학상을 수상했는데, 토마스 만은 당시 '노벨 문학상을 받을 만한 가장 자격 있는 작가'라고 칭송하기도 했다. 93년의 생애를 살면서 약 70여 년간 지속적으로 작품 활동을 했으나, 말년에 이르러 나치에 협력함으로써 많은 비난을 받기도 했다.

예술과 정치 반지성주의를 경계하며

고 욕했습니다. 하지만 이러한 행위는 특히 젊은 마음을 유지하고 있는 한 노인의 태도가 아니라 1870년대의 어떤 작가의 태도입니다. 그 작가의 결정적인 문학적 교양 체험은 도스토옙스키와 니체였습니다. 그는 오늘날 정말 문제가 되는 것이 무엇인지 이해하지 못하고 자유주의를 반대하는 당시의 배교背敎적 입장에 얽매여 있었습니다. 그는 자신의 문학적 재능이 자신의 정치적 태도로 말미암아, 제가 즐겨 쓰는 표현을 사용하자면 자신의 인간적 태도로 말미암아 명예가 무참히 실추되었음을 깨닫지 못했습니다.

다른 한편 전 세계 젊은이의 대부분, 특히 유럽과 미국의 젊은이들이 파시즘적 이념이라고 불리는 것을 알려고 하지 않음을 확인할 수 있습니다. 그들은 정신적으로나 심지어 육체적으로 그와 반대되는 이상을 위하여 싸우고 있습니다. 파시즘의 독기에 넘어가느냐 넘어가지 않느냐의 여부는 분명 노인이냐 젊은이냐 하는 나이와는 전혀 관계가 없습니다. 그것은 오히려 지성, 성격, 정

---

95 폰 오시에츠키(Carl von Ossietzky, 1889-1938): 독일의 언론인. 평화주의자이자 『벨트 뷔네*Weltbühne*』지의 편집자로 1936년에 노벨평화상을 수상한 그는 1933년에 체포되어 1938년 감옥에서 사망했다. 독일의 언론인·평화주의자. 1912년 독일평화협회에 가담했으나 육군에 징집되어 제1차 세계대전 동안 군복무를 했으며, 1920년 협회의 베를린 주재 간사가 되었다. 그는 1922년 'Nie Wieder Krieg 전쟁은 이제 그만' 조직의 창건을 도왔다. 이 잡지에서 독일 군부 지도자들의 은밀한 재무장 준비를 폭로했다가 반역죄로 고발당한 그는 1931년 11월에 18개월의 금고형을 선고받았으나, 1932년 12월에 사면을 받았다. 히틀러가 수상이 되었을 무렵 그는 다시 편집장을 맡았다. 독일을 떠나 피신하기를 완강하게 거부했던 그는 1933년 2월 28일 결국 체포되어 파펜부르크 수용소에 감금되었다. 1936년 5월 수용소 병원으로 이감되었고, 뒤이어 민간병원으로 옮겼으나 결핵으로 사망했다. 1936년 11월 24일 그는 1935년도 노벨평화상을 받았다. 이 수상은 나치즘에 대한 전 세계적인 탄핵의 표현으로 해석되었다. 히틀러는 이에 대해 독일인의 노벨상 수상을 금지하는 포고령으로 대응했다.

직성, 인간적 감정의 문제입니다. 요컨대 젊은이나 노인과는 무관한 특성이 이를 결정합니다. 이러한 점에서 파시즘의 혁명적 미래성은 분명 아무것도 실증적으로 보여줄 게 없습니다.

그런데도 파시즘, 그것이 외치는 젊음의 선전, 그것의 선전 술책은 민주주의를 노쇠하고 부패하며 시대에 뒤져 포기한 것으로, 하품 날 정도로 지루한 것으로 치부하고, 자신은 무척 재미있고 생기 있으며 미래가 충만한 것으로, 우리 모두 잘 아는 성공을 보장해주는 것으로 치부합니다. 인간적 약점을 이용하는 점에서 간교하기 짝이 없는 파시즘은 그것으로 우리가 말한 바 있는 인류의 고뇌하는 새로움에 대한 갈망을 기꺼이 들어줍니다. 민주주의는 자기 자신을 재발견함으로써 이러한 파시즘적인 공론空論에 맞서는 것이 필요하다고 저는 생각합니다. 파시즘이 행사하려고 하는 것보다 훨씬 고상한 새로움의 매력을 창출함으로써 말입니다. 그리고 민주주의가 자명성과 자기 망각에서 빠져나와 민주주의가 문제시되었다는 사실, 미처 생각지 못했던 이러한 상황을 이용해서 자기 자신을 의식화하여 자신을 혁신하고 쇄신하는 것이 필요하다고 저는 생각합니다.

즉 우리는 민주주의의 생명력 넘치는 자원, 젊음의 자원을 아무리 높게 평가해도 지나치지 않을 정도입니다. 반면에 파시즘의 청춘의 방자함은 사실 단순히 찡그린 얼굴에 불과합니다. 파시즘은 '시대'의 어린아이, 꽤 버릇없는 어린아이입니다. 파시즘은 청춘이 소유하고 있는 것을 시대에서 퍼 올립니다. 하지만 민주주의는 시대 초월적이고 인간적인 것입니다. 시대를 초월한다는 말은 항시 잠재력을 지닌, 사고나 감정의 면에서만 실현될 필요가 있는

예술과 정치 반지성주의를 경계하며

청춘의 힘을 의미합니다. 단순히 시대적인 다양한 청춘의 매력, 삶의 매력, 아름다움의 매력을 훨씬 능가하기 위해서 말입니다.

저는 민주주의를 시대 초월적이고 인간적인 것이라 말했고, 오늘날 의기양양하게 등장하는 그 적인 파시즘을 하나의 시대적 현상이라고 칭했습니다. 이와 동시에 저는 파시즘도 인간적인 것에 깊은 뿌리, 어쩌면 끊어 버릴 수 없는 뿌리를 갖고 있음을 망각하지 않습니다. 파시즘의 본질은 '폭력'이기 때문입니다. 파시즘은 폭력, 신체적이고 정신적인 능욕을 신뢰하여, 폭력을 행사하고 사랑하고 존경하고 숭배합니다. 파시즘에서 폭력은 궁극적 이성이 아니라 최고의 이성입니다.[96] 그리고 우리는 폭력이 그 반대인 정의의 이념과 마찬가지로 인간적인 불멸의 원칙임을 너무나 잘 알고 있습니다. 폭력은 가차 없이 기정사실로 하는 원칙입니다. 폭력은 뭐든지, 거의 뭐든지 할 수 있습니다. 폭력은 겁을 주어 육체를 복종시킨 다음 심지어 사고조차도 복종시킵니다. 인간은 계속 이중생활을 할 수 없기 때문입니다. 자신과 조화를 이루기 위해 인간은 어쩔 수 없이 자기 생각을 외적인 태도에 맞춥니다. 폭력이 그렇게 하도록 강요합니다. 이 폭력은 이러한 일까지 해낼 수 있습니다.

날이면 날마다 우리는 정의가 폭력 앞에서 퇴색하고 무너지는 모습을 봅니다. 폭력은 억압적인 요소이고, 경험 속에서 대체로 자신의 입지를 확보하는 요소이지만 정의는 다만 이념에 불과하기 때문입니다. 쓰라릴 정도로 비관적으로 들릴지 모르나 이 '정

---

96 오르테가의 저서 『대중의 봉기』에서 간접 인용한 글.

의'는 그렇지만 자부심과 단호한 확신으로 충만해 있습니다. 이러한 확신은 어리석고 자연스럽지 못한 관념론에서 생겨나는 것이 아닙니다. 반대로 이러한 확신은 자연과 인간의 현실에 대해 어중간하게 알고 있는 폭력에 대한 신념보다도 더 잘, 더 완전하게 실상을 알고 있습니다. 그것은 특수한 자연, 인간적인 자연이기 때문입니다. 이념이 그것에 주어져 있다는 사실로 인해, 이념이 자연의 지배 밑에 있다는 사실로 인해 사실 인간적인 자연은 여타의 것과 구별됩니다. 이념은 자연으로 말미암아 존재하기 때문에 자연 없이는 존재할 수 없습니다. 이념은 특수하게 본래 인간적인 것이며, 인간을 인간으로 만드는 것입니다. 이념은 인간에게서 하나의 현실적이고 자연스러우며 소홀히 대할 수 없는 사실입니다. 그래서 이념적인 것에 인간적인 성질이 관여하고 있음을 중시하지 않는 자는 멍청하기 짝이 없는 파멸적인 실수를 지속적으로 저지릅니다. 폭력이 그렇듯이 말입니다. 하지만 '정의'란 말은 이념들 중의 하나에 지나지 않습니다. 우리는 반면에 강력한 이름, 자연이 결여되지 않은, 오히려 섬뜩한 이름으로 대신할 수도 있습니다. 예컨대 자유나 진리로 말입니다.

우리는 어떤 이름을 선두에 내세워야 할지, 어떤 이름이 가장 위대한 이름인지 알지 못합니다. 그것들 모두 전체적으로 이념을 지칭하기 때문입니다. 그리고 한 가지 이름이 다른 이름을 대변합니다. 우리가 진리를 말하면 자유와 정의도 말하는 것입니다. 자유와 정의를 말하면 진리를 말하는 것입니다. 이는 정신적인 성질과 본질적인 폭발력을 지닌 서로 떼어놓을 수 없는 종류의 복합체입니다. 우리는 이러한 것을 절대적인 것이라 부릅니다. 저주인지 축복인지는 몰라도 인간에게는 절대적인 것이 부여되어 있습니다. 그것은 사실입니다. 인간은 절대적인 것에 의무를 지고 있고 인간의 본질은 절대적인 것을 지향하고 있습니다. 진리를 거스르고 자유를 반대하며 무법적인 폭력은 인간적인 영역을 깔보고 경멸합니다. 감정과 지성이 없는 폭력은 인간의 절대적인 것과의 연대감을 찬성하기 때문이고, 개념이 없는 폭력은 이러한 연대감으로 인간에게서 생겨나는 필수불가결한 위엄을 찬성하기 때문입니다.

신사 숙녀 여러분, 여러분이 보시다시피, 저는 민주주의라는 이름에 아주 광범위한 의미를 부여하고자 합니다. 이 이름이 풍기는 순수하고 정치적인 음향보다 훨씬 광범위한 의미를 말입니다. 저는 이 이름을 가장 인간적인 것, 이념과 절대적인 것에 결부시키기 때문입니다. 이 이름을 인간의 양도할 수 없는 위엄, 굴욕적인 폭력에 의해서도 파괴되지 않는 위엄과 연결시키기 때문입니다. 그래서 저에게 부여된 소망을 이루려면 저는 오늘날 민주주의를 위협하는 경향과 세력과 맞서 민주주의가 최종적인 승리를 거둘 거라는 믿음을 고백해야 합니다. 다른 적대적인 정치 체계가 민주적인 체계에 비해 심지어 꽤 강건하고 실천적인 이점을 보여주고 있다는 사실을 고려한다면 이러한 신념에 도달하기란 쉬운 일이 아닙니다. 이 믿음은 민주주의의 인간적인 시대 초월성에, 그로부터 생겨나는 민주주의의 무제한적인 혁신 가능성에, 절대적인 것에서 자양분을 공급받은 젊음이라는 무진장한 보화寶貨에 입각해야 합니다. 이 보화로 민주주의는 파쇼 독재정치가 젊은이와 미래에 허풍스럽게 요구하는 것에 대해 웃어넘길 수 있습니다. 이러한 믿음이 특정한 조건과 결부되어 있음을 저는 또 말할 것입니다. 이 조건에 대한 역사적인 이행 의무가 민주주의에 있습니다. 현재 저에게는 민주주의에 대한 개념 규정이 중요한 문제입니다. 민주주의에 대한 모든 규정은, 단지 기술적이고 정치적인 것으로만 유지되는 민주주의를 신뢰하기에 불충분합니다. 민주주의의 원칙을 다수결 원칙으로 규정하는 것으로는 불충분합니다. 그리고 민주주의를 단어 그대로 '민중 통치'로 번역하는 것과 천민 통치를 의미할 수도 있는 모호한 말로 번역하는 것으로는 불충분합니다. 이것은 오히려 파시즘을 정의하는 말입니다. 비록 그것이 옳다고 할지라도, 민주적 이념을 평화 이념으로 환원시키고, 자신의 운명을 자유롭게 결정할 민중의 권리에 다른 민족의 권리에 대한 존중도 포함된다고 설명하는 것으로는 불충분합니다. 그리고 이러한 권리가 여러 민족 공동체의 형성과 평화에 대한 최상의 보중이 된다고 설명하는 것으로는 불충분합니다. 우리는 더 높게 파악하고 전체적인 측면을 고려해야 합니다. 우리는 민주주의를, 어떤 다른 형식보다도 인간이 존엄하다는 감정과 의식으로부터 영감을 받는 국가 형태와 사회 형태로 규정해야 합니다.

인간의 존엄성… 이 말을 들으면 어딘지 불안하고 우스꽝스러운 기분이 들지 않습니까? 빛바래고 무기력하게 된 낙관주의 맛이 나지 않습니까? 인간들에 대한 쓰라리고 거친 일상의 진실과 제대로 일치하지 않는 축제의 수사학 맛이 나지 않습니까? 우리는 이러한 진실을 알고 있습니다. 우리는 인간의 천성, 혹은 더 잘 표현하자면 인간들의 천성을 꽤 잘 알고 있으며, 인간들에 대해 결코 환상을 품지 않습니다. 이러한 천성은 다음과 같은 종교적인 말[97]에 확고하게 표현되어 있습니다. "사람의 마음은 어려서부터 악한 것을 열망한다." '저주받은 인종'이라는 프리드리히 2세의 말에 인간의 천성이 철학적 냉소로 표현되어 있습니다. 대관절, 인간들이란… 그들의 불공정, 사악함, 잔인함, 그들의 평균적인 우둔함과 맹목성은 충분히 증명되어 있습니다. 그들은 이기심이 아

---

[97] 창세기 8장 21절에 나오는 '이는 사람의 마음의 계획하는 바가 어려서부터 악함이라 내가 전에 행한 것같이 모든 생물을 멸하지 아니하리니'라는 구절을 인용한 것임.

주 심합니다. 그들의 거짓, 비겁함, 비사회성은 우리가 일상적으로 경험하는 바입니다. 그럭저럭 규율과 질서를 지키도록 가차 없이 강제하고 억압하는 것이 필요합니다. 이 복잡다단한 인종의 온갖 악덕을 누가 일일이 열거할 수 있겠습니까? 누가 인간의 미래를 희망적이라 생각할까요? 주 하나님이 이 미심쩍은 피조물에게 이해할 수 없는 관심을 보인 것에 대해 하늘의 천사들이 천지창조의 날부터 코를 찡그리는 사실을 누가 이해하지 못할까요? 그러나 회의할 만한 충분한 근거가 있는 것이 사실이지만 인간을 경멸하도록 오도되어서는 안 됩니다. 그것도 예전보다 오늘날 더 그러합니다. 가소로울 정도로 나쁜 점이 있지만, 예술과 학문으로, 진리에의 충동, 미의 창조, 정의감으로 인간에게서 드러나는 위대성과 존중할 만한 점을 망각해서는 안 됩니다. 하지만 우리가 '인간'과 '인류'를 말할 때, 그 말에서 언뜻 언급되는 위대한 비밀에 대한 무감각이 정신적인 죽음을 의미한다는 사실입니다. 이 말은 낡고 매력을 잃고 빛바랜 어제와 그저께의 진리가 아닙니다. 그것은 오늘과 내일의 새롭고 필수적인 진리입니다. 이 진리는 생명이 짧은 이론과 진리를 신봉하는 그릇되고 시든 젊음에 맞서 생명과 젊음을 지니고 있습니다.

제가 인간을 위대한 비밀이라고 칭한 것이 지나친 표현이었습니까? 인간은 어디서 유래합니까? 자연에서, 동물적인 천성에서 유래합니다. 인간이 그에 따라 행동하는 것은 분명한 사실입니다. 하지만 인간에게서 자연이 의식됩니다. 자연이 인간을 배출한 것 같습니다. 인간을 자신의 주인으로 삼기 위해서 말입니다. 이는 좀 더 깊은 것을 위한 표현에 불과합니다. 그뿐만 아니라 인간을 빌어 자연은 정신적인 것에 반대하는 자신의 속마음을 털어놓습니다. 자연에 속하는 동시에 좀 더 높은 질서에 속하는 존재를 빌어 자연은 자문하고 자신에게 경탄하고 자신을 판단합니다. 의식한다는 말은 양심을 회복하고 선과 악이 무엇인지를 안다는 뜻입니다. 짐승 같은 자연은 양심을 알지 못합니다. 자연은 죄가 없습니다. 인간에게서 자연은 죄가 됩니다. 인간은 자연의 죄악입니다. 하지만 양심이 순진무구보다 더 고상하듯이 이는 타락이 아니라 확실히 봉기입니다. 기독교가 '원죄'라고 부르는 것은 인간을 억압하고 지배하기 위한 사제의 술책 이상입니다. 이것은 자신의 자연스러운 약점과 결함에 대한 정신적인 존재인 인간의 깊은 감정입니다. 이러한 결함에 대해 인간은 정신 속에서 반란을 기도합니다. 이것이 자연에 대한 불충인가요? 결코 아닙니다. 이는 자연의 깊디깊은 의지에 따른 것입니다. 자연은 자신을 정신화하기 위해 인간을 배출했으니까요.

민주주의는 인간의 이러한 비밀스러운 존엄성을 알고 존중합니다. 이것을 찬성하는 정신, 이것에 대한 존경을 민주주의는 '인간성'이라고 부릅니다. 현재의 비인간적이고 독재적인 성향은 '원죄'에 관해, 즉 정신적인 양심에 관해 귀를 기울이려 하지 않습니다. 죄의식, 그러니까 정신은 상무尚武 정신을 해롭다고 간주합니다. 상무 정신은 낙관적인 영웅적 행위를 가르칩니다. 이는 영웅적 행위가 신봉하는 뻔뻔스러운 인간 경시와 터무니없이 모순됩니다. 왜냐하면 폭력범, 압제자, 마취자, 우매한 자, 나라를 아무 생각 없는 전쟁 기계로 만들고, 이런 식으로 자유롭게 생각하는 여러 민족을 억압하는 이들은 자명하게도 인간을 경멸하는 자들이기 때문입니다. 이들은 인간을 원죄의 굴레로부터 해방시켜 주고 게르만적인 영웅적 행위를 부추기면서, 사실 기독교로 말미암아 실추된 명예를 인간에게 되돌려 주려 한다고 내세웁니다. 이들은 늘 명예를 회복시켜준 자로 처신합니다. 라디오에서 나오는 말을 신뢰한다면 이들은 독일에도 '명예를 되돌려 주었다'고 합니다. 하지만 실제로는 그들은 정말 그로테스크한 인간 경멸을 실천하고 있습니다. 주제나 사고 면에서 이들은 기괴합니다. 여기서 경멸하는 자들이야말로 가장 경멸스러운 존재들입니다.

저는 높은 데서 나오는 이러한 경멸을 감수합니다. 저는 인간의 범주를 벗어난 위대한, 경멸하는 인격을 감수합니다. 하지만 전적인 비참과 도덕적·정신적인 처참함이 어쩌다가 경멸하는 데 이르게 되는지 스스로에게 물어봐야 소용없습니다. 이것도 일종의 경멸일지도 모릅니다. 인간이 경멸의 대상으로 쓸모 있으려면 인간은 온갖 힘을 동원해서라도 굴욕을 당하고 파멸해야 합니다. 테러가 인간을 파멸시킨다는 것은 분명합니다. 테러는 인간의 성격을 망가뜨리고, 인간의 내부에 잠자고 있는 악을 해방하고, 인간을 불안에 가득 찬 위선자와 후안무치한 허풍선이로 만듭니다. 테러는 인간을 업신여길 만한 대상으로 만듭니다. 인간을 경멸하는 자들이 테러를 그토록 좋아하는 것이 이 때문입니다. 인간을 모욕하려는 그들의 욕구는 추잡하고 병적입니다. 독일에 사는 유대인들에 대한 대우, 포로수용소, 그 포로수용소에서 벌어졌고 여전히 벌어지고 있는 일들이 그에 대한 실례이자 증거입니다. 각종의 탄핵, 명예 훼손, 모욕적인 기록, 머리 깎기, 노란 반점, 도덕적인 자기 파괴의 강요, 고문을 통한 정신과 영혼의 파괴, 폭력을 통한 정의의 훼손이 일어나고 있습니다. 그래서 세계 몰락의 공포에 휩싸인 인간은 정의를 불신하고 부정하여 폭력을 숭배하게 됩니다. 이 모든 것이, 악마적으로 말하자면 벌써 커다란 영예일지도 모르는 이러한 욕구의 보조 수단들입니다. 그러한 욕구가 너무나 병적이기에 말입니다. 혹은 독재정치가 거짓말, 진리 말살, 사기의 영역에서 행하는 요구는 병적이지 않습니까? 그 사기는 너무 서툴러서 마찬가지로 폭력으로 치닫지 않습니까? 무제한적인 신뢰가 자신의 소망과 욕구를 지향하는 인간들을 우둔함과 정신적인 저항 불능 상태에 빠트리는 것이 아닐까요? 공식적인 목소리는 그들의 목소리밖에 없습니다. 다른 목소리는 죄다 묵살됩니다. 어떠한 저항도 존재하지 않으며 조금도 반대 기억이 존재하지 않습니다. 독재정치는 하려는 말을 할 수 있으며, 아무런 방해도 받지 않고 사람들의 귀에 거짓말의 채찍 소리가 울리게 할 수 있습니다. 선전이라는 거짓말 채찍 말입니다.

인간에 대한 민주주의의 견해가 어떠하건 간에 민주주의는 인간을 호의적으로 생각합니다. 민주주의는 인간을 고양하고, 생각하는 법을 가르치며, 해방하고자 합니다. 민주주의는 문화에 특전을 베풀어 민중이 그것을 누리게 하고자 합니다. 요컨대 민주주의는 '교육'을 지향합니다. 민주주의는 낙관적이고 인도적인 개념입니다. 인간 존중은 이 개념과 뗄 수 없는 관계에 있습니다. 인간 적대적이고 인간을 경멸하는 그 반대 개념이 선전^{Propaganda}이라고 불립니다. 선전은 전쟁에 유익한 방향으로 우둔하게 하고, 마비시키고, 균등화하며 '획일화'합니다. 이는 무엇보다도 독재 권력을 유지하기 위해서입니다. 저는 교육의 정신으로, 그러니까 민주주의 정신으로 선전이 이루어질 수 없다고 말하려는 것은 아닙니다. 민주주의는 지금까지 세계 어디에서도, 우리나라에서도 독자적인 의미에서 제대로 활용되지 못했습니다. 어쨌든 독재정치의 수중에 들어가면 선전은 견유적犬儒的인 인간 경멸의 도구가 되고 맙니다.

그러므로 우리는 거기에서 모순되는 사실을 발견합니다. 분명 인생에서 모순이 없는 것은 없습니다. 민주주의는 사실 정신 때문에(민주주의는 정신, 문학, 심리학적인 진리 인식이나 진리 탐구와 좋은 관계에 있기 때문입니다) 인간의 우스꽝스러운 나쁜 점을 죄다 의식하고 그것을 비판적으로 분석합니다. 그럼에도 인간의 존엄성을 확고하게 고수하고 인간의 교육 가능성을 신뢰한다는 점에서 민주주의는 모순됩니다. 독재정치는 사실 기독교에서 말하는 원죄를 부인하고, 인간을 양심으로부터 해방하고, 인간에게 고상한 영웅적 행위를 가르칩니다(인간이 독재정치에 더 잘 쏠리도록 말입니다). 하지만 그러면서도 인간의 존엄성을 외면하고 인간을 업신여기고, 노예화하고, 인간에게 다른 운명은 없으며, 다른 모든 것은 케케묵고 겉치레뿐인 잡담에 불과하다고 확인하는 점에서 독재정치는 모순됩니다. 양자는 비논리적입니다. 하지만 어떤 종류의 비논리성이 더 바람직한 걸까요?

민주주의가 정신, 아름다운 정신, 문학과 좋은 관계를 맺고 있다는 사실은 특기할 만하고 특징적입니다. 이러한 좋은 관계는 민주주의를 독재정치와 확연히 구분 짓습니다. 독재정치는 폭력을 신봉함으로써 자명하게도 정신과 멀어지고, 정신과 서먹서먹해지고, 정신과 적대적으로 됩니다. 이러한 확인은 우리가 정신의 개

예술과 정치 반지성주의를 경계하며

넘을 일면적으로, 고립적으로, 추상적으로, 오만하고 삶에 낯설게 이해하지 않고, 그 개념을 삶과 결부되어 있고, 삶과 행동을 지향하는 정신으로 특징지을 때야 비로소 민주주의에 대한 실질적인 정의 가치를 획득하게 됩니다. 이것이야말로 민주적 정신이며 민주주의의 정신이기 때문입니다. 민주주의는 극복된 낡은 의미에서 주지주의적이 아닙니다. 민주주의는 사유입니다. 하지만 그것은 삶이나 행동과 결부된 사유입니다. 그렇지 않다면 민주적이라 할 수 없을지도 모릅니다. 사실 이 점에서 민주주의는 새롭고 현대적입니다. 프랑스의 철학자 베르그송[98]은 최근 파리에서 열린 정신 연구자들 회의에 "사상가로 행동하고 행동가로 사유하라."라는 정언 명령을 담은 전갈을 보냈습니다. 이것은 철두철미 민주적인 구호입니다. 지금껏 행동을 생각한 사상가나, 자신의 사고를 실현할 행동이 어떤 작용을 할 것인가를 생각한 사상가는 없었습니다. 비민주적인 나라들과 민주적으로 교육받지 못한 나라들은 실상 현실과의 관계를 생각하지 못했습니다. 이들 나라는 순전히 추상적으로 생각하고, 정신이 삶과 완전히 유리된 채 사유가 현실에 어떤 영향을 미칠지 전혀 고려하지 않았습니다.

이런 실용주의의 결여는 처벌받아야 할 사안입니다. 그 결과 이러한 생각은 현실에 부닥쳐 끔찍한 반박을 경험하고, 이러한 사고는 반박을 경험해 체면이 깎이게 됩니다. 괴테는 이렇게 말했습

---

98 베르그송(Henri Bergson, 1851-1940): 프랑스의 철학자로 1927년에 노벨 문학상을 받았다. 주요 작품으로는 『창조적 진화』, 『형이상학 개론』 등이 있다. 과정 철학이라 불리는 철학 사조를 최초로 정교하게 발전시켰고, 정지보다 운동·변화·진화의 가치를 더 높게 평가했으며 학문적·대중적 호소력을 겸비한 문체의 대가였다.

니다. "행동하는 자는 늘 양심이 없다. 양심이 있는 자는 관찰하는 자뿐이다." 이 말은 사실입니다. 하지만 이 말이 사실이기 때문에 관찰하는 자는 행동하는 자에게도 양심적으로 대해야 합니다. 물론 이러한 요구는 사유하는 자와 행동하는 자가 동일인일 때 가장 행복하게 성취됩니다. 최근에 고인이 된 체코슬로바키아 건국의 아버지이자 초대 대통령[99]을 우리는 위대한 민주주의자라고 부릅니다. 왜 그럴까요? 그의 면모에서 정신과 삶의 새롭고 현대적인 관계가 구현되고 있기 때문입니다. 그는 유기적인 관계에서 사상가이자 정치인이었기 때문입니다. 그는 정치인으로 사상가였습니다. 철학자가 국가를 다스려야 한다는 플라톤의 요구는, 통치자가 철학자이기를 뜻하는 것으로 된다면 위험스러운 유토피아일지도 모릅니다.

철학자는 통치자이기도 해야 합니다. 그래야만 정신과 삶의 관계가 정립됩니다. 우리는 이러한 관계를 민주적이라고 부릅니다. 근대적 사유를 시작한 철학자 데카르트에게서 우리가 오늘날 놀라워하는 것은 분명 그의 사유 방식이 삶과 밀접하고 행동적이라는 사실입니다. 카르테시우스^{Cartesius}('데카르트'의 라틴어 이름) 시절부터 유럽 철학은 단호하게 이 방향을 추구해 왔습니다. 니체와

---

99 토마시 마사리크(Tomáš Masaryk, 1850-1937): 체코슬로바키아 건국의 아버지이다. 슬로바키아의 하층 가정에서 태어난 토마시 마사리크는 브르노의 독일계 대학을 졸업하고 빈 대학에서 철학박사 학위를 받았다. 그는 빈 대학과 프라하의 체코 대학에서 교편을 잡다가 1889년 정계에 입문했다. 범슬라브주의를 비판하면서 청년 진보주의자들의 정신적 지주가 되었으며, 1918년 체코슬로바키아 건국을 주도했다. 유대인 탄압에 반대했고 정치를 하면서도 학문 연구를 중단하지 않았다. 1918-34년 4차례 대통령에 당선되었다. 1933년 나치가 독일에서 정권을 장악하자 깊은 우려를 나타냈던 선각자 중 한 명이었다.

같은 극단적으로 개인주의적이고 귀족적인 사상가조차도 이러한 특정한 근대적 의미에서 볼 때 민주주의자입니다. 이론적인 사람들과 그가 투쟁한 것, 그리고 정신과 추상적 진리를 희생하고서라도 거의 극단적이고 위험스럽다 할 정도로 삶에 영광을 돌린 것은 철학적이고 민주적인 성격을 지니고 있습니다. 게다가 그는 무척 예술적인 성격을 지니고 있습니다.

예술가는 이론가가 아니며 또한 정신으로 말미암아 행해지는 행동이나 행위와 직접적인 관계를 맺고 있기 때문입니다. 그렇습니다, 니체는 하나의 관계 이상으로 예술과 정신과학을 서로 접근시켰고, 서로의 영역을 넘나들게 했습니다. 니체로 말미암아 두 영역의 경계선이 무너졌습니다. 하지만 예술에 접근한다는 것은 삶에 접근함을 의미합니다. 인간의 존엄성에 대한 생각이 민주주의의 '도덕적인' 규정이라면, 민주주의에 대한 '심리학적인' 정의는 인식과 예술, 정신과 삶, 사고와 행위의 화해와 합일을 이룩하려는 민주주의의 의지에서 비롯합니다.

여기에는 물론 오해와 남용이 뒤따릅니다. 민주주의와는 아무 관계 없이, 파시즘이라는 저급한 선동적 세계로 변모해버린 근대적 반지성주의의 희화戲畵가 존재합니다. 이는 명철한 지성을 경멸하는 것이고, 권력과 국가 이익을 위해 진리를 부인하고 능욕하는 것이며, 막연한 본능, 소위 말하면 '감정'에 호소하는 것입니다. 이로써 우둔한 자들과 열등한 자들이 이성과 정신의 훈육으로부터 석방되어 비열한 속성, 요컨대 야만적인 천박함이 드러나게 되는 것입니다. 우리가 민주적이라고 부르는 것이 이 천박함의 옆에서 이제 물론 지극히 귀족적인 효과를 내게 되는 것입니다.

이제 민주 정치와 귀족정치의 대립으로 삶이 제대로 정당한 평가를 받지 못하고 있음을 살펴볼 순간입니다. 민주 정치가 늘 귀족정치의 정반대인 것은 아닙니다. 귀족정치가 사실 '우수한, 최고로 우수한 사람들의 통치'를 의미했다면 그것은 바람직한 것일지도 모릅니다. 그것이 바로 우리가 민주 정치라고 생각하는 것이기 때문입니다. 민주주의자 마사리크, 민주주의자 루스벨트, 민주주의자 레옹 블룸[100]은 정치가 유형에서뿐만 아니라 개인적이고 인간적인 유형에서도 히틀러나 무솔리니 같은 유형보다 분명 더욱 귀족적입니다. 하지만 귀족적인 인간성이 정치적으로 민주주의의 목표를 대변한다는 것은, 정신이 사실 고상하게 만들고 스스로가 벌써 세련됨의 표현이며 좀 더 고상한 특성의 표현이라는 사실에서 유래하며, 하지만 이 정신이 인식, 진리, 정의와의 유대감과 연대감을 통해 폭력과 조야함의 반대로서 지상의 민주 정치의 옹호자이자 대변자라는 사실에서 유래합니다.

우리가 그렇게 이해하고 있듯이 현실적인 민주 정치에 귀족적인 요소가 가미되지 않을 수 없습니다. '귀족적'이라는 단어는 출생의 의미나 어떤 특권의 의미에서가 아니라 정신적 의미에서 쓰는 말입니다. 정신의 드높은 삶을 존중하지 않고 그 삶에 의해 규정되지 않는 민주 정치에서는 선동 정치가 활개를 칩니다. 그러면 교육의 원칙이 지배하는 대신에, 하층민을 문화의 수준으로

---

100 블룸(Leon Blum, 1872-1950): 프랑스의 정치가. 알자스 태생으로 처음에는 법률·철학을 공부하다가 1899년 사회당에 입당하였다. 1919년 국회의원, 1924년 사회당 당수를 역임하였으며, 드레퓌스 사건에서는 무죄론을 주장하였다. 1936년 인민전선 내각을 조직하고 수상으로 취임하였다. 제2차 세계대전 중 체포되어 부헨발트 수용소에 갇혀 있다가 전쟁이 끝나자 귀국하여 다시 수상 겸 외상의 자리에 올랐다.

예술과 정치 반지성주의를 경계하며

격상시키고 더 나은 자들의 수준을 공히 주도적인 것으로 만들려는 경향이 지배하는 대신 국민의 삶의 수준은 무식하고 천박한 자들의 수준으로 떨어지게 됩니다. 문화의 개념과 그것의 수준을 아래로부터 천민의 생각과 이해에 맞추어 규정하는 것, 다름 아닌 바로 이것이 선동 정치입니다. 그리고 우리는 앞에서 언급한 영도자의 소위 문화 연설에서 이것의 전범이 되는 예를 찾을 수 있습니다. 그로 인한 실제적인 결과로 코린트Corinth, 코코슈카Kokoschka, 페히슈타인Pechstein, 클레Klee, 호퍼Hofer, 마르크Marc와 놀데Nolde와 같은 세계적 명성을 떨치는 동시대 독일 화가들이 비유적으로, 그리고 그로써 개인적으로도 마치 죄인처럼 형벌 기둥에 묶이는 신세가 되었습니다. 이들의 작품들은 '퇴폐 예술' 전시회에서 앞에서 언급한 문화 연설가의 입장을 추종하는 사람들의 웃음거리가 되었습니다. 이러한 새로운 종류의 통치자가 최고의 권위를 지니고 있다고 내세우는 예술과 정신, 조각, 회화, 음악, 문학을 보면 후세 사람들은 예전에 정신적으로 높은 위치에 있던 나라에서, 전쟁으로 손상을 입은 우리 시대의 독일에서 무엇이 가능했던가를 알게 될 겁니다. 이로써 후세 사람들은 퇴폐적인 민주정치가 무엇인가를 배우게 될 겁니다. 저는 국가 예술이 무엇인지 알지 못합니다. 빌헬름 2세[101]도 이미 약속했듯이 앞에서 언급한 예술가들이 독일에 찬란한 시대를 열어줄 수 있습니다.

하지만 저는 문화를 제법 안다고 생각하고 있습니다. 저는 여기서 한마디 할 자격이 있습니다. 독일에 독재정치로 말미암아 묘지의 정적이 감돌고 있기에, 거기서는 어떤 항변도 할 수 없는 상태에 있기에 인권은 여기서 적어도 자유롭게 발언할 수 있기를 요구합니다. 이러한 문화 연설은 수준이 낮은 소시민의 잡담에 지나지 않습니다. 이것의 유일한 가치는 민주 정치에 필수불가결한 정신적·귀족적 특성을 상실하게 될 때 그것이 어떻게 귀결되는가를 보여주는 데에 있습니다.

사이비 귀족적인 찡그린 얼굴이 물론 이러한 퇴폐적인 모습입니다. 독재자들은 군주적 인간들입니다. 그들은 군중을 경멸합니다. 그들은 궁색한 견해를 표명하며 군중을 경멸하는데, 이는 터무니없고 정당화될 수 없는 일입니다. 민중은 결정에 참여해서는 안 된다고 그 문화 연사가 말합니다. 민중이 필요로 하는 것은 빵과 놀이라는 겁니다. 그것이면 충분하다는 겁니다. 민중은 '토끼의 시야'를 가지고 있으며 민중의 대다수는 '연약한 속물'이기 때문이라는 겁니다. 하지만 바로 그 토끼의 시야를 가지고 민중은 결정에 참여합니다. 통치하고 있는 연사가 자신의 문화적 시각이 토끼의 시야나 연약한 속물근성과 모종의 관계가 있다고 생각하지 않는 것이 실로 이상하게 보일 수 있습니다. 저는 이를 사이비 귀족주의라고 부릅니다. 파쇼 독재정치에서는 모든 게 '사이비'입니다. 민중에 대한 문화 연사의 태도에서 드러나듯이 사회주

---

101 빌헬름 2세(Wilhelm II, 1859-1941): 프로이센의 국왕이자 독일 제국 황제(재위 1888-1918). 빌헬름 1세 손자, 아버지는 프리드리히 황태자였다. 29세의 나이로 독일 제국의 황제가 된 빌헬름 2세는 외팔이로 선천적 기형을 갖고 있었다. 이러한 신체장애 때문에 엄격하고 조급하며 결단력 없는 성품을 지니게 되었다. 1890년 비스마르크 총리를 사임시킨 후 1900년 베른하르트를 총리로 임명했다. 이는 황제와 상층계급이 택한 정책을 제국의회가 받아들이도록 설득하기 위해서였다. 빌헬름 2세는 재임 기간 중 영국과 대립했으며, 제1차 세계대전 중에는 모든 협상의 기회를 외면, 수많은 정치가와 장군의 전쟁 확장 음모를 부추겼다. 전쟁에 패배하고 투옥과 죽음은 피할 수 있었지만 독일의 군주제는 이제 종말을 고했다. 네덜란드로 망명한 그는 시골에서 조용히 평범하게 살다가 1941년 사망했다.

의도 사이비입니다. 이것은 인간을 경멸하는 사회주의이며, 게다가 소시민에게 문화적으로 테러를 가하는 사회주의입니다. 요컨대 이것은 사회적인 독트린보다 훨씬 끔찍하게 위험한 일종의 속물적 볼셰비즘입니다. 볼셰비즘의 위험한 독트린 때문에 대다수의 유산 시민 계층은 파쇼 독재정치의 품에 안기거나 그것에 공감하게 됩니다. 그들은 파쇼 독재정치가 러시아적이고 프롤레타리아적인 색채가 가미된 볼셰비즘과 사회주의를 막아주는 방호벽이라고 생각합니다. 독재 국가들은 자신들이 그러한 방호벽이라고 자처하기도 합니다. 이들은 볼셰비즘으로부터 유럽 문명을 보호해주는 구원자 역할을 합니다. 이들의 주장에 따르면 민주주의는 볼셰비즘의 전 단계라는 것입니다. 사람들은 이렇게 말합니다. 이들은 인위적으로 배양한 불안을 먹고 산다고 말입니다. 무엇보다도 이 불안으로 그들은 국내에서 승리를 거둘 수 있었습니다. 그리고 반볼셰비즘 이데올로기가 지칠 줄 모르게 유포되어 외부적으로도 세계적인 승리를 거두리라는 것을 그들은 자신합니다.

하지만 시민 계층이 이러한 기만적인 선전에 넘어갈 때 예상되는 끔찍한 환멸, 심각한 실망에 대해 미리 경고해주어야 합니다. 파시즘에 넘어간 나라의 시민 계층은 이미 이러한 환멸을 맛보았습니다. 사유 재산과 개인주의적 경제 형식을 보존하는 것이 파시즘, 특히 가령 나치의 기능이자 의도라는 것은 완전 오류입니다. 바로 경제적인 관계에서 볼 때 나치는 결정적으로 다름 아닌 볼셰비즘이기 때문입니다. 이들은 적대적인 형제들입니다. 동생인 나치가 형인 러시아의 볼셰비즘으로부터 도덕적인 것만은 제외하고 모든 것을 그대로 배웠습니다. 나치는 도덕적으로 기만적이고 부정직하며 인간을 경멸하기 때문입니다. 하지만 경제적인 효과 면에서 볼 때 나치는 볼셰비즘과 동일한 것을 추구합니다. 사실 나치 정권 밑에서 노동자들은 권리를 박탈당했고 노조는 폐기되었으며 모든 사회주의적 조직들이 붕괴했습니다. 하지만 이로써 기업의 황금 시절이 도래할 거라는 티센Thyssen 씨와 히틀러 정당의 다른 재정적 후원자들의 꿈은 한낱 꿈에 지나지 않았습니다. 그 꿈이 아름다웠는지, 그 꿈과 정반대되는 것이 이루어졌는지는 아직 불확실합니다. 오늘날 소위 제3제국을 지배하고 있는 전시戰時 경제는 도덕적으로 열등한 사회주의의 형식이지만, 이는 사실 사회주의의 한 형식이기도 합니다. 전시 경제는 국가 자본주의나 국가 사회주의라고도 부를 수 있는 것으로, 경제에 대해 국가가 군사적으로 규정한 독재정치입니다. 이는 기업가 주도권을 완전히 말살하는 것이고, 사적인 자본주의 경제의 미심쩍은 몰락입니다. 세계의 시민 계층은 사회주의에 대한 두려움 때문에 파시즘을 선택하기 전에 이러한 사실을 명백히 인식하는 게 좋겠습니다. 물론 파쇼적인 사회주의가 현실적인 사회주의를 도덕적으로 망치는 것이며, 젊음과 장래성을 선전하기 위한 도덕적·인문적 이념의 표절임은 말할 나위가 없습니다.

독재적인 사회주의의 실상은 오늘날 독일에서 흥분상태에 빠져 있는 이 건설 회사가 아주 구체적으로 보여주고 있습니다. 예술적으로는 보잘 게 없지만 과대망상에 빠져 화려하고 거대한 건축물을 짓고자 하는 이 정권의 충동은 병적인 성격을 지닌 열정입니다. 광적인 성격을 띠고 있는 이 열정은 건축 과열이 임상적으로 알려진 현상임을 상기시켜줍니다. 사방에서 계획되는, 국가와 지역의 이러한 황량하고 모방적인 거대한 건축물이 완성되는 데 돈은 아무런 역할도 하지 못합니다. 거기에 드는 비용은 그야말로 어마어마합니다. '내부적인 순환'이 이를 허락하는 것 같습니다. 뉘른베르크에서는 베를린과 뮌헨의 건축상의 계획과 행위에 대해 침묵하기 위해, 장차 전당 대회를 개최하기 위한 소위 '신전 도시'가 생겨나고 있습니다. 거기에는 40만4천 명을 수용할 수 있는 석조 경기장이 있습니다. 그러니까 베를린의 올림픽 경기장의 네 배나 되는 크기입니다. 그것은 앞쪽과 뒤쪽에서 보면 로마의 콜로세움과 흡사한 엄청난 집회 건물입니다. 이것은 '문화 대회'를 위한 특별하고 거대한 건축물입니다. 그 건축물에는 특히 기둥이 많은데 그 뒤에서 사람들이 생각할 수 있는 문화 대회가 열립니다.

뉘른베르크의 '체펠린비제Zeppelinwiese'는 탱크와 중화기를 가지고 군대가 매년 전투 연습을 하는 무대로도 쓰일 수 있습니다. 그것으로 충분하지 않습니다. 이보다 세 배는 큰 돌로 된 담벼락이 있는 연병장이 지어집니다. '메르츠펠트Märzfeld'라는 그 연병장은 백만 명을 수용할 수 있습니다. 베를린의 '라이히스슈포르트펠트Reichssportfeld'에 5천만 마르크가 든 점을 생각하면 '메르츠펠트'와 뉘른베르크 신전 도시 건설에만도 어느 정도의 돈이 들 것인가를 대략이나마 상상할 수 있습니다. 독일은 지금 이러한 국가적 건축물의 건설 과열의 여파로 심각한 주택난을 겪고 있습니다. 당국의 수치를 원용하자면 지금 독일에는 95만 채의 주택이 부족한 실정입니다. 거대한 건축물에서 드러나는 제국의 장엄함을 바라보는 대가로 집이 없는 사람들과 열악한 환경에 사는 사람들에게 보상을 해주어야 합니다.

저는 이것을 사회주의라고 부릅니다! 그것이 바로 국가 사회
주의입니다, 잘 들어주세요. 하지만 사실 지금 막대한 비용을 사
기업과 자본가가 국가와 함께 조달해야 하는 3, 4백만 호 주택 건
설 계획을 미국의 루스벨트 대통령이 국가에 제안한다면 저는 이
를 국가적일 뿐만 아니라 사회주의적이라고 생각합니다. 대규모라
는 점에서는 이 계획도 타의 추종을 불허합니다. 하지만 이는 정
권의 위용과 힘을 신장시켜 국민을 현혹하고 겁먹게 하는 거창함
이 아니라 국민의 이익과 합리적인 복지를 지향하는 거창함입니
다.

반개인주의적인 경제 행태에도 불구하고 '사회주의'라는 단어
가 파쇼의 입에서는 거짓말이 된다는 사실이 독일식으로 변종된
'국가 사회주의'라는 명칭에서 드러납니다. 이러한 단어 연결은 전
체 사상과 마찬가지로 어설픈 사기입니다. 국가주의와 사회주의
는 대립적 요소입니다. 양자를 결합해 당의 강령을 만든다는 것
은 정신적인 행패입니다. 사회주의란 전적으로 도덕적인, 즉 내부
를 지향하는 추진력Impuls, 양심의 추진력입니다. 시민적 개인주의
자로서 사회주의를 어떻게 생각하든 간에 그것이 평화적이란 점
을, 위험할 정도로 평화적이라는 점을 인정해야 합니다. 사회주의
는 본래 권력욕이 별로 없습니다. 사회주의가 몰락한다면 바로 이
점이 부족해서 그럴 겁니다. 사회주의의 영향을 받은 독일공화국
이 유혈 사태, 내란에 대한 평화적인 두려움 때문에 살인자들에
게 항복했음을 우리는 보았습니다. 프랑스와 영국의 평화주의가
어쩔 수 없이 자국을 방어하기 위해 군비 증강을 하기까지 공격

적이고 호전적인 세력 측으로부터 압력을 받은 사실도 우리는 보았습니다. 제가 사회주의를 도덕적인 자극이라고 부르는 까닭은 그것이 본질적으로 국제 정치가 아니라 국내 정치에 관심이 있기 때문입니다. 사회주의의 열정은 권력이 아니라 정의입니다. 프랑스에서 레옹 블룸의 사회주의적 개혁은 국제 정치를 거의 범죄적으로 소홀히 하는 가운데 행해졌습니다. 국내에서 더 고귀하고 더 정의로운 질서를 구축함으로써 나라가 자연히 강해진다는 이상주의적인 신념, 도덕에 대한 신념을 갖고 행해졌습니다. 그것의 이상론에도 불구하고 이러한 신념이 언제까지나 정당하다고 할지라도, 전적으로 내부를 지향하고 영혼의 구원만을 생각하며 주변 환경을 전적으로 도외시하고 사는 사람이 그렇듯이, 이러한 신념은 생존 경쟁에서 대단히 취약하고 위험할 수 있습니다.

그러면 러시아는 어떻습니까? 사람들은 이러한 국내 정치적인 실례를 나쁘게 생각하고 두려워할 수 있습니다. 하지만 모든 현실 사회주의의 도덕적인 천성이 러시아의 경우에도 확증되고 있음을 우리는 인정해야 합니다. 우리는 러시아를 평화 애호국으로 인정하고 그 자체로 러시아가 민주주의의 강화를 의미함을 확인해야 합니다. 이는 우연이 아니고 단순히 정치적인 문제가 아니라 러시아가 영국, 프랑스, 미국, 체코 등과 같은 민주주의 국가들 옆에서 자신을 평화 애호국으로 자리매김한다면 도덕적인 문제입니다. 평화가 문제가 되는 한에는 사회주의와 시민 민주주의가 서로 짝을 이룹니다. 평화의 의미는 내적인 과제이고, 단어의 가장 광범위하고 가장 도덕적인 의미에서 일, 여러 민족 자체의 일이기 때문입니다. 반면에 전쟁은 도덕적인 나태, 방종한 모험, 시대의 커다랗고 절박한 개선 과제를 외면하고 학교 뒤로 달려가는 것입니다. 평화가 제기하는 그러한 과제들은 평화 시에만 해결할 수 있습니다.

저는 러시아에 의해 자본주의적·시민적 삶의 질서가 위협받는 것에 별반 의미를 부여하지 않습니다. 저는 자본가가 아니니까요. 하지만 제 견해로는 러시아가 평화를 위협하지 않으리라고 봅니다. 1차 세계 대전 후 20년 동안 평화를 위해 엄청난 물자를 동원하고 군비 증강을 하도록 강요하는 것은 러시아가 아니라 파쇼이고, 그리고 파쇼의 소위 역동성입니다. 세계가 평온을 누리지 못하고 번영하지 못하는 것은 사회주의가 아닌 파쇼 때문입니다.

이러한 사회주의와 정반대로 국가주의는 전적으로 공격적이고, 외부를 지향하는 추진력입니다. 국가주의의 문제는 양심이 아니라 권력이며, 일이 아니라 전쟁입니다. 선전적인 내용이 풍부한 단어인 '사회주의'조차도 전쟁을 준비하고 전쟁을 찬미하는 것에 넌더리를 냅니다. 사실 국내에서는 사람들이 사회주의를 박살 내고 있습니다. 하지만 대외적으로는, 국제적으로는 돌연 사회주의적인 모습을 보입니다. 거기서는 '프롤레타리아적', '가난', '소유', '정의'가 갑자기 주도적 역할을 행사합니다. 국내에서는 거부되고, 기피되고, 미심쩍은 '민족 공동체'로 대체되는 계급투쟁이 대외적으로 모든 역사의 역동적인 엔진이 됩니다. 세상은 프롤레타리아 국가와 자본주의 국가로 분류됩니다. 가난으로 인해 역동적이고 영웅적으로 되는 프롤레타리아 국가는 공간, 태양, 행복을 동경하고 지상의 재화를 나누어 가지고자 합니다. 이러한 국가는 잃을 것은 없고 얻을 것만 있습니다. 보물을 지키는 괴물처럼 자신의 재산에 의거하여 가난한 악마들을 지상의 행복과 부富로부터 제외하려는 자본주의 국가들은 배부르고 정적静的입니다. 정적인 국가에 대항하는 역동적인 국가의 사회주의적인 정의와 품성이 여기서 요구됩니다. 이러한 요구가 실현되지 않으면 '가난한 자'들을 위해 기존의 소유 관계의 변혁을 선전, 선동하고 자본주의 국가에 대항해 프롤레타리아적인 전쟁을 일으킨다고 협박하는 것이 필요합니다.

이제 삶에서 문제의 관건이 되는 것은 누가 진리를 말하느냐 하는 것입니다. 어떤 사람의 입에서는 진리도 거짓말이 됩니다. 그것은 의심의 여지가 없습니다. 현상 형태들이자 이념의 개념적이고 감정적인 변화들인 진리, 자유, 정의 중에서 양심의 요구로서 오늘날 가장 인류의 심금을 울리는 것은 정의입니다. 사실이지 살아 있는 모든 정신은 좀 더 정의로운 사회적, 경제적 균형 속에서 세계의 요구를 인식합니다. 도덕적으로 무척 중요한 이러한 요구가 국가의 내적 구조뿐만 아니라 국가 사회 자체와 그 공동생활에도 미쳐야 한다는 것은 마찬가지로 하등 문제가 아닙니다. 유럽, 세계는 소유 질서와 재화 배분을 전면 개혁하고 원료를 사회화할 생각이 무르익어 있습니다. 이러한 개혁은 물론 정신 속에서, 갈등의 전면적 절충과 합리적인 해결이라는 범주에서, 요컨대 '평화', 일, 보편적인 복지의 정신 속에서 착수될 겁니다. 하지만 유감스럽게도 오늘날 대외적으로 정의를 유포하는 나라들은 이러한 사고를 할 정도로 성숙해 있지 않으며 사실 도덕적으로 그러한 사고를 감당할 수 없는 형편입니다. 적나라하고 순전한 국가 이기주의의 의미에서만 이들 국가는 정의를 부르짖고 있으며, 전체 인류의 복지에 기여할 생각은 조금도 없습니다. 사람들이 그들에게 이와 같은 것을 권고하고, 상호 간의 의사소통과 화평에 대한 양해를 제안하면 그들은 경멸적으로 아무것도 얻을 것이 없는 '정치적 흥정'이라 말합니다. 그들은 받으려고만 하지 주려고는 하지 않습니다. 그들이 소유의 신질서를 요구하는 것은 평화와 공통의 일 때문이 아니라 자신의 힘을 증대시키기 위해서입니다. 이는 전쟁의 위협에 더 잘 대처하고 부득이한 경우에는 전쟁을 성공적으로 수행하기 위해서입니다.

우리는 파쇼 독재정치의 '외적 사회주의'가 올바른 사회주의가 아님을 알고 있습니다. 그것은 필연적으로 내적인 사회주의와 마찬가지로 올바르지 않습니다. 그것은 내적, 도덕적, 사회적인 과제로부터 벗어나려고만 하기 때문입니다. 정말로 국민의 복지, 명예, 행복을 생각하는 건실한 정부, 권력을 유지하고 국민을 협박할 생각만을 하지 않는 정부는 그러한 과제에 눈을 돌려야 할 것입니다. 오늘날 평화를 원하고, 이러한 말을 할 권리가 있는 여러 민족의 평화주의는 전쟁이란 더 이상 허락되지 않으며, 인간의 정신이 사회적인 도덕의 단계에 도달했다는 인식을 근거로 하고 있습니다. 이러한 단계에서는 전쟁이 정치적 수단으로 불가능하게 되었습니다. 오늘날 인간에게 과제를 제시하는 것은 바로 평화입니다. 이러한 과제는 위대하고 절박합니다. 인간의 모든 에너지, 지성, 희생정신, 모든 영웅적 용기는 전적으로 그러한 과제의 요구를 받고, 그것을 확인할 기회를 얻게 됩니다. 전쟁은 평화의 과제를 회피하고 비겁하게 꽁무니를 빼는 것에 지나지 않습니다.

외적인 모험으로 내부의 일과 내부적인 문제를 해결하려는 전쟁은 도덕적인 평판이 너무 나빠져서, 사람들은 그것이 여러 민족을 내적으로 억압하고 억제하려는 수단으로 되고 말았다고 생각하게 됩니다. 전쟁은 승리한 정부 앞에서 패배한 민족이 만세를 외치도록 하는 위대하고 사기적인 수단입니다. 국가주의와 사회주의 대립은 전쟁과 평화의 대립 속에서 완결됩니다. '명예롭고', 외적으로 성공을 거둔 정권은 더 이상 내적인 개신에 신경 쓸 필요가 없습니다. 전쟁에 승리하여 이러한 광채에 현혹되어 우매해진 민족이 만세를 외칠 때면 문화와 진보의 문제는 관심 밖으로 밀려나게 됩니다. 아비시니아^Abyssinia('에피오피아'의 옛 이름)가 이탈리아 민족의 좀 더 큰 행복을 위해 정복되었다거나 점령되었다고 생각하는 사람이 누가 있습니까? 오히려 파쇼 정권의 흔들리는 권력을 새로 근근이 이어가기 위해서가 아닙니까? 게다가 신속무비하게 아비시니아의 마을들은 독가스 세례를 받아야만 했습니다. 반대로 자유와 평화에 적대적인 정부가 전쟁을 기피하는 것은 자국민이 당할지도 모르는 재앙에 대한 걱정 때문이 아니라 오로지 전쟁에 패배한 결과 정부의 권위가 약화하거나 무너질까 봐 두려워서입니다. 그 정부는 국민이 아니라 정부가 승리할 기회만 염두에 둡니다. 이것은 자유에 적대적인 국가의 그릇된 평화주의입니다. 그러한 국가들은 평화를 지키지 않으며 자기 국민의 행복과 명예를 증진하기 위해 전쟁을 벌이는 게 아니라 자신의 국민에 대한 공포의 권력을 유지하는 데 유리하느냐의 여부에 따라 양자를 고려합니다. 대외적으로 사회주의적이고 프롤레타리아적인 그들의 찡그린 얼굴도 이러한 의미만을 가질 뿐입니다. 그 얼굴은 우둔한 거짓입니다.

'공간 없는 민족'[102]이라면 왜 이 권력자들은 갖은 수단을 다해 출생자 수를 늘리려고 할까요? 그것은 파렴치한 부도덕이고, 사회주의적으로 말하자면 팽창 욕구입니다. 내적인 식민화와 건실한 농경 개혁을 통해 그러한 요구에 대한 권리를 획득하기 전에는 말입니다. 단지 자신이 몰락할까 봐 두려워서만 그러는 게 아니라 현실적이고 솔직한 평화 정책을 결정하는 대신, 집단적 질서에 사회적으로 편입하여 그 결과 세계 경제의 번영, 힘과 용역의 교환, 상호 간의 도움, 요컨대 이성의 축복을 기하는 대신 이 나라들은 자주 경제, 폐쇄 정책, 전시 경제, 군비 증강을 통해 거짓으로 실업자를 없애려고 합니다. 이로써 이 나라들은 다른 나라들도 전시 체제에 돌입하도록 강요하여 사람들이 평화 과제에 헌신하는 것을 막습니다. 사정이 이런데도 이들은 감히 위대한 사회주의자로 자처하기도 합니다….

---

102 공간 없는 민족(Volk ohne Raum): 이 용어는 바이마르 공화국과 나치 독일에서 사용되는 정치적 슬로건이었다. 독일의 민족주의 작가 한스 그림(Hans Grimm, 1875-1959)이 1926년에 쓴 『공간 없는 민족*Volk ohne Raum*』으로 유행하게 되었다. 이 작품은 나치스 시대의 독일의 운명에 대해 그렸는데, 그리스도교적 사회주의만이 그들을 구원할 수 있을 것이라고 쓰고 있다. 또한 독일의 모든 사회문제는 '공간(Raum) 부족' 때문이며, 이를 해결하기 위해서는 공간 확장밖에는 해결책이 없다고 주장하고 있다. 히틀러의 국수주의·팽창주의 정책을 받아들이는 독일의 여론 조성에 기여했다. 러시아의 광대하고 인구 밀도가 낮은 땅에 "공간 없는 국가(Volk ohne Raum)"인 독일이 "사람 없는 공간(Raum ohne Volk)"을 정복해야 함을 선언함. 히틀러는 베르사유조약으로 영토를 빼앗긴 독일은 인구에 비해 영토가 형편없이 부족하다고 주장한다. "우리는 국민의 생계를 위해 토지와 영토(식민지)를 요구하고 잉여 인구를 위한 식민지화를 요구합니다." 제1차 세계대전 패전 후 독일은 1919년 베르사유조약으로 인해 해외 식민지를 모두 잃고, 알자스로렌을 프랑스에 반납하는 등 영토의 13퍼센트를 잃었다(이 땅들 대부분은 이전의 전쟁에서 빼앗아 온 것이었다).

신사 숙녀 여러분, 민주주의의 적대자들에 맞서 민주주의가 장차 승리할 것이란 데에 대한 믿음과 이 승리 자체는 특정한 조건들과 결부되어 있다고 제가 말씀드렸습니다. 이 조건들을 역사적으로 이행할 의무는 오늘날 민주주의에 있습니다. 저는 그 첫 번째 조건을 이렇게 불렀습니다. 그것은 자기 자신에 대한 민주주의의 깊고 힘찬 자각이고, 민주주의의 정신적이고 도덕적인 자의식의 쇄신이며, 사고와 감정을 통해 민주주의의 젊음을 인간적이고 초시대적인 것으로 만들어줍니다. 두 번째 조건은 의심의 여지 없이 위협적이고 실제적인 민주주의의 장점들을 명백하고 가식 없이 인식함으로써 이루어집니다. 민주주의의 시대적인 적대자와 경쟁자인 독재 파쇼는 이러한 장점들에 근거해 자신이 승리할 거라고 희망합니다.

독재 체제가 국제 정치에서 보여주는, 비싼 대가를 치를 월등한 추진력에 대해 눈을 감아봤자 소용없을지도 모릅니다. 그리고 강요에 의해 겉으로만 그렇게 보일지도 모르지만, 거짓 위장으로 더욱 효과적으로 보이는 독재 체제의 의지의 완결된 통일성 앞에 눈을 감는다는 것은 소용없는 일일지도 모릅니다. 그 체제는 수단과 방법을 알고 있기 때문입니다. 이들은 그 같은 수단과 방법을 타민족뿐만 아니라 먼저 자신의 민족에 적용합니다. 하지만 사람들이 어느 정도까지는 믿을 수 있습니다. 그러한 국민은 실제로, 적어도 순간적이나마 경제적인 전쟁 황홀감에 단련되어 통일적이고, 말할 수 없이 자의식적이며 실행력이 강한, 자체적으로 조화롭고 협동하는 국가 체제의 모습을 보여줍니다. 심리학적인 표현을 동원하자면 이러한 황홀감은 압박이나 궁핍으로 느껴지는 게 아니라 매력, 자부심을 주는 동기, 공동체의 체험으로도 느껴집니다. 행복, 자유, 그러니까 개인의 삶은 아무런 값어치가 없습니다. 국민은 국가를 구성하는 부분 요소에 지나지 않습니다. 하지만 먼저 폭력을 통해 점차 내적인 인간도 확신시켜, 그의 생각, 느낌, 의욕과 행동을 무엇보다도 전체에 헌신하고, 심신을 다해 멸사봉공하게 만듭니다. 전체주의 국가는 철두철미하게 공적인 생활의 모든 영역을 금욕적이고 영웅적인 전투 능력과 미래적인 위대함이라는 목표에 종속시킵니다. 국가가 통제와 봉사를 면해 주는 어떤 종류의 삶을 감내한다면 그 국가는 전체주의 국가가 아닐지도 모릅니다. 인간의 영혼의 내밀하고 사적인 구석은 국가의 통제를 허락해서는 안 됩니다. 우리가 문화라고 부르는 것인 종교, 예술, 연구, 좀 더 고상한 도덕, 인간의 자유로운 사상은 아무런 값어치가 없을 뿐 아니라 국가를 배반하는 범죄로 떨어지게 됩니다. 민주주의는 대체로 이러한 파쇼적인 집중, 전체주의 국가, 광신주의, 절대성에 대해 제대로 알고 있지 못합니다. 전체주의 국가는 승리와 권력을 위해 모든 문화와 인간성을 희생할 용의가 있으며, 이러한 불공정한 방식으로 생존 경쟁에서 전례가 없는, 도덕을 완전히 문란케 하는 이점을 차지하고 우위를 점하려는 자세가 되어 있습니다.

그럼에도 민주주의가 세상에 나온 새로운 것에 맞서 존속할 수 있으려면 이것이 아주 고약한 성질을 지니고 있음을 파악해야 합니다. 민주주의가 위험하다는 말은 망상에 지나지 않습니다. 사람들은 평화와 집단적 건설을 위한 양보, 환영, 충실한 양해를 통하여 이 새로운 존재가 남의 입장을 이해하리라며 좋게 생각합니다. 이는 위험한 오류입니다. 이 오류는 민주주의적인 국가 정신과 파쇼적인 국가 정신의 사고방식에 서로 다르기 때문입니다. 민주주의와 파시즘은 흡사 다른 별에서 살아가는 것 같습니다. 혹은 더 적절히 말하자면 양자는 다른 시대에 살고 있습니다. 파시즘의 세계상과 역사관은 도덕과 이성으로부터 전적으로 자유롭고 이것들과 생소한 질대직인 역동싱입니다. 이 역동싱의 요구는 양보로 충족되거나 안정되는 게 아니라 무한하고, 규정할 수 없으며, 한계가 없습니다. 파시즘은 정치의 목적과 총체가 권력과 헤게모니라는 생각에 깊이, 절대적으로 사로잡혀 있기에 민주주의와 파시즘은 서로 엇갈리게 됩니다. 민주주의가 권력과 헤게모니, 그러니까 수단으로서의 정치에 더 이상 관심이 없고 '평화'에 관심이 있는 시점에 말입니다. 많은 역사적인 희극을 담고 있는 이러한 오해로 인한 갈등은 의심의 여지 없이 민주주의에 치명적으로 위험합니다. 권력 정치의 사고를 저버리고 소위 평화를 발견한 민주주의가 정신과 도덕의 좀 더 높은, 좀 더 나중의, 좀 더 새로운 발전 단계를 대변하고 있음을 우리는 확신하고 있지만, 파시즘은 자신의 생동성과 미래성을 확신하고 있으며, 민주주의의 후진성, 노쇠함, 역사적 취약성을 확신하고 있습니다. 자신의 요구에 매번 굴복하고 양보하는 민주주의에서 파시즘은 늘 약함, 체념, 극적인 사직辭職의 징후만을 볼 뿐입니다.

특히 독일은 자신의 요구를 제대로 평가받기에는 너무 늦기도 너무 이르기도 합니다. 나치가 아직 권력을 잡기 전에, 평화에의 의지가 있는 독일공화국을 지지하고, 나치로부터 공화국을 보호하는 것이 필요했던 시점에는 독일이 환대를 받았습니다. 히틀러가 몰락한 후에도 다시 환대를 받을 겁니다. 하지만 지금 독일의 요구를 들어주면 독일 국민 중에서 자유와 평화를 지향하는 세력은 엄청난 타격을 받게 됩니다. 그리고 나치의 입에서 나오는 독일적인 요구들이 평화가 아니라 오로지 권력을 강화하고 전쟁에 대한 전망을 개선하는 데에 초점이 맞추어져 있기에 그들의 요구를 들어주면 평화가 아니라 전쟁에 기여하는 셈입니다.

민주주의가 이러한 사실을 파악하는 것이 필요합니다. 전쟁과 평화 간의 경계가 희미해져 있으며, 아무 쪽도 확고한 주도권을 잡지 못하고 있는 세계 상황이 파시즘에 어떠한 이점을 제공하는지도 민주주의는 이해해야만 합니다. 지금이 평화로운 상황은 아니지만 아직 전쟁 선포는 일어나지 않았습니다. 전쟁 선포 없이 비공식적인 전쟁이 일어날 겁니다. 막대한 전쟁 물자를 아끼면서 시험 삼아 외진 곳에서 제한된 물자를 동원한 전쟁이 일어날 겁니다. 이는 파시즘이 고안한 모호하고 분명치 않은 상황입니다. 파시즘은 특히 이러한 상황을 좋아합니다. 파시즘이 되도록 오랜 기간 동안 실제적이고 대규모의 공개적인 전쟁을 치르기보다는 이러한 상황을 선호할 가능성이 있습니다. 전면적 전쟁을 치르면 '전체주의 국가'의 거짓말과 사기가 단번에 눈에 드러날 것이기 때문입니다. 인간적인 자유를 억압받는 세력들은 전제정치가 처음 타격을 받을 때 틀림없이 해방될 겁니다. 파시즘이 전쟁을 부추기고, 전쟁을 반대하는 평화주의자를 단두대에 보내긴 하지만 파시즘이 전쟁을 꺼리는 이유는 이 때문입니다. 파시즘은 근본적으로 전쟁이 잠시라도 지속된다면 자신의 '민족 공동체'가 전쟁이라는 가혹한 시련을 이겨낼지 어떨지에 대해 회의를 품고 있습니다. 우리는 독일의 경찰 간부가 앞으로는 세 개의 전선에서 전투가 벌어져야 할 거라고 배신적인 훈시를 한 말을 들었습니다. 지상에서, 공중에서, '국내에서' 벌어지는 전투 말입니다. 이는 분명한 표현입니다. 파시즘은 자신의 민족과 벌이는 전투가 더욱 중요함을 시인하고 있습니다. 파시즘은 자신의 민족이 어떠한 역경에서도 파시즘을 도울 거라고 결코 자신하지 못하고 있습니다. 오히려 외부와 전쟁을 벌이면 즉각 내란이 일어날지 모른다고 우려하고 있습니다. 파시즘이 이러한 모험보다 평화나 혹은 전쟁과 평화 사이의 중간 상태를 오히려 더 좋아하는 것은 전혀 이상할 게 없습니다. 파시즘이 고안해낸 이러한 중간 상태는 대내외적인 협박, 그리고 민주적으로 평화를 사랑한다는 공갈을 더 확실하게 계속하게 해주고, 어쩌면 본격적으로 전쟁을 벌이지 않고도 자신의 권력 목표를 달성하게 해줍니다. 특히 파시즘이 일종의 정치를 하면서 시간을 벌고 있다면 말입니다. 민주주의는 이에 대해 저항할 능력이 없음이 드러났습니다. 민주주의의 예의범절은 비양심적인 것을 허락하지 않기 때문에 우리가 인정하듯이 인간적으로 공감할 만한 이유 때문에 이것이 가능합니다. 이것은 뒤쪽 계단, 저속한 소설, 범죄의 정치이고 구역질 나는 정치입니다. 세계정신의 의지가 이러한 정치를 이미 넘어서고 있는데, 다만 후진적이고도 시대착오적으로 '정치'가 추진된다면 이는 정치가 어디로 갈 것인지에 대한 증거문서가 됩니다. 살인, 수뢰, 부패한 음모와 저열하기 짝이 없는 수단이 여기서 판을 칩니다. 하지만 상대방이 정신적 이유로 팔짱을 끼고 이들이 하는 대로 방치한다면 필시 당분간은 효과를 거두기도 하겠지요.

신사 숙녀 여러분, 우리가 신봉하는 민주주의의 승리를 고통스럽게 늦출 수 있고, 민주주의의 승리에 심각한 역사적 패배를 안겨줄 수 있는 상태를 묘사하겠습니다. 민주주의가 승리에 대한 분명한 해명을 하지 않는다면, 승리를 거두기 위해 생명력과 쇄신력이라는 민주주의 본래의 모든 보조 수단을 동원하지 않는다면 말입니다. 저는 무엇이 필요한지 간단히 말씀드리겠습니다. 그것은 '자유의 개혁'입니다. 이는 우리의 아버지와 할아버지의 시대, 시민적 자유주의의 시대의 '자유방임적' 자유와는 다른 개념입니다. 이것으로는 자유가 존속할 수 없기 때문입니다. 더 이상 그것으로는 안 됩니다. 제가 말하는 개혁은 사회적인 개혁, 사회적인 의미가 담긴 개혁이어야 합니다. 그러한 개혁을 통해서만이 민주주의는 파시즘과 볼셰비즘의 기선을 제압할 수 있으며, 독재정치의 일시적이고 기만적이지만 선전 효과가 있는 젊음의 우위를 제압할 수 있습니다. 또한 이러한 사회적 개혁은 정신적 자유뿐만 아니라 경제적 개혁에도 적용되어야 합니다. 이제 극단적인 자유경제와 수동적인 자유주의 시대가 지나갔습니다.

　　자유주의는 자유에 의해 쫓겨났습니다. 사람들은 자유에서 자유주의를 몰아냈습니다. 자유는 배우고 익혔습니다. 인도주의는 더 이상 모든 것에, 인도주의를 살해하려고 죽기 살기로 덤비는 것에도 촉수를 뻗고 있는 인내를 의미하지는 않을 겁니다. 광신주의와 맞대면한 채 순전히 선의와 인간적 회의 때문에 더 이상 자신을 믿지 않는 민주주의는 싸움에 지고 맙니다. 오늘날 자유에 필요한 것은 유약함의 인도주의와 회의에 빠진 인내가 아닙니다. 이리하여 민주주의는 '사고의 창백함으로부터 조금도 타격을 받지 않는'[103] 폭력에 대한 신봉에 직면하여 신으로부터 버림 받은 가련한 모습을 보입니다. 필요한 것은 의지의 인도주의이며, 자기 보존을 위한 전투적 결의를 다지는 인도주의입니다. 자유는 자신의 남성다움을 발견해야 하고, 분노하는 것을 배워야 하며, 불구대천의 원수에 대항하는 법을 배워야 합니다. 급기야는 쓰디쓴 경험을 한 후에 민주주의는 어떠한 대가를 치러서라도 전쟁을 원하지 않는다고 공언하는 평화주의로는 전쟁을 추방하기는커녕 전쟁을 초래한다는 사실을 파악해야 합니다.

자유의 정신적인 개혁에 대해선 이 정도로 해두겠습니다. 경제적인 측면에서의 자유의 혁신에 관해 말하자면 누구나 알고 있는 다음의 사실을 말할 수 있습니다. 자유의 윤리적인 오점과 결점 때문에 파시즘조차도 자유에 대해 주제넘게 '이상주의적인' 태도를 보입니다. 자유가 초래하는 것은 금권 통치이며, 더 근대적이지만 더 고상하지는 않은 시민 혁명을 통해 자유는 봉건적 특권과 불평등의 자리를 대신하게 되었습니다. 민주주의가 파시즘에 대한 의심의 여지가 없는 도덕적 우위를 역사적으로 효과 있게 만들려면, 그리고 파시즘의 사이비 사회주의에 대항하려면 민주주의는 정신적인 면뿐만 아니라 경제적인 면에서도 시대가 요구하는 것과 필수불가결한 것을 사회주의적인 도덕으로부터 받아들여야 합니다. 여기서도 마찬가지로 자유는 사회적인 규율을 통해 보완되어야 합니다. 정의가 시대를 지배하는 이념이 되었고, 인간의 힘에 정의가 담겨 있는 한 정의는 이 이념의 실현이 되었

---

103 셰익스피어의 비극 『햄릿』에 나오는 말임.

으며, 세계 양심의 문제가 되었다는 인식을 하고, 자유는 시민 혁명을 정치적인 것으로부터 경제적인 것으로 계속 발전시켜야 합니다. 우리는 그러한 양심을 버릴 수 없으며 그것을 저버리고 살 수도 없습니다. 오늘날 스페인의 반동적인 장군인 프랑코가 그의 반란에 절망적으로 저항하는 국민에게 사회주의적인 약속을 하는 것을 보면 우스꽝스럽기 짝이 없습니다. 봉건주의, 자본, 외세를 등에 입고 시작된 모험, 내란이 이제 사회주의를 지향한다니 말이나 되는 이야기입니까? 물론 우리는 파쇼적인 의미에서 그 말의 뜻을 잘 압니다. 그 용감한 국민의 적은 이 말을 입에 담을 생각을 꿈에도 하지 않았습니다. 하지만 파쇼적인 선전술을 터득하고 있는 독일과 이탈리아의 충고자들은 오늘날 그것 없이는 일이 되지 않는다고 그에게 말했습니다. 하지만 바로 이러한 사실로 보아 시대정신이 사회적인 사상에 얼마나 압도적인 우선순위를 주는지 잘 알 수 있습니다. 세계관을 두고 다투는 역사적인 싸움에서 적응 능력이 부족하다고 해서 민주주의가 거부된다면, 이를 커다란 인간적인 불행으로 느끼는 자라면 사람들이 필요한 것을 원하듯이, 민주주의가 정신적인 면뿐 아니라 경제적인 면에서 자유주의적 민주주의에서 '사회적 민주주의'로 되기를 원해야 합니다.

이러한 요구가 그 음향의 혁명성으로 인해 겁을 줄까요? 하지만 이 음향은 아주 상대적으로 이해될 수 있습니다. 이러한 혁명주의는 사실 보수적인 의미를 지니고 있습니다. 왜냐하면 그것은 서구적인 문화 전통을 보존하려고 하기 때문이며, 야만주의와 각종 정치적 정신착란자에 대항하여 그 전통을 방어하려고 하기 때문입니다. 저는 프랭클린 루스벨트를 사회적인 요소가 가미된 정치가라고 부릅니다. 그의 민주주의에는 사회적 요소가 우세하기 때문입니다. 그런 까닭에 그가 자유를 사회주의적으로 제약하고 규율하며, 파시즘뿐만 아니라 볼셰비즘의 기선을 제압하는 곳에서도 그는 자유의 진정한 친구이자 정직한 공복입니다. 같은 이유로 저는 프랑스 인민전선의 노력을 그렇게 부르고, 가톨릭 대표자로 게다가 왕당주의자이기도 한 러 그랑-메종Le Grand-Maison 같은 보수적 정치가와 그런 점에서 견해를 같이 합니다. 그는 오늘날 프랑스 의회에서 가장 중요한 인물 중의 하나로 간주되고 있습니다. 그는 얼마 전에 이렇게 호소했습니다.

"프랑스인들이 사회적인 신분에 따른 차별 없이 새로운 토대에서 서로 만나고, 프랑스와 자유를 위해 어떤 사람들이 구조 개혁이라고 부르고 저 자신이 평화로운 혁명이라고 부르고자 하는 것을 프랑스인들이 성취할 날이 곧 밝아오기를 우리 희망합시다. '우리에게 비인간적인 사회 질서를 보존할 의무는 없습니다.' 반대로 우리 모두는 가치의 진정한 위계질서를 세우고, 자금을 생산에 투입하고, 생산이 인간에 기여하고, 인간은 삶에 의미를 주는 이상에 기여하도록 하는 더 인간적인 질서가 들어서도록 온 힘을 다해야 합니다."

지구상에서 사회적인 문제에 가장 예민한 나라의 기독교적이고 보수적인 대표자의 이러한 말은 새롭습니다. 그 말들은 새로운 것입니다. 세상에서 새로운 것은 프랑스의 정치적인 청년이 '경제적인 휴머니즘'이라고 부르는 것입니다. 유럽이 장차 파쇼화할 것이라고 다시 한번 예언하면서 벨기에인 반 데 벨데[104]는 최근 콘도티에레Condottiere(용병대장)에게 이렇게 대답했습니다. "세상에서 새로운 것, 엄밀히 말해 정말 새로운 것은 사회적 민주주의입니다."

이것은 진리입니다. 이것은 시대를 초월하는 진리의 보고에서 되젊어진 자유를 독재정치가 호언장담하는 젊음의 요구에 맞서도록 하는 진리입니다. 민주주의의 사회적인 혁신은 민주주의가 승리하게 해주는 '조건이자 보장'입니다. 그럼으로써 '민족 공동체'가 만들어질 겁니다. 이것은 파시즘이라는 허위의 구조물보다 평화 시나 전시에도 훨씬 월등한 모습을 보일 겁니다. 이 속에는 '모든 정치의 목표'인 공동체가 이미 살아 있습니다. 그 공동체는 결국 지양되어 여러 민족의 공동체가 되어야 합니다.

---

104 앙리 반 데 벨데(Henry van de Velde, 1863-1957): 벨기에의 아르누보 양식의 건축가이자 인테리어 디자이너. 아르누보(새로운 미술)에서 모던 디자인으로의 전개를 촉구한 인물이다. 아버지는 파리코뮌에 참가한 혁명가이며 사형판결을 받자, 벨기에로 망명하였다. 그는 1899년 독일 바이마르에 정착하였으며, 1907년 바이마르미술공예학교를 설립했다. 20세기 초 독일 건축과 디자인에 결정적인 영향을 미쳤다.

KULTUR UND POLITIK

THOMAS MANN 1939

———————

THOMAS MANN

9

정신적인 것과 교양 **문화와 정치**

1939년에 발표된년에 이 글은 『옛것과 새것*Altes und Neues*』에 수록되었다. 토마스 만은 이 글에서 히틀러에게 직접 반응하면서, 히틀러가 등장할 수 있게 한 독일의 '비정치적' 문화 인식에 대한 자기 비판적 성찰을 함과 아울러 국가사회주의, 즉 나치를 비판하고 있다. 제1차 세계대전 중에 그는 『비정치적 인간의 고찰』이라는 방대한 분량의 책에서 '민주주의'라고 부른 것에 대해, 즉 정신의 정치화에 대해 문화의 이름으로, 심지어 자유의 이름으로까지 온 힘을 다해 저항한 적이 있었다.

그는 20여 년이 지난 후 이 글에서 독일이 나치라는 불행한 역사를 갖게 된 도정道程이 독일의 시민적 정신의 비정치성과 밀접한 연관이 있으며, 정신적인 것과 '교양'이라는 높은 고지에서 정치적·사회적 영역을 반민주적으로 내려다본 것과 밀접한 연관이 있다고 말한다. 그가 볼 때 독일 정신이 반민주적 태도를 취할 수 있었던 것은 민주주의가 그러한 정신의 토대나 지주와 동일함을 몰랐기 때문이었고, 서양의 기독교 정신이 정치적으로 각인된 것이 민주주의임을 몰랐기 때문이었다. 정치를 인간적 과제의 일부로 인정하기를 거부함으로써 권력에 대한 철저한 노예 상태, 전체주의적 국가로 끝맺음하게 되었다는 것이다.

그런 의미에서 그는 청년기에 자신에게 큰 영향을 끼쳤던 쇼펜하우어의 반민주성을 비판한다. 이 사상가는 삶에 회의적인 우울과 고통의 숭배 때문에, 진보를 운위하는 선동의 '점잖지 못한 낙관주의'에 대한 미움 때문에 정치적으로 반혁명적이기 때문이다.

그는 독일인이 정치를 인간적 과제의 일부로 인정하기를 거부함으로써 결국 이러한 끔찍한 정치적 사태, 권력에 대한 철저한 노예 상태, 전체주의적 국가로 끝맺음하게 되었다고 말한다.

내가 필연적인 인식의 결과 개인적으로 민주주의를 신봉하게 되었지만, 이러한 인식은 나의 독일적·시민적·정신적 혈통이나 교육과는 원래부터 거리가 먼 것이었다. 정치적인 것과 사회적인 것은 인간적인 것의 한 부분을 이루는 것이며, 인간적인 문제의 총체성에 속하는 것이며, 정신에 의해 총체성에 포함되어야 하며, 그리고 이 총체성에 정치적·사회적 요소가 결핍되었을 때 이러한 총체성이 위험스러운 균열, 문화를 위협하는 균열을 보여준다는 인식이 원래 나와는 거리가 먼 것이었다.

내가 민주주의를 정치와 동일시하고, 민주주의를 정신적인 것의 정치적인 측면으로, 정신이 정치를 기꺼이 받아들이려는 자세로 규정한다면 이상하게 들릴지도 모른다. 하지만 나는 벌써 20년 전에 『비정치적 인간의 고찰』이라는 힘들여 쓴, 방대한 분량의 책에서 그렇게 규정했다. 이 책에서 나는 민주주의를 이렇게 규정하는 데 따르는 투쟁적, 부정적 측면을 암시한 바 있었다. 그리고 이 책에서 내가 '민주주의'라고 부른 것에 대해, 즉 정신의 정치화에 대해 문화의 이름으로, 심지어 자유의 이름으로까지 온 힘을 다해 저항했다. 심지어 자유의 이름으로까지 나는 말했다. 당시의 내 사고방식으로는 나는 자유를 윤리적 자유로 이해했지, 시민적 자유와의 관계에 대해서는 별로 아는 바가 없었고 별로 알려고도 하지 않았기 때문이다.

전쟁 기간에 쓰인 그 책은 자기 탐구라는 열정적인 작업의 소산이었고 나의 토대, 내가 물려받은 모든 것의 검열 작업이었다. 내가 물려받은 것은 정치와는 거리가 먼 독일 시민 계급의 정신적 전통이었다. 그것은 문화 개념의 전통이었다. 그 개념에 음악, 형이상학, 심리학, 비관주의적 윤리, 개인주의적 교양 이상이 합쳐져 있었으나 정치적 요소는 무시되고 배제되어 있었다.

하지만 자기 탐구란 철두철미하게 행해지기만 하면 대체로 벌써 변화로 가는 첫걸음이 된다. 그리고 스스로를 인식하면서도 변화하지 않는 사람은 아무도 없다는 사실을 나는 경험했다. 모든 사항에 관해 단번에 말하고자 하는 충동에서 나온 그 책 자체가 벌써 위기의 표현이었고, 온통 속을 파 뒤집는 듯한 외적인 사건으로 야기된 새로운 상황의 산물이었다. 즉 인간의 문제, 인간성의 문제가 전에 없이 전면적이고도 도전적으로 정신적 양심 앞에 제기되었던 것이다. 그리고 정신과 정치란 칼로 무 자르듯 분리될 수 없다는 고백, 비정치적 문화인이 될 수 있다고 믿는 것은 독일 시민성의 오류였다는 고백, 문화에 정치적 본능과 의지가 결여될 때 그것이 심각한 위험에 봉착하게 된다는 고백, 간단히 말해 '민주주의적' 고백이 돌파구를 찾아, 반정치적 전통의 온갖 방해에도 불구하고 터져 나오려 했던 것이다.

그러한 고백을 하는 것을 내가 주저하지 않았다는 사실에 나는 나를 돌보아주는 선한 수호신에 감사드린다. 저열하기 짝이 없는 폭력 숭배와 서양의 윤리성의 토대를 위협하는 야만성으로 흘러 들어가는 것을 독일의 모든 정신과 음악으로 막을 수 없었던 독일 정신에 나의 보수주의가 머물러 있었더라면 내가 오늘날 어디에, 어느 편에 서 있을 것인가?

독일 역사의 불행과 나치라는 문화적 재앙에 빠지게 된 그 도정이 독일의 시민적 정신의 비정치성과 얼마나 밀접한 연관이 있으며, 정신적인 것과 '교양'이라는 높은 고지에서 정치적·사회적 영역을 반민주적으로 내려다본 것과 얼마나 밀접한 연관이 있는가 하는 점이 나에게 새삼스럽게 의식된 것은 나의 청년기에 엄청난 영향을 끼쳤던 독일의 위대한 일급 사상가이자 문필가인 아르투어 쇼펜하우어를 얼마 전에 새로 접했을 때였다.

비범한 두뇌의 소유자로, 반주지주의 면에서는 니체의 선구자이자 스승이며, 이성을 왕좌에서 밀어내 어두운 충동인 '의지'의 피조물로, 의지에 봉사하는 도구로 만든 그 혁명적인 반동가는 헤겔과 가장 첨예하게 대립한 그의 적수였다. 쇼펜하우어는 헤겔의 정치 신격화와 모든 노력의 정점으로서의 국가 양봉론을 가장 속물적인 이론이라 선언했다. 쇼펜하우어로서는 국가를 필요악이라 판정하고, 까다롭기 짝이 없는 족속인 인간을 다스리고, 그들 사이에서 법, 안정 및 질서를 유지하며, 가진 것이라곤 체력밖에 없는 무수히 많은 사람들로부터 무언가 재산을 지닌 사람들을 보호해주는 보람 없는 업무를 맡은 사람들에게 자신의 무비판적이고 관대한 불간섭 입장을 확약해 주었다.

이제 우리는 국가에 헌신하는 것이 인간의 숙명이라는 반인간적이고 경악스러운 교의敎義임을 알고 있다. 그리고 국가의 절대화에 반기를 드는 입장을 이해하게 된다. 쇼펜하우어의 말을 빌리면 국가의 절대화를 통해 "우리 인간 존재의 고상한 목표가 우리의 눈에서 아주 멀어지게 된다." 하지만 국가를 재산 보호자로 파악하는 입장은 다른 측면에서 보면 헤겔의 국가 신격화와 마찬가지로 '속물근성'에 가까워지는 것이 아닌가? 그리고 가령 정치적인 영역에 개입하는 것을 포기하겠다는 철학적인 중산층의 아이로니컬한 태도와 정신이 여하한 정치적 열정도 포기하겠다는 태도는 과연 인간적으로 옳은 것이고 삶에 유용한 것이었던가? 쇼펜하우어가 선언한 표어는 이것이었다. "독일 신성로마제국을 걱정할 필요가 없다는 사실에 나는 아침마다 신께 감사드린다." 그가 국가에 적용한 이 표어야말로 진짜 속물근성이고 비겁한 태도였다. 그리고 쇼펜하우어 같은 정신적 투사가 자신의 것으로 삼기에는 거의 이해가 안 되는 표어였다.

　다시 말해 정신의 이러한 직무 유기는 잘못이며 자기기만이다. 그렇게 해서 정치에서 벗어나지 못하며 잘못된 방향으로, 그것도 열정적으로 빠져들게 될 뿐이다. 비정치성, 그것은 그저 반민주주의를 뜻할 뿐이다. 그것이 무엇을 뜻하고자 하는지, 그로써 정신이 얼마나 자멸적인 방식으로 모든 정신적인 것과 모순을 일으키는지는 어떤 특정한 긴박한 상황이 닥쳤을 때야 비로소 극명하게 드러난다. 쇼펜하우어가 1848년에 보여준 태도는 지독히 치사한 태도였고 희비극적인 태도였다. 그의 마음은, 열광적으로 당시 독일의 공적인 삶을 민주주의적인 방향으로 전환하고자 희망했던 사람들에게 조금도 가 있지 않았다. 그 방향으로 갔더라면 오늘날까지의 유럽의 전 역사는 좀 더 행복하게 되었을지도 모른다. 그리고 그 방향은 모든 정신적인 인간의 관심사였다.

쇼펜하우어는 민중을 다름 아닌 '전제적인 천민'이라 불렀다. 자신의 집에서 밖을 내다보며 시위자들을 살펴보던 장교에게 그는 사격을 더 잘할 수 있도록 자신의 오페라 관람용 안경을 과시하듯 빌려주었다. 이런 행동을 성치에 대한 고상한 태도라 할 수 있겠는가? 그것이야말로 반동적 열정이며, 우리는 그것의 정신적 토양을 물론 너무나도 잘 알고 있다. 쇼펜하우어의 반혁명주의가 그의 세계상에 어느 정도 논리적, 사유적으로 뿌리박고 있는지 논하는 것은 너무 지나친 일일지도 모른다. 그는 벌써 심정적으로 반혁명주의에 기울어져 있었다. 자신의 윤리적 비관주의인 '십자가, 죽음 및 묘혈'의 분위기에 따라 반혁명주의가 그의 기본 성향이다. 이러한 분위기는 심리학적인 필연성에 따라 수사학, 자유에의 정열, 인간성 숭배를 꺼린다.

이 사상가는 삶에 회의적인 우울과 고통의 숭배 때문에, 진보를 운위하는 선동의 '점잖지 못한 낙관주의'에 대한 미움 때문에 정치적으로 반혁명적이다. 모든 것을 통틀어 볼 때 너무나 친근하고 너무나 고향적인 기분이 드는 독일의 정신적 시민성의 분위기가 그의 주위에 감돌고 있다. 여기서 독일적이라 함은 시민성이 정신적이기 때문이다. 그리고 그것의 내면성, 보수적인 급진성, 민주적 실용주의에 대한 절대적 생소함, '순수한 천재성', 무모한 부자유, 깊은 비정치성이 독일 특유의 가능성이자 적법성이며 위험성이기도 하기 때문이다.

독일적 문화 개념의 정치적 무의지성과 민주주의의 결핍은 끔찍한 보복을 당했다. 이 개념은 독일 정신을 도덕적 자유뿐만 아니라 시민적 자유도 앗아가는 국가 총체성의 희생물로 만들었던 것이다. 민주주의가 정치적인 것과 사회적인 것을 인간적 총체성의 부속물로 인정하고, 시민적 자유를 옹호하면서 도덕적 자유를 지키는 것을 의미한다면, 정신의 반민주적 오만은 변증법적으로 그 반대로 변한다. 인간적인 것의 부분 영역이라 할 수 있는 정치적인 것을 총체성으로 격상시키는, 국가 지상주의와 권력 사상밖에 모르는 이론과 철두철미하게 반인간적인 실천은 민주주의의 반대인 것이다. 그러한 이론과 실천은 국가와 권력을 위해 인간과 인간적인 것을 희생시키고 모든 자유에 종지부를 찍어 버린다. 그 과정은 가차 없고도 비극적인 결말을 맺게 된다. 독일에서의 정신의 정치적 진공 상태, 민주주의에 대한 문화 시민의 오만한 자세, 자유를 멸시하여 서구적 문명 수사학의 상투어로밖에 보지 않는 자세는 문화 시민을 국가와 권력의 노예로 만들었고, 전체주의적 정치의 단순한 기능으로 만들었으며 굴욕적인 상태로 추락시켜, 그 문화 시민이 세계정신의 면전에 차마 눈을 뜰 수 있을지 자문하게 만들어버린다.

　문화 시민이 이 끔찍스러운 체험에서 벗어나 목숨을 부지한다고 가정한다면, "시민으로부터 오지 않는다면 그 아름다운 교양이 어디서 오겠는가"라는 괴테의 말을 따라 여전히 시민적이라고 생각할 수밖에 없는 독일적 정신이 국가 사회주의라고 불리는 전체주의적 명예 훼손을 극복한다고 가정한다면, 인간성의 정치적 측면을 보지 못한 이 극단적인 결과가 문화 시민에게 가혹하긴 하지만 교훈적이고 유익한 가르침이 되었으면 하고 희망해 볼 수 있을지도 모른다. 나는 종종 이렇게 말해왔다. "독일의 상황이 더나아지려면 그곳 사람들이 '자유'라는 말을 듣고 눈물을 쏟을 지경이 되어야 한다"고 말이다. 이제 그들은 그 정도에까지 이른 것같다. 자유, 정의, 인간의 존엄 및 양심의 불가침이란 말이 무엇을의미하는지를, 그것들이 천박한 혁명주의의 인간적 상투어 이상이라는 사실을, 6년간 비밀경찰 국가를 겪은 후에야 독일 시민은파악하기 시작한 것 같다.

하지만 어떤 일들은 그르쳐 버리기는 쉽지만 도로 되찾기는어렵다. 그리고 독일의 시민적 정신이 자신의 체험을 이용할 수있을지의 여부는 의문점으로 남아 있으며, 그 대답은 현재의 재앙이 얼마나 오래 지속될 것인가, 그 재앙의 성격이 막간극으로그칠 것인가 아니면 한 시대를 획할 것인가의 여부에 달려 있다.당분간은 불행한 국면이 지속될 것이다. 정치로부터 자유로워지려고 한 독일 정신이 정치의 테러 속에서 몰락하고 마는 역설이소름 끼치는 현상 속에서 완성되고 있다. 종교적이고 정신적인 면의 혁명만을 알고 있었을 뿐 정치적인 측면의 혁명을 증오하고 멸시해 온 그 반혁명가가 세계 역사상 가장 과격한 혁명의 상퀼로트[105]적 담당자가 되지 않을 수 없었다는 사실이 끔찍스러운 현상이다. 그 혁명을 정신적이라고 말하기는 어려우며 인간적이라고부르기도 어렵다. 그러한 혁명은 서양의 역사가 정신과 인간성이

---

105 상퀼로트(sans-culotte)는 프랑스 혁명 기간에 입었던 시민 계급의 헐렁하고 긴 바지로, 불안정한 사회 속에서 구 귀족이 입은 다리에 꼭 맞고 무릎까지 오는 바지에 대항해 나타났다. 단순히 복식의 형태만을 상징하는 것이 아니고, 민주사상을 가진 피억압자의 옹호자로서 혁명의 주도세력을 의미한다.

라고 생각하도록 우리에게 가르쳐준 모든 것과 반대되는 것을 지향하기 때문이다. 그러한 혁명은 공허한 정치적 권력 지향 사상에 봉사하기 위해 모든 도덕적 토대를 절대적이고 계획적으로 해체하고 파괴하기 때문이다.

독일 혁명이라 불리는 혁명은 정신착란적이고 공허한 권력 의지와 압제 의지 외에는 어떠한 정신적·도덕적·인간적 구속도 알지 못하고 있다는 사실이 문제의 핵심이다. 모든 '이념', '세계관', 주의 및 확신이 아무런 도덕적 내실이 결여된 권력 목표를 추구하기 위한 배경으로, 핑계로, 기만 수단으로 쓰일 뿐이라는 사실이 문제의 핵심이다. 이러한 사실은 독일과 외국에서 '국가 사회주의'를 어떤 질서를 보호하기 위한 보루라고 생각했던 사람들에게도 마침내 분명해져야 했다. 국가 사회주의가 비록 자본주의적 경제 질서를 보호하기 위한 것이라고 하더라도 말이다. 서양의 자부심이 이 혁명에 계속 양보한다면 이 '혁명'으로 단순히 자본주의적 경제 질서 이상의 것이 무너질 것이다. 바로 그 자본주의적 경제 질서로 인해 이 혁명이 정지할 것으로 생각하는 것은 우스꽝스러운 일이다. 이 혁명은 권력을 획득하고 확산하기 위해서라면 철면피하게 어떤 슬로건이라도 받아들일 준비가 되어 있다. 특히 그 혁명은 오늘날 벌써 수많은 징후가 보여주듯이 볼셰비즘의 슬로건까지 받아들일 준비가 되어 있다. 볼셰비즘의 슬로건으로부터 시민사회를 지켜주겠다고 스스로 약속했으면서도 말이다.

유럽의 부르주아지(자본가계급), 그러니까 세계의 부르주아지는 전혀 '편견이 없는' 이 운동, 모든 정신적인 면에서 조금도 명예심이 없으며 순전히 전략적, 기회주의적인 이 운동이 볼셰비즘을

예술과 정치 반지성주의를 경계하며

막는 안전장치라는 말에 속아 넘어갔기 때문이다. 부르주아지는 그 잘못을 인식하기에는 너무 늦었을지도 모르는 시점에도 이 속임수에 넘어가 버둥거리고 있다. 이것은 용서받을 수 없는 잘못이다. 왜냐하면 건강한 본능의 소유자라면 무無로 몰고 가는 이 '운동', 물론 갖가지 방식으로 조야하게 정감 어린 위장을 하고, 국수주의적이며 소시민적으로 문화 보수적인 위장을 하고 시작되었던 이 운동이, 볼셰비즘이라는 신화적인 이름을 들을 때 부르주아의 뇌리에 떠오르는 환상 바로 그것이라는 사실을 오인해서는 안 될 것이기 때문이다. 부르주아 계급의 상상력이 볼셰비즘이라는 이 묵시론적인 이름을 듣고 생각해낼 수 있는 모든 것, 즉 폭력, 무정부 상태, 유혈, 방화와 천민 정치, 신앙의 박해, 추하기 짝이 없는 잔혹성, 모든 개념의 전도, 정의와 이성의 모욕, 파렴치하고 가소로울 정도로 흉악한 진리의 왜곡, 최하층 계급의 선동, 국가 질서의 해체와 파괴, 이 모든 것이 전 세계로 퍼져 돈으로 뇌물로, 감언이설로, 끝없는 첩보 정치와 선동 정치로 세계의 마지막 구석까지 허물어져 도처에서 저항이 실패로 끝나게 된다. 질서가 무너지고 세상은 자유의 단조로운 무덤으로 변하며 그 무덤 위에는 우매한 예속의 깃발이 나부끼게 된다. 국가 사회주의 그것만이 이러한 볼셰비즘이다. 그리고 30년 전쟁[106]보다 더 파괴적이고 야만적으로 유럽을 휩쓸면서 깡그리 파괴해, 유럽을 수 세기나 후퇴시켜 버린다면, 사회주의, '인류의 공적'인 그 국가 사회주의가 그 장본인일 것이다.

국가 사회주의는 인류의 공적이다. 이 끔찍하고도 모욕적인 이름, 저주의 이름이 독일 정신의 정치에 대한 멸시로, 문화적 자부심에 찬 반민주주의적 성향으로 독일 정신에 돌아오기에 이른 것이다. 독일 정신은 이렇게 되리라고 꿈에도 생각지 못했고, 이게 사실임을 깨닫게 되면서 꿈을 꾸고 있다고 생각한다. 하지만 이것은 엄연한 현실이다. 정치를 인간적 과제의 일부로 인정하기를 거부함으로써 결국 이러한 끔찍한 정치적 사태, 권력에 대한 철저한 노예 상태, 전체주의적 국가로 끝맺음하게 된 것이다. 독일 정신의 심미주의적 문화 시민성이 거둔 열매는 세계 역사상 그 유례가 없는 신조, 수단 및 목표의 야만성이다. 독일 정신이 살인마 같은 전복, 모든 서양의 미풍양속의 토대와 지주를 위협하는 전체주의적 혁명의 무정부적인 전복의 도구가 된 것은 모든 해방 전쟁을 얕잡아 본 때문이다. 이러한 전체주의적 혁명은 이전 시대의 훈족의 침공과도 도저히 비교할 수 없는 것이다.

독일 정신이 반민주적 태도를 취할 수 있었던 것은 민주주의가 그러한 정신의 토대나 지주와 동일함을 몰랐기 때문이었고, 서양의 기독교 정신이 정치적으로 각인된 것이 민주주의임을 몰랐기 때문이었다. 그리고 정치란 정신의 도덕성 없이는 파멸하고 마는 정신의 도덕성 자체라는 사실을 몰랐기 때문이었다. 우리

---

106 30년 전쟁(1618-1648): 유럽에서 로마 가톨릭교회를 지지하는 국가들과 개신교를 지지하는 국가들 사이에서 벌어진 종교 전쟁이다. 유럽뿐만 아니라 인류의 전쟁사에서 가장 잔혹하고 사망자가 많은 전쟁 중 하나였으며, 사망자 수는 800만 명이었다. 30년 전쟁은 종교적인 측면에서는 개신교와 가톨릭교의 대립으로, 정치적인 측면에서는 전제군주정과 봉건 도의 대립으로 볼 수 있다. 신성 로마 제국과 이 국가의 종교 정책을 지지하는 제후국 및 반대하는 제후국 간의 다툼이었으나 유럽 강대국의 거의 대부분이 개입하면서 규모가 커지고 각국의 이해관계가 교차하는 근대적인 전쟁으로 발전하였다. 이 국가들은 수많은 용병을 고용했으며 전쟁이 지속될수록 종교적 색채는 옅어지고 유럽의 정치적 구도에서 합스부르크 가문과 프랑스의 대결 구도로 바뀌었다.

는 다음 사실을 확인하고자 한다. 외적인 여러 민족의 생활에서는 문명 후퇴의 시대가, 계약 위반과 불법의 시대가, 신의와 신용이 무너진 시대가 시작된 것처럼 보이는 반면 정신은 도덕적인 시대로, 선과 악을 단순하고 겸손하게 구별하는 시대로 돌입했음을 나는 말하고자 한다.

이것이야말로 자신을 야만스럽게 만들어 새로운 모습으로 달바꿈시키는 정신의 수법이다. 그렇다, 이제 우리는 선과 악이 무엇인지 다시 알게 되었다. 악은 적나라하고 비열하게 자신의 모습을 우리에게 보여주었다. 우리는 선의 존엄성과 그 수수한 아름다움에 눈을 뜨게 되어 선을 행하기로 마음먹게 되었다. 그리고 그러한 일을 하겠다고 고백하는 일이 우리의 섬세함을 빼앗는 것이라고 생각하지 않게 되었다. 우리는 자유, 진리, 정의와 같은 말을 다시 감히 입에 올린다. 비열한 일을 많이 저지르다 보니 그러한 용어를 사용하는 데 따르는 회의적인 소심함이 없어진 것이다. 언젠가 성가시게 구는 사탄에게 승려가 십자가를 들이댔듯이 우리는 인류의 적에게 이 말들을 들이댈 것이다. 자신에게 영원히 부여된 역할을 다시 찾은 요즈음의 정신의 행운은 시대가 우리에게 감내하도록 요구하는 모든 어려움을 압도하고 있으며, 정신의 이런 역할이야말로 골리앗에 맞서 싸운 다윗의 역할이자, 허위와 폭력이라는 괴물과 맞서 싸운 성 게오르크의 모습인 것이다.

DEUTSCHE HÖRER!

THOMAS MANN 1940~1945

THOMAS MANN

10

독일 청취자 여러분!

이 글은 1945년 스톡홀름에서 『독일 청취자 여러분: 55회의 대독 라디오 방송』이라는 제목으로 처음으로 전체 내용이 책으로 나왔고, 『토마스 만 전집』 제11권 983~1123쪽에 실려 있다. 토마스 만은 1940~1945년 사이에 매달 영국 BBC 라디오 방송을 통해 독일 국민의 양심에 호소하는 연설을 했다. 그는 파시스트 체제인 독일이 아닌 좋은 독일의 전통에 호소하고 히틀러에 저항할 것을 촉구한다. 그는 망명자로 미국에서 살면서도 전단을 뿌리며 나치 통치에 저항한 뮌헨 대학의 학생 조직인 '백장미'나 포로수용소의 존재에 대해서도 알고 있었다. 그래서 히틀러의 잔학한 통치에 대해 거친 표현을 쓰며 공격하는데, 이 때문에 이 방송을 들은 독일인들은 오히려 불쾌한 감정을 느끼기도 했다. 국내의 독일인들은 새로운 시작, 새로운 삶이 가능하도록 독일을 내동댕이치고 끝장을 내자는 토마스 만의 연설에 대해 자신들의 정신적 상황을 이해하지 않은 이방인의 훈계로 받아들인 것이다. 그는 나치로 귀결된 독일의 국가주의와 인종주의의 역사를 나쁜 역사로 비판하며, 독일이 세계를 '독일식으로' 만들 수 없으므로 독일이 세계를 받아들여야 한다고 주장한다. 즉 유럽의 독일화가 아닌 독일의 유럽화를 부르짖는 것이다.

독일 청취자 여러분!
1940년 10월

한 독일 문필가가 여러분께 말씀드립니다. 그와 그의 작품은 여러분의 권력자들에 의해 배척당하고 있습니다. 그의 책들은 가장 독일적인 것을 다루고 있지만, 예를 들면 괴테 이야기[107]를 다루고 있지만 다른 자유로운 민족들에게 그들의 언어로만 말할 수 있습니다. 반면에 그 책들은 여러분에게는 아무런 말도 못 하고 안 알려진 상태로 있어야만 합니다. 언젠가는 저의 작품이 여러분 곁으로 되돌아가리란 것을 저는 알고 있습니다. 저 자신은 더이상 어떻게 할 수 없다 하더라도 말입니다. 하지만 제가 살아 있는 한, 비록 신대륙의 시민이라 하더라도 저는 독일인일 것이며 독일의 운명에 가슴 아파합니다. 그리고 독일이 7년 전부터 범죄적인 폭력배의 의지에 따라 도덕적으로나 정신적으로 세계에 가한 모든 악행에 가슴 아파합니다. 이러한 일이 좋은 결말을 맺지 못할 거라는 굳은 확신으로 저는 이 기간 동안 번번이 경고 발언을 했습니다. 그러한 발언들 중 몇몇은 여러분에게 전해졌을 것으

---

107 1939년 말 스톡홀름에서 발간된 토마스 만의 장편 『바이마르의 로테』를 암시함.

로 생각됩니다. 전쟁 중인 지금 문자로 된 글로는 전제정치가 여러분 주위에 설치한 장벽을 관통할 수 없습니다. 그래서 저는 영국 당국이 저에게 제공하는 기회를 활용하여 제가 정착지로 삼은 여기, 광활하고 자유로운 미국에서 보는 것을 가끔 여러분에게 알려드립니다.

다섯 달 전에 독일 군대가 네덜란드를 침공해 수만 명의 로테르담 시민들이 몇 분 만에 목숨을 잃자[108] 평소에는 정치적인 문제에 결코 아무런 입장을 표명하지 않던, 미국의 시사 사진잡지 『라이프』의 발행인(헨리 루스: 1923년 『타임』, 1930년 『포춘』, 1936년 『라이프』 창간)은 이렇게 썼습니다.

"이것은 자유의 나라인 미국이 80년 만에 겪은 가장 커다란 도발입니다… 강력하고 극악무도한 군사 민족이 우리의 미국적인 생활 방식을 공격했습니다… 우리가 무기를 들고 영국의 편에서 싸워야 할지 우리는 알지 못합니다. 하지만 우리는 영국의 싸움이 우리 자신의 싸움이기도 함을 우리는 알고 있습니다."

당시 5월 10일 자[109]에 이런 글이 실렸습니다. 지금도 마찬가지의 분위기입니다. 노동자와 사업가, 공화당원과 민주당원, 루스벨트 지지자와 그의 적수의 지지자들이 이렇게 생각합니다. 대서양 저편의 세계에는 아랑곳하지 않고 스스로의 힘으로 살아갈 수 있다고 생각한 옛날 미국의 모습은 별로 남지 않았습니다. 이

---

[108] 1940년 5월 12-14일 독일이 네덜란드에 가한 공습을 말함.

[109] 독일군이 베네룩스 3개국(벨기에, 네덜란드, 룩셈부르크)에 진주한 날임.

러한 깊은 변화는 어디서 연유하는 걸까요? 여러분은 그 이유를 아주 잘 알고 있습니다. 이 나라에는 1억 3천만 명의 선하고 친절한 사람들이 살고 있습니다. 그들은 평화롭게 일하고 건설하고자 합니다. 그들은 자신들이 공통으로 관계되는 커다란 문제에 적극적으로 참가합니다. 모두 이를 정당하다고 생각합니다. 전쟁, 타민족 정복, 동맹, 추축국(제2차 세계대전 때의 독일·이탈리아·일본) 관계, 밀회, 조약 파기는 그들에게 불필요하고 미친 짓으로 여겨집니다. 하지만 그런 다음에 이제 그들 신문사와 방송 특파원들이 와서 유럽에서 일어나는 일을 그들에게 들려줍니다. 노르웨이, 네덜란드, 벨기에, 폴란드, 보헤미아[110] 어디를 가든 똑같은 풍경입니다. 아무한테서도 초청받지 않은 독일 군대가 이들 나라에 진주하고 있습니다. 이들 나라는 독일 군대에 아무런 일도 하지 않았는데도 그들에게 억압받으며 약탈당하고 있습니다. 그리고 자신의 조국을 사랑해서 낯선 침입자들을 위해 무기를 만들려고 하지 않는 자들은 범죄자로 총살당하고 있습니다. 물론 미국인은 무엇보다도 미국 국민입니다. 하지만 그나 그의 아버지 혹은 그의 할아버지가 노르웨이, 네덜란드, 벨기에, 보호받고 있는 덴마크[111], 식민지 총독 관구[112], 보호령[113]에서 태어난 경우가 드물지 않습니

---

[110] 1940년 4월에서 6월까지의 노르웨이 침공, 1940년 5월 네덜란드와 벨기에의 무조건 항복, 1940년 6월 프랑스의 무조건 항복, 체코는 이미 1938년에(보헤미아는 현재 체코의 서부 지방에 해당함), 폴란드는 1939년에 점령되었음.

[111] 1940년 4월 9일 독일군은 중립국인 덴마크를 '보호' 접수했음.

[112] 독일군에 의해 점령된 폴란드는 공식적으로 식민지 총독 관구라고 불렸음.

[113] 히틀러는 1939년 점령된 체코에 '보헤미아와 메렌 보호령'을 설치했음.

다. 그 미국 국민이 또한 이들 나라에 친척이 있거나, 어떤 나라에 좋은 추억이 있는 경우도 있습니다. 그에게 그러한 것이 없다 하더라도, 그리고 심지어 그의 가족이 독일 출신이라 하더라도 올바로 생각하는 사람이라면 그가 겪고 있는 불의와 모든 폭력에 분개하고 있을 겁니다. 그렇습니다, 저는 독일계 미국인, 영국계 미국인, 이탈리아계 미국인 간에 아무런 차이점도 발견하지 못했습니다. 다들 유럽을 통일시키는 것이 올바른 길이 아니며, 수많은 범죄가 조만간 죗값을 달게 받으리라 느끼고 있습니다.

그래서 미국 국민은 오늘날 무엇보다도 세 가지 희망을 품고 있습니다. 그 하나는 미국 자체, 미국의 엄청난 경제력, 미국의 훌륭하고 진실한 지도자들입니다. 두 번째는 영국입니다. 이전에는 미국인들도 영국인들에게 다소 조소 띤 시선을 보냈을지도 모릅니다. 미국인들은 그들이 피곤하고 지나치게 섬세하다고 생각했습니다. 하지만 오늘날 영국이 런던을 방어하는 것을 보고서는 모두 한목소리로 경탄을 금치 못하고 있습니다. 영국은 자유의 깃발을 내걸고 있습니다. 영국은 고통을 겪는 모든 민족, 비밀리에 저항하는 민족들을 대변하고 이들을 위해 투쟁합니다. 그 때문에 여기서는 영국을 도우려는 바람이 대단합니다. 유감스럽게도 더 이상 그다지 강한 희망이 아닌 세 번째 희망은 여전히 독일 국민을 향해 있습니다. 독일인들의 승리는 끝없는 수렁으로 빠져드는 발걸음에 불과하다는 것을 그들이 마침내는 인식하지 않을까? 하고 이곳 사람들은 자문하고 있기 때문입니다. 독일 군인들이 세 나라로 침공해 들어가고, 그들의 잠수함들이 어린 피난민들로 가득 찬 세 척의 배를 침몰시킨다면, 그들이 더욱 많은 사람들을 비참, 추방과 자살의 길로 내몰아 세계의 증오를 한 몸에 받게 된다면 그것이 그들의 소기의 목표에 더 가까이 접근하는 것이 될까요? 우리 모두가 갈망하는 목표에 이르는 훨씬 나은 길은 전 세계를 위한 정당한 평화를 구축하는 것입니다.

독일 청취자 여러분!
1941년 4월

베를린 스포츠 궁전에서 독일의 원수가 최근에 행한 연설[114]로 미국은 특히 반감을 품게 되었습니다. 이는 유해한 두뇌의 소유자가 시대의 화급한 문제를 해결하기 위해 이렇다 할 기여를 할 수 없음을 밝혀주는 빈약한 연설 내용 때문이라기보다는 오히려 연설문의 명랑함, 불건전한 쾌활함이 아마 그 근본 이유였을 겁니다. 그 때문에 영국에서도 이 연설은 '과대망상적'이고 정신 나간 것으로 느껴졌습니다. "히틀러는 종종 재미있게 해주었다"고 미국 언론이 썼습니다. "그가 연설할 때면 보통 때보다 더 많은 웃음이 터졌다." 이러한 익살스러운 이야기들은 어떠한 종류의 이야기였을까요? 그 정복자는 이렇게 말했습니다. "어떤 영국의 정치가는 내가 1940년에 일곱 번의 실수를 저지를 거라고 예측했습니다. 나는 724번의 실수를 했습니다. 하지만 내 적들은 438만5천 번이나 실수했습니다." 정말 탁월한 유머입니다. 스포츠 궁전을 가득 채운 수많은 사관생도 후보생들에게 웃음을 안겨준 다른 유머들과 함께 이 세기의 사람들은 이러한 진기한 유머를 서로 주고받을 겁니다. 가령 인간적인 수치심이 방해하지 않는다면 말입니다. 사실 가령 수치심에는 현재와 같은 세계 상황 하에서 책임 있는

---

114 1941년 4월 29일에 히틀러가 한 연설을 말함.

장본인인 히틀러 씨가 재미있다고 느낄 때 참을 수 없을 정도로 상처를 주는 요소, 무언가 바보스럽고 외설적인 요소가 있기 때문이 아니겠습니까? 정말입니다, 말도 안 되는 우스갯소리를 할 절호의 순간입니다! 비탄과 고난, 인간 사냥, 실향, 절망과 자살, 피와 눈물이 지구상에 가득합니다. 자랑스러운 역사를 가진 국가들, 인류에게 위대한 유산을 물려주고 유복하게 살았던 국가들이 쪼개지고 더럽혀지며 약탈당하고 있습니다. 다른 국가들은 이러한 운명을 피하려고 사활이 걸린 전투를 벌이고 있습니다. 또 다른 나라들은 군비를 갖추기 위해 그들의 자유를 희생하고 모든 자원을 총동원하지 않을 수 없습니다. 8년 동안이나 전시 같은, 더 열악한 상황에서 살아가는 독일 국민 자신은 기아와 역병으로 위협받아 파탄 상태에 이른 대륙의 한가운데서 남몰래 공포를 느끼며 미래를 바라보고 있습니다. 미래는 독일 국민에게 전쟁에 이은 전쟁, 전망할 수 없는 전쟁, 전망할 수 없는 행복의 결핍, 이로써 세계의 증오와 저주를 예고해 줍니다. 하지만 독일의 영도자는 그에 대해 야비한 농담을 지껄입니다.

이것은 하나의 실례였습니다. 이로 인해 연설은 불쾌한 느낌을 주게 되었습니다. 벌써 오래전부터 이 인간이 칠칠맞게도 자기 자신에 대해 충만감을 느끼는 것이 또 미심쩍습니다. 이 충만감에서 그는 자신을 '나ich'로 거듭 말합니다. 이렇게 제1인자 티를 내는 것이 심미적이고 도덕적인 참을 수 없는 무례함과 몰취미를 드러내는 그 자신의 모습과 같지 않은가 하는 물음에는 전혀 아랑곳하지 않습니다. 아무도 그자와 같은 입장이 되고 싶지 않은데도 누군가가 계속 '나'라고 말한다면 참기 어려운 노릇이기 때문입니다. 히틀러 씨는 자신이 준비하고 실행에 옮긴 세계사의 한 부분을 보고 있습니다. 그는 소련 및 일본과 동맹 관계를 맺어[115] 세계를 속이기 위한 단순한 수단으로 그의 정치적 신앙의 두 근본 원칙인 반볼셰비즘과 인종 이념을 포기했습니다. 그는 이 역사를 극히 개인적인 관점, 그의 전기인 사기꾼 경력자의 관점에서 보고 있는 것이 분명합니다. 그래서 그는 자신이 영웅적으로 살고 있다고 환상을 품고 있습니다. 사기적인 경력의 모험성이 그의 빈약한 두뇌를 매혹시킵니다.

그렇지만 열등한 광신주의, 비겁한 금욕과 궁색한 부자연스러움을 지닌 히틀러 개인은 바닥을 알 수 없는 거짓말을 늘어놓고 있습니다. 그는 야비한 잔인성 및 복수심에 사로잡혀, 끝없는 증오감을 품고, 독일어를 망친 채, 관용과 고상한 정신적 삶을 조금도 모르는 결함투성이의 인간성을 지닌 역사상 가장 혐오스러운 인물임을 확신하고 싶어 합니다. 어쨌든 그는 자신의 우둔한 의식의 바깥에 놓여 있는 목적과 목표를 달성하기 위해 세계 의지를 이용하는 도구입니다. 이것들이 달성된다면 파괴에만 쓸모 있는 그 도구는 내던져질 것이고 금방 잊힐 겁니다. 그가 몰락하는 날, 하지만 사슬에 묶인 개의 화난 목소리가 더 이상 울리지 않는 날, 주먹을 움켜쥔 이 신경증 환자의 손톱이 더 이상 세계 지도를 긁지 않는 날, 이날은 수백만의 사람들에게는 한숨을 돌리고 구원받는 날일 겁니다. 사방에서 사람들은 기쁨의 눈물을 흘

---

115 독일은 1939년 8월 24일 소련과 불가침 조약을 맺었고, 1940년 9월 27일 일본, 이탈리아와 3강 조약을 맺었음.

리며 서로 팔을 끌어안고 잔을 부딪치며 이 고통, 극악무도한 악당의 압제에서 해방된 것을 기뻐할 겁니다. 자신과 온 세상에 재앙을 주려고 태어난 그자는 어쨌거나 생존하려거든 적어도 자신에 관해 말해서는 안 될 겁니다.

히틀러 씨는 명랑한 연설을 계속하는 가운데 '모모 씨'가 와서 독일 민족을 영도사로부터 이간시키려고 한다며 불만을 표출했습니다. 하지만 이 같은 일을 획책하는 자는 독일 민족을 알지 못하는 자입니다. 이제 독일 민족의 성격은 잘 알려져 있습니다. 그러한 시도가 당분간 아무 쓸모가 없다는 점에서 히틀러 씨는 우리에게 아무런 새로운 사실을 말한 게 아닙니다. 독일인들에게는 정치적인 총명함과 이탈리아인들이 지닌 비판 정신[116]이 없습니다. 이탈리아인들은 그들의 지도자를 위해 싸우는 것을 분명 꺼립니다. 그들은 나쁜 짓을 하는 것은 참을 수 있어도 멍청이가 되는 것은 참을 수 없다고 생각하기 때문입니다. 독일 민족은 상당 기간 부동자세로 충직하게 행진할 겁니다. 히틀러의 전쟁이 실패로 끝나면 독일 민족은 파멸할 거라는 말을 그들이 믿는 한에서는 말입니다. 독일 민족은 이 말을 새빨간 거짓말임을 인식하자마자, 히틀러와 그의 일당이 정당한 평화, 그리고 독일 민족이 기꺼이 받아들이고자 하는 더 행복한 사회적 국제 질서에 대한 유일한 방해물임을 인식하자마자 두말할 것도 없이 히틀러가 받아야 할 죗값을 받게 될 겁니다.

---

116 1940, 41년 이탈리아와 그리스 전쟁에서 무솔리니는 이탈리아 군부의 강력한 저항을 받았음.

독일 청취자 여러분!
1941년 8월

독일 민족과 오늘날 독일에서 만연하고 있는 폭력 사이에 어떤 차이점이 있는지, 독일이 새롭고, 사회적으로 개선된, 정의와 평화를 토대로 하는, 이러한 전쟁으로 말미암아 조성될 국제 질서에 성실하게 편입될 능력이 있는지에 대해 세계적으로 논쟁이 한창입니다. 누가 이 같은 질문을 하면 저는 이렇게 대답하겠습니다.

우리가 나치라고 부르는 것이 독일적인 생활에 오랫동안 뿌리를 박고 있음을 저는 인정합니다. 그것은 끔찍한 파멸의 씨앗을 늘 품고 있던 이념들이 위험하게 변질된 형태입니다. 하지만 그 이념들은 문화와 교양이라는 옛날의 좋았던 독일에 결코 낯설지 않았습니다. 고상한 토대에서 살았던 그 이념들은 낭만주의라고 불려 세상 사람들을 매료시켰습니다. 사람들은 그 이념들이 히틀러한테 오게 되었기에 몰락했고, 몰락하게끔 되어 있었다고 말할 수 있을지도 모릅니다. 기술 시대에 대한 독일의 탁월한 적응 능력과 함께 그 이념들은 오늘날 전체 문명을 위협하는 폭약이 되어 있습니다. 그렇습니다, 나치로 귀결된 독일의 국가주의와 인종주의의 역사는 오래된 나쁜 역사입니다. 그 역사는 멀리까지 거슬러 올라갑니다. 처음에는 흥미롭다가 점점 더 비열하고 추악해집니다. 하지만 이러한 역사를 독일 정신의 역사와 혼동하여 이들을 하나로 취급하는 것은 극단적인 비관주의이며, 평화를 해칠 수도 있는 오류일지도 모릅니다. 저는 선의를 품고 있으며, 조국을 무척 사랑한다고 외국인들에게 대답합니다. 그들이 사랑하는 독일, 뒤러, 바흐, 괴테, 베토벤의 독일이 오랫동안 역사적인 숨결을 유지할 거라고 말입니다. 다른 나라 같으면 금방 숨이 끊어질 겁니다. 독일이 오늘날 숨을 가쁘게 몰아쉬는 것을 보고 목숨이 무척 질기다고 오해해서는 안 됩니다. 독일은 기력이 쇠진했거나 바야흐로 목숨이 끊어지려고 하고 있습니다. '제3제국'은 그야말로 마지막 숨을 몰아쉬고 있는 겁니다. 제3제국은 이념을 실현하려다가 그것을 웃음거리로 만들어 무언가 더할 나위 없는 것, 전적으로 치명적인 것을 내보이고 있습니다. '사실 여기에 모든 희망의 근거가 있습니다.' 그 희망은 근 150년 동안 독일 국민과 지성인들 사이에서 끓어오르던 이념들의 정치적 실현인 국가 사회주의가 무언가 극단적인 것이고, 육체적으로나 도덕적으로 완전히 터무니없는 것이라는 데 기인하고 있습니다. 이는 더 이상 능가할 수 없고, 다시 반복될 수 없는 극악무도한 비도덕성과 야수성의 실험입니다. 모든 인간성의 포기, 인간을 속박하고 순화시키는 모든 것에 반대하는 살인 광란, 독일인들에게도 더구나 그들의 가슴에 자리하고 있었던 모든 가치와 정신적 재화에 대한 절망적인 능멸, 인종 신화와 세계 정복을 위한 전체주의적 전시 국가의 수립, 이보다 더 이상은 할 수 없으며, 이보다 더 나아갈 수 없습니다. '이러한' 실험이 실패로 끝나게 되면 인류는 악이 최종적인 승리를 거두게 하지 않을 것이므로 이 실험은 실패로 끝날 겁니다. 독일의 국가주의는 기술화된 신비이기 때문에, 지금까지 있었던 것 중 가장 위험한 이 국가주의는 정말이지 재기 불능의 상태가 될 겁니다. 그래서 우리는 오히려 이렇게 말합니다. 독일은 전혀 다른 방향으로 갈 수밖에 없을 거라고 말입니다. 세계는 독일을 필요로 하지만, 독일도 세계를 필요로 합니다. 그런데 독일이 세계를 '독일식으로' 만들 수 없었으므로 독일은 언제나 사랑과 호감을 품고 그래왔던 것처럼 세계를 자신 속에 받아들여야 할 겁니다. 독일은 자신이 보존되는 것을 볼 것이고, 오늘날 땅속에 깊이 뿌리박혀 있는 전통들을 다시 밖으로 끌어낼 겁니다. 하지만 그 전통들은 명명백백하게 파멸을 맛본 전통들 못지않게 민족적입니다. 그 전통들은 독일이 어떤 세계와 하나가 되는 것을 수월하게 해줄 것입니다. 인류가 살아 있는 동안 자유와 정의를 누려야 하듯 이 세계는 그것이 실현된 사회입니다.

이것이 한 가지 사실입니다. 다른 한 가지는 독일이 '결코 더 행복해지지 못할' 거라는 사실입니다. 실은 이러한 사실도 벌써 오늘날 예감된 것입니다. 자유를 누리며 만족하게 된 단일 세계, 민족 국가적인 독단이 사라짐으로써 탈정치화된 단일 세계의 일원으로서 말입니다. 독일은 바로 그러한 세계를 위해 태어났습니다. 일찍이 강권 정치가 어떤 민족에게 저주이며 사실을 왜곡시키는 부자연스러움이었다면 그것은 본질적으로 비정치적인 독일 민족에게 적용되는 것이었기 때문입니다. 독일인은 우아해지기를 바랄 때는 창밖으로 뛰어내린다고 어떤 프랑스인이 악의적으로 말했습니다. 독일인은 그런 행동도 합니다. 독일인이 정치적이기를 원할 때는 더욱 거칠고도 결연하게 그런 행동을 합니다. 권력 정치, 그것은 독일인에게는 '비인간화'를 의미합니다. 히틀러주의, 창밖으로 섬뜩하게 뛰어내리는 이러한 행동이 그것을 증명해줍니다. 이는 부족한 것을 지나치게 부자연스러운 방법으로 메우려는 행동입니다. 독일인은 이처럼 결코 자랑스럽지 않은 일을 자랑스레 생각합니다.

민족 국가적인 강권 정치의 종말, 어떠한 민족에게도 독일 민족에게만큼 그러한 종말이 구원을, 가장 강력하고 고상한 최고 특성의 우대를 의미하지 않을 겁니다. 그리고 오늘날 말할 수 없는 노력을 기울여 그러한 특성을 억누르려고 하는 '세계'에서 이러한 위대한 특성들이 마침내는 계발될 수 있을 겁니다.

독일 청취자 여러분!
1942년 6월

이전에 보낸 어떤 방송에서 저는 유감스러울 정도로 진실이 약화하여 전달된 것에 스스로 책임을 통감했습니다. 저는 나치의 치욕적인 행위에 관해 말했고, 유대인의 피를 가진 400명의 젊은 네덜란드인이 독일로 끌려가 독가스로 살해되었음을 언급했습니다. 지금 저는 간접적인 경로로 알아본 결과 제가 보고한 숫자가 거의 절반으로 축소되었음을 알았습니다. 당시에 거의 800여 명이 체포된 후 마우트하우젠(오스트리아에 있는 나치 강제 수용소)으로 끌려가 독가스로 목숨을 잃었습니다. 그러는 사이에 네덜란드 정부가 정확한 숫자를 공표했습니다. 하지만 여러분은 이러한 사정을 모르리라고 짐작되기 때문에 제가 사적으로 접수한 내용을 여러분께 전달하고자 합니다. 그에 의하면 나치의 비인간화는 사람이 말하고 생각하는 것을 훨씬 능가하고 있음이 드러나고 있습니다. 여기에는 도대체 과장의 위험성이 전혀 없습니다. 최악의 현실이 진실의 절반밖에 알려지지 않는 실정이니까요.

  그리고 마우트하우젠에서 자행된 잔인한 대량 학살은 이러한 비인간화의 전체 모습에서 눈에 띄지 않는 개별 사건에 불과한 것이 아닐까요? 히틀러에게 유린당하고 고문을 당한 세력 범위 전체에 퍼져 있는 잔인함의 바다에서 대량 학살은 흔적을 보이지 않게 되는 것이 아닙니까? 하이드리히[117]가 살해당한 이후, 그러니까 그와 같은 잔학한 인간이 죽을 수 있는 가장 자연스러운 죽음을 맞은 이래로 예전보다 더 병적으로 더 거리낌 없이 사방에서 테러가 만연하고 있습니다. 오래전부터 나치 정권을 특징지었던 잔인성과 새된 소리의 엄살이 섞여 있는 이러한 불합리한 일들은 또 한 번 구역질 나게 합니다. 암살 기도와 암살자들의 도주가 나치 측의 암시와 후원 없이는 성공하기 어려웠으리라는 짐을 우리는 무시하고자 합니다. 부패는 밑바닥이 없는 늪입니다. 정말이지 부패에는 끝이 없을 것으로 생각됩니다. 하지만 일찍이 하이드리히와 같은 종류의 인간이 달리 종말을 맞은 적이 있었습니까? 그가 맞이했던 것과 같은 죽음은 세상에서 가장 자명한 일이며, 단순한 직업상 위험이자 무미건조한 개연성이 아닙니까? 그러한 개연성이 이행되어도 인간적인 논리를 지닌 사람은 놀라지도 정신을 잃지도 않습니다. 이 살인 앞잡이가 가는 곳에는 피가 넘쳐흘렀습니다. 사방에서, 독일에서도 그런 사람은 적절하게도 '형리'라고 불렸습니다. 그의 이름은 사형 판결 아래의 서명이지 더 이상은 아니었습니다. 그가 프라하에서 파리로 가기 전, 짧지만 효과적인 방문에서 서둘러 34건의 서명을 하여 일주일 만에 153명의 인질이 살해되게 했습니다. 이 일은 그가 흐라진Hradschin의 보호자로 이주하기 전에 일어났습니다. 거기서 그가 체코 민족을 소위 보호해준 일로 그 독일 이름은 100년 동안 잊히지 않을 겁니다. 이제 그는 살해당했습니다.

---

117 하이드리히(Reinhardt Heydrich, 1904-1942): 나치의 비밀경찰청장 출신으로 1942년 '보헤미아와 메렌 보호령 총독'이었던 그는 1942년 5월 27일 체코의 레지스탕스에 의해 살해되었음.

그런데 나치는 이 일을 어떻게 받아들일까요? 나치는 경련 발작을 일으킵니다. 그들은 정말이지 인간성의 지고한 것, 최고의 것을 훼손하고, 상상할 수 없는 신성모독적인 범죄가 일어난 것처럼 행동합니다. 그들은 도무지 논리적으로 사리분별을 할 줄 모릅니다. 그들에게는 조금의 정의감도 없고 조금의 이성도 없습니다. 그들에게는 복수의 외침 말고는 아무 말도 들리지 않습니다. 그러다가 그들은 욕설을 퍼붓기 시작합니다. 남성적이라고 사랑받던 살인 공범을 잃어버려 슬픔에 빠진 영도자는 불면의 밤에 생각해낸 훈령을 내립니다. 학살과 총살에 관한 훈령입니다. 저항력이 없고 죄가 없는 것에 대한 분노입니다. 이렇게 나치의 기분에 따라서 말입니다. 남녀 불문하고 천 명이 죽어야 합니다. 범인들을 숨겨줬다는 마을인 리디체[118]의 전체 주민이 몰살되어 마치 지진을 방불케 합니다. 목숨을 부지한 프라하의 주민은 장례 행렬이 지나가는 동안 길가에 줄지어 서 있어야 합니다. 국내에서는 하이드리히를 위해 화려한 국장을 치르라고 지시합니다. 다른 인간 백정[119]은 묘지에서 고인은 순수한 영혼의 소유자이자 고상한 박애 정신을 지닌 사람이었다고 말합니다.

이 모든 것은 미친 짓거리입니다. 이는 혼란스러운 세상을 절대화하려고 하고, 이제는 독일어 단어, 건강한 이성, 예의범절을 능멸하며 권력을 잡은 자의 미친 짓거리입니다. 미친 짓거리를 하는 데는 권력이면 다입니다. 미친 짓거리를 마음껏 하기 위해서는

---

118 1942년 6월 10일 체코의 이 작은 마을에서 하이드리히를 암살한 것에 대한 보복으로 167명의 남자가 살해되었음.

119 고별 연설을 한 하인리히 힘러를 말함.

권력이 절대로 필요합니다. 합리적인 인간은 권력에 의존하지 않고 미친 듯이 권력을 탐하지도 않습니다. 진실을 말하는 데는 권력이 필요치 않습니다. 하지만 하이드리히가 고상한 사람이었다고 말할 수 있으려면 권력이 필요합니다. 진실이 무엇이고 어리석은 짓이 무엇인가를 규정해주는 절대 권력이 필요합니다. 합리적인 인간은 권력을 잡더라도 아무 짓이나 하지 않습니다. 반면에 나치는 자신을 방해하고 저지하고 처벌할 수 있는 자가 있는지 주변을 둘러봅니다. 아무도 없으면 그 복수자는 정도를 지나치게 됩니다.

역사 철학자들은 권력 자체를 나쁘다고 말했습니다.[120] 저는 그렇게 생각하지 않습니다. 권력이 있으면 나쁜 짓을 해도 처벌받지 않는다고 생각하는 사람은 타락한 사람들뿐입니다. 전쟁이여, 머릿속에 이성이 있고, 가슴에 동정심이 있으며, 권력을 선을 위한 수단으로 사용하는 자들에게 권력을 주소서!

---

120 문화사학가 야콥 부르크하르트의 저서 『세계사적인 고찰들』에 나오는 말. "누가 권력을 행사하든 간에 권력은 그 자체로 나쁘다. 권력은 인내가 아니라 탐욕이며, 따라서 실현 불가능하기 때문에 자체적으로 불행하며 필경 다른 사람들을 불행하게 만든다."

독일 청취자 여러분!
1942년 10월 24일

최근 서구 문화의 담당자이자 '보호자'인 나치에 의해 빈에서 소집된 '유럽 청년 의회'[121]는 원래 승리의 축제로 생각되었습니다. 스탈린그라드 정복[122]으로 대회가 축제 분위기로 시작되어야 했지만 그렇지 못했습니다. 하지만 세계의 젊은이에게 보내는 미국 루스벨트 대통령의 연설에 반대하는 의미로 열린 그 행사는 여전히 필요했습니다. 유럽의 청년 조직 창설을 의결하기 위해 대륙의 모든 점령국과 동맹국의 젊은 대표들을 불러 모으는 게 필요했습니다. 나이가 지긋한 변변찮은 시인인 발두어 폰 쉬라흐[123]의 주도하에 말입니다. 히틀러의 은총을 받는 독일 청년 지도자였던 그는 이제 유럽 청년 지도자로 승진했습니다. 그가 거기서 한 연

---

121 1942년 9월 14일 빈에서 소집된 '유럽 회합'에서 전 유럽의 파쇼적인 청년 조직들은 '유럽 청년 동맹'을 창설했음.

122 1942년 8월 독일 제6군단은 스탈린그라드를 부분적으로 점령했지만 이 지역을 지킬 수 없었다. 히틀러의 퇴각 명령으로 이 군대는 포위되어 1943년 1월 31일 처참한 항복을 함으로써 독일의 패전에 결정적인 영향을 끼쳤음.

123 폰 쉬라흐(Baldur Benedikt von Schirach, 1907-1974): 전쟁 범죄로 유죄 판결을 받은 국가 사회주의 독일 학생동맹의 청년 지도자로 1940년부터 빈의 총독을 역임했으며, 히틀러 유겐트의 창설자임. 히틀러 유겐트의 우두머리와 빈의 대관구장, 제국 지사를 역임했다. 나치의 패망 이후 연합군에 붙잡힌 폰 쉬라흐는 뉘른베르크 재판에 넘겨졌고, 비인도적인 범죄행위를 저질렀음이 판명되어 1946년 10월 1일 징역 20년형이 선고되었다. 그러다가 1966년 슈판다우 요새에서 석방되었다.

설은 어리석을 정도로 뻔뻔하다는 점에서는 지금껏 나치의 입에서 나온 대부분의 표현을 능가했습니다. '유럽'이라는 단어가 이자의 입에서 어떻게 느껴지고, 어떻게 울리는지요. 피비린내 나는 이 멍청이들이 프락시텔레스[124], 미켈란젤로, 렘브란트 및 뒤러[125]를 입에 올리고, 이 이름들을 자신들을 위해 용용하고, 그들에 의해 짓밟히고 유린되고 고문당하고 치욕을 당한 대륙의 명예를 자랑할 때면 말입니다. 세계는 이로 인해 또 한 번 구역질 나는 웃음을 경험했습니다. 나이가 지긋한 이 태양의 젊은이는 그것이 하나의 재미라는 사실을 과시했습니다. "여러분의 프락시텔레스와 렘브란트는 어디에 있습니까?"라고 그는 미국에 소리쳤습니다. "불모의 대륙이라는 미명하에 유럽 수호신의 신적인 영감에 대항하여 무기를 드는 여러분의 대담성은 어디에서 연유하는 겁니까?" 그는 정확히 이렇게 소리쳤습니다. 미국과 연합국은 프락

---

124 프락시텔레스는 고대 그리스의 조각가로 그 전까지의 그리스 조각 양식과는 달리 섬세하고 우아한 감각의 양식을 창조했다. 그의 작품은 이후 헬레니즘 시대에까지 영향을 미쳤다. 섬세하고 정교한 표현이 특징적이며, 다양한 색채 응용을 중요하게 여겼다. 또한 여신을 전라로 표현하는 대담한 시도를 했다. 그의 작품과 양식은 이후 그리스와 헬레니즘 시대의 조각가들에게 큰 영향을 미쳤다. 하지만 그의 작품들은 하나를 제외하고는 모두 지금까지 남아 있지 않고, 대부분 로마 시대에 만들어진 모작들만 존재한다.

125 뒤러(Albrecht Dürer, 1471-1528): 15-16세기 독일 르네상스의 대표적인 화가이자 판화가. 주요 작품으로는 「요한의 묵시록」 연작과 「네 사도」, 「기사와 죽음과 악마」, 「성 히에로니무스」, 「멜랑콜리아 I」 등이 있다. 뉘른베르크에서 금세공 집안에서 태어나 1486년부터 3년간 목판 삽화가인 미하엘 볼게무트의 문하에서 지냈다. 두 차례의 이탈리아 여행을 통해 이탈리아 미술의 고전적인 원칙으로부터 영향을 받았다. 막시밀리안 1세에게 고용된 7년간은 황제를 위한 기념비적인 목판화들을 제작했고, 말년에는 플랑드르 미술 대가들과도 교류했다. 사후 독일뿐만 아니라 이탈리아와 네덜란드의 수많은 후대 화가들이 뒤러의 판화 작품을 따랐다.

시텔레스와 렘브란트에 맞서 싸우고 있습니다. 그것도 질투심 때문에 말입니다. 그들은 허락도 받지 않고 나치의 고급 관료들을 모방해 유럽의 박물관에 있는 보물들을 훔치려 합니다.[126] 하지만 사람들은 그들에게 이를 보여줄 겁니다. 그, 발두어, 그리고 그와 맹약을 맺고 있고, 그에게 예속된 소년들은 성스러운 유럽적인 문화 토양의 상속자들입니다. 그들은 엔진Motors 장군과 전기Electric 장군에 대항하여 그 토양을 방어할 줄 알 겁니다. 사실 괴링 장군과 파르베 장군, 지멘스-슈케르트 장군도 있지만 이들은 문화를 잉태한 유럽의 토양에서 시들어버린 귀족적 인간형들입니다.

사실 우리는 고골[127] 박물관과 야스나야 폴랴나[128]에서, 그리고 차이콥스키 박물관에서도 나치에게 엄청난 타격을 입혔습니다. 그렇다고 해서 문화에 대한 우리의 내적인 관계를 의심하는 것은 잘못된 생각일 겁니다. 사실이지 살아 있는 대부분의 유럽

---

126 나치의 고급 관료들 중에서 특히 헤르만 괴링은 점령지에서 수많은 보물을 거두어들여 자기가 가졌음.

127 고골(Nikolai Vasilievich Gogol, 1809-1852): 우크라이나 작가이자 극작가이다. 젊은 시절 배우를 지망했으나 실패하고 문학으로 전환한 고골은 철학, 문학, 역사에 관심을 두었고 이후 종교적이고 철학적인 작품을 쓰게 된다. 1834년 페테르스부르크 대학 조교로 세계사를 강의했으나 실패하여 곧 퇴직하였다. 희극 『감찰관』(1836)은 진보 세력의 절찬을 받았으나, 지배 세력의 공격을 받게 되어 그는 로마로 간 후 스위스·파리·로마 등지에 거주하였다. 1847년에 『결혼』을 쓰고, 그 뒤 로마에서 명작 『죽은 혼』을 쓰면서 건강을 해쳤다. 결국 『죽은 혼』을 모스크바에서 완성했으나 자신의 뜻을 전달하는 데 어려움을 느끼고, 정신적 고뇌와 사상적 동요로 정신 착란에 빠진 그는 원고를 불 속에 던지고 10일간의 단식으로 삶을 마감했다.

128 러시아의 박물관이다. 야스나야 폴랴나는 러시아어로 '빛나는 공터'를 뜻한다. 툴라에서 남서쪽으로 12km 정도 떨어진 곳에 위치함. 대문호 레프 톨스토이가 태어난 곳이다.

문화, 예술과 학문은 유럽에서 슬쩍 달아나 영국과 미국의 해안으로 도망쳤습니다.[129] 하지만 프락시텔레스와 렘브란트는 우리의 것입니다. 그들은 히틀러에 의해 통합된 유럽과 나치 문화의 저명한 후원자들입니다. 사실 전 유럽은 우리의 통합 방식에 반대하여 절망적인 저항을 하며 경련하고 있습니다. 하지만 유럽이 그러는 것은 볼셰비즘적, 자본주의적, 제국주의적인 직끼리의 인합이 그것을 부추기기 때문입니다. 그 연합은 국가 주권이 가련하게 숨을 멎은 상태로 이루어져 있습니다. 우리는 세계 역사상 가장 엄청난 혁명을 이룩했습니다. 그 혁명의 본질은 각기 자국의 주권을 포기하는 것에 있는데 독일만 그렇지 않습니다. 어리석기 짝이 없는 독일의 국가주의와 인종주의 과대망상은 '유럽'이라는 이름을 띠고 있으며, 제국주의의 전체 역사가 여태껏 보지 못한 독점적인 착취 체계를 구축하고 있습니다.

독일 청취자 여러분! 나치를 통한 유럽의 발견은 잘못된 발견이며 뭐니 뭐니 해도 때늦은 발견입니다. 이러한 잔혹한 촌뜨기들은 바로 이 이념이 벌써 분명 촌스러운 냄새를 풍기기 시작하던 순간에 유럽에 대해 점잔빼며 말하기 시작합니다. 나치 청년 지도자 쉬라흐가 '백악관의 병든 늙은이'라고 부르는 루스벨트는 그 자보다 시대와 세상에 대한 사정을 더 잘 알고 있다고 생각됩니다. 루스벨트가 이렇게 말한다면 말입니다.

---

129 히틀러가 권력을 잡자 1300여 명에 달하는 대부분의 독일 문필가들은 처음에는 독일의 인접국인 프랑스, 스위스, 덴마크, 체코로 망명을 떠났다가 1938년 이후에는 미국, 멕시코, 영국, 스웨덴 및 소련으로 망명했음.

"'서양 문명'이라는 낡은 표현은 더 이상 적합하지 않습니다. 세계적 사건과 인류 공동의 필연성은 아시아와 유럽의 문화를 미국에 통합시켜, 바야흐로 처음으로 세계 문명을 형성하려는 순간에 있습니다."

독일 청취자 여러분!
1943년 6월 27일

우리 유럽인들은 비록 신세계의 시민증[130]을 받게 된다 해도 우리의 오래된 유럽에 대해 자랑스럽게 생각하려고 합니다. 유럽은 경탄할 만한 가치가 있는 대륙입니다. 유럽의 여러 민족이 히틀러의 불명예스러운 '신질서'를 감수하고, 노예 상태에 순응하고, 흔히 말하듯 나치 독일에 협력했다면 그들이 얼마나 더 수월하고, 얼마나 더 편리하게 살 수 있었겠습니까. 그들은 그러지 않았습니다. 수년 동안 잔인한 테러를 당하고 고문과 처형에 시달렸건만 그들의 저항 의욕은 꺾이지 않았습니다. 반대로 이러한 행위들은 그들을 더욱 강하게 만들었습니다. '이민족의 침공에 대항하여 자신의 가장 신성한 재화를 방어하기 위해 결속하는, 히틀러에 의해 통합된 유럽'은 나치의 거짓말 중에서 가장 한심한 거짓말입니다. 유럽이 대항해 가장 신성한 재화를 방어해야 할 이방인은 바로 나치 자신이지 다른 누구도 아닙니다. 얼마 안 되는 부패한 상층부만, 돈과 돈벌이만을 중히 여기는 배반자만 나치와 협력합니다.

---

130 토마스 만은 관료적인 자질구레한 절차를 치른 후에 1944년 6월 23일 미국 시민증을 취득했음.

여러 민족은 이러한 행위를 거부합니다. 연합국 측의 승리가 확연히 드러날수록 참을 수 없는 것에 대해 그들은 당연히 확신을 갖고 저항합니다. 7백만 명이나 되는 사람들이 유형지에서 강제 노역에 처해졌고, 거의 백만 명이 처형되거나 살해되었습니다. 수만 명의 사람들이 지옥 같은 강제 수용소에 수감되어 있습니다. 어쩔 도리가 없습니다. 불평등하고 영웅적인 전쟁이 계속 수행됩니다. 여러분은 독일의 군대와 이탈리아의 군대에 의해 점령지에서 족히 15만 명이나 되는 사람들이 목숨을 잃은 사실을 알고 계십니까? 유고슬라비아, 그리스, 폴란드와 프랑스 같은 곳에서는 게릴라전으로, 노르웨이, 네덜란드, 벨기에와 체코슬로바키아와 같은 곳에서는 암살로 인해 말입니다. 적어도 250명의 매국노들이 유럽의 여러 나라에서 살해당한 사실을 아십니까? 매국노란 나치에 협력하는 토착민을 통칭하는 말입니다. 그들은 죽어 마땅한 자들입니다. 태업으로 인해 나치의 전시 생산품이 여러 지역에서 30% 정도 줄어들었습니다. 이는 지하 조직들의 과업입니다. 이는 포로가 도망치는 것을 도와주기 위해, 전쟁 물자를 파괴하고 불법 유인물을 배포하여 국민이 저항 정신을 갖도록 뒷받침하기 위해, 이름도 명예도 없이 도처에서 그들의 목숨을 거는 사람들의 과업입니다. 그들이 발행한 신문은 수십만이나 되는 사람들의 수중에 들어가고 있습니다.

저는 유럽의 여러 민족에게 경의를 표하라!고 말합니다. 그리고 저는 지금 제 말에 귀 기울이는 몇몇 사람들에게는 생소하게 들릴지도 모르는 말을 덧붙이겠습니다. 독일 민족에게도 경의와 동감을 표해 주십시오! 독일 민족과 나치의 행태 사이에 아무런 차이가 없다는 이론, 독일적이라는 말과 국가 사회주의적이라는 말이 같은 말이라는 이론이 연합국 측 나라에서 주장되고 있습니다. 이는 일리가 없는 말은 아닙니다. 하지만 이 이론은 근거 없는 주장이며 관철될 수 없을 겁니다. 그에 반대되는 사실들이 너무나 많습니다. 다른 나라들과 마찬가지로 독일은 저항해 왔고 앞으로도 계속 저항할 겁니다. 지금 예속당한 나라들에서 비밀리에 벌어지고 있는 일은 어느 정도는 지난 10년 동안 독일에서 일어나고 있는 일의 반복입니다. 그리고 그들은 부분적으로는 독일에서 법을 위반하는 사람들의 경험을 이용하고 있습니다. 힘러[131] 국가에서 이상주의, 정의와 자유에 대한 그들의 굽힐 줄 모르는 신념을 가진 대가로 고문당하고 죽음을 맛보아야 했던 자들의 숫자가 얼마나 되는지 누가 알겠습니까? 전쟁이 발발할 당시 독일에는 20만 명의 정치범들이 있었습니다. 독일 언론에는 대역죄를 범하거나 태업을 한 이유로 사형 선고를 받거나 징역형을 선고받는 사건이 끊임없이 실리고 있습니다. 우리는 이러한 사건들을 얼마든지 찾아낼 수 있었으며, 그러한 사건들을 우리는 인정하고자 합니다. 이것이야말로 히틀러의 배후에서 하나로 된 독일인 것입니다!

---

131 힘러(Heinrich Himmler, 1900-1945): 독일 제3제국에서 히틀러 아래 권력서열 2인자였다. 그는 능률적인 행정가였고 잔인하면서도 열정적인 권력 추구자였다. 또한 그는 비열할 정도로 히틀러에게 충성했으며 냉혈적·광신적인 집착력을 가지고 신비주의적 철학 경향과 나치의 인종적 이데올로기를 결합시켰다. 그 결과 그는 대학살의 최고 설계자가 되었다. 1925년 나치당에 가입한 이래 힘러는 국가 테러망을 조직하여 제3제국의 반대파를 억압하고 국내의 적을 제거하며, 독일 국민들에게 복종을 강제할 수 있도록 하는 데 많은 공을 세웠다. 패전 후 연합군에 생포되자 가지고 있던 독약으로 자살했다.

지금 세계는 뮌헨 대학교[132]에서 일어난 사건에 대해 말할 수 없이 감동하고 있습니다. 그것에 대해 스위스와 스웨덴의 보도는 처음에는 부정확하게, 그런 다음에는 점점 더 상세하게 우리에게 전달되었습니다. 우리는 이제 스탈린그라드 전투의 생존자인 한스 숄과 그의 누이 조피 숄, 크리스토퍼 프롭스트, 후버 교수와 그 외의 모든 사람들에 대해 알고 있습니다. 우리는 이제 대강당에서 행한 나치 두목의 연설에 반대하여 일어난 부활절의 대학생 봉기, 단두대 아래에서 그녀가 순교한 사실, 그들이 뿌린 전단에 대해 알고 있습니다. 그 전단에는 불행한 시절에 독일적인 자유의 정신에 반대하여 독일 대학들에서 저질러진 많은 범죄를 보상하는 글월이 적혀 있습니다. 그렇습니다, 그 전단은 근심으로 가득 차 있습니다. 독일의 청년, 바로 청년이 국가 사회주의적인 거짓 혁명에 이렇게 쉽게 허물어지는 것에 대해 말입니다. 이제 그들은 눈을 떴습니다. 그들은 인식을 위해, 독일의 명예를 위해 젊은 우두머리를 심판대에 세웁니다. 조피 숄은 법정에서 그 나치 의장의 면전에 이렇게 말한 후에 그를 심판합니다. "내가 서 있는 이곳에 당신이 곧 서게 될 것입니다." 그녀는 죽음에 직면하여 이렇게 증언합니다. "자유와 정의에 대한 새로운 믿음이 어렴풋이 떠오릅니다."

용감하고 훌륭한 젊은이들입니다! 여러분의 죽음이 헛되어서

---

132 대학생 저항 조직인 '백장미'는 1942-45년 뮌헨에서 전단을 뿌리며 나치 통치에 저항했다. 그러다가 발각돼 한스와 조피 숄 남매, 크리스토퍼 프롭스트, 쿠르트 후버, 알렉산더 슈모렐은 1943년 처형당했다.

는 안 되고, 여러분이 잊혀버려서는 안 됩니다. 나치는 추악한 무법자, 비열한 살인자들을 위해 독일에 기념비들을 세웠습니다. 독일의 혁명, 실제적인 혁명은 이것들을 허물어뜨리고, 그 자리에 여러분의 이름을 영원히 새겨 놓을 겁니다. 독일과 유럽이 아직 캄캄한 밤이었을 때 여러분은 다음 사실을 알고 고지합니다. "자유와 정의에 대한 새로운 믿음이 어렴풋이 떠오름을."

독일 청취자 여러분!
1944년 3월 28일

자유 국가들에서 전면전이 벌어졌습니다. 독일 도시들에 공중 포격이 가해져 민간인들이 지르는 비명은 공공연한 양심의 문제를 야기합니다. 영국에도 미국에도 이러한 방식으로 잔인하게 전쟁을 치르는 것에 대해 큰 소리로 두려움 없이 전적으로 아무 방해도 받지 않고 비난하고 탄식해 마지않는 목소리가 없는 것은 아닙니다. 이들은 그럼으로써 자기들이 극악무도한 적의 수준으로 떨어져 휴머니즘을 방어한다는 미명 하에 이를 짓밟는 행위를 한다고 비난합니다.

이러한 항의들은 지극히 경의를 표할 만합니다. 이러한 항의를 하게 된 배후의 감정은 도덕적인 인간에게 생소하지 않습니다. 쾰른, 함부르크, 베를린[133] 및 여타의 지역에서 벌어진 일은 전율을 일으킵니다. 극단적인 잔인성에는 사실 극단적인 잔인성으로만 대처할 수 있다고 말하는 것은 별 도움이 되지 않습니다. 여기서는 신의 벌이 주재하고 있고, '행위'는 그다지 문제가 되지 않으며, 오히려 복수할 '사건'이 문제가 된다고 말하는 것은 별 도움이 되지 않습니다. 확실히 문화를 구원한다는 명목으로 지르는 나치의 비명은 경멸스럽습니다. '공중의 훈족'에 맞서는 그들의 선전은

---

133 연합군의 조직적인 포격으로 수많은 민간인이 죽거나 다쳤다.

예술과 정치 반지성주의를 경계하며

성공 가능성이 없으며 도덕적으로 무기력합니다. 자신에게 낯설고 부자연스러운 짓, 자신의 도덕 법칙에 따르면 해서는 안 되는 짓, 그럼에도 지상의 법령을 공포함으로써 하지 않을 수 없는 짓을 해야 한다는 것은 자유의 양심, 비극이 관계되는 문제입니다. 이 딜레마는 심각하고, 불안하게 하고, 부담을 줍니다.

하지만 다시는 더 이상의 딜레마가 없을 겁니다. 어떤 유일한 말, 나치 국가에서 나오는 하나의 보고가 딜레마를 없애버리고, 문제를 해결하고, 모든 의심을 침묵시키며, 뻔뻔스럽기 짝이 없고, 개선 불가능하고, 참을 수 없는, 인간으로서 용납할 수 없는 거짓말이라는 최종적인 불명예가 존재함을 명심시켜 줍니다. 이러한 거짓말을 한 죄과로 이들은 유황비를 맞아야만 할 겁니다. 그에 대한 답변으로 가능한 것이라곤 파멸과 폭탄 투하밖에 없습니다.

저는 신문을 집어 들고 읽습니다. "17개의 언어로 나치의 검열을 받는 대륙의 언론은 '새로운 사회주의적 유럽'을 통고하노라!"

이러한 거짓말의 늪에 대해 다름 아닌 매일 2천 건의 '공습'이 행해집니다. 지나치게 비열한 이런 행위, 속을 뒤집는 사기, 언어와 이념을 모독하는 이 추악한 행위, 진실을 능욕하는 이 무지막지한 행위는 어떠한 대가를 치러서라도, 어떠한 수단을 써서라도 없어지고 사라지게 해야 합니다. 반면에 전쟁은 인류의 절망적인 투쟁입니다. 가령 이러한 투쟁을 하는 중에 인류 자신이 손상을 입을지의 여부에 대해서 인류는 묻지 말아야 합니다.

사회주의! 히틀러와 그의 일당은 독일 금융 자본과 국제 금융 자본이 참고 묵인하는 가운데 권력을 잡게 되었습니다. 이들은 사회주의에 대한 시민 세계의 맹목적인 불안을 먹고 살았습니다. 그리고 이들이 계속 살아가기를 희망하고 있습니다. '뮌헨'이 죽지 않고, 이들의 은밀한 친구들이 연합국 측에서 계속 일하고, 서동 전선이 붕괴해서 자기들이 사회주의에 맞서는 맹방으로 받아들여지는 것이 이들의 유일한 희망이기 때문입니다. 파시즘 사기꾼들의 사회주의, 이 얼마나 후안무치한 웃음거리입니까! 귀족 정치와 시민 계층이 자신을 파시즘에 팔아치우고, 국민이 전쟁의 도탄에 빠져든 이탈리아에서는 이런 일이 시작되었습니다. 독일에서 노동자 계층은 권리를 박탈당하고 노조 재산을 빼앗겼습니다. 제3제국은 중산층을 몰락시켰습니다. 하지만 이 나라에서 번창하고 번영하는 자는 금권정치가들과 기업 연합주의자들입니다. 사람들은 이를 국가 자본주의라 일컫습니다. 국가 자본주의란 존재하지 않습니다. 재벌의 자본주의 이외에 국가 보스의 자본주의가 있습니다. 에어Eher 출판사의 대주주인 히틀러는 개인적으로 축적한 부의 측면에서 볼 때 미국 억만장자의 대부분을 훨씬 능가합니다. 제국 궁내 대신인 괴링은 자신의 콘체른을 설립한 이후, 그리고 이제 이 콘체른이 무력을 통해 세계적으로 된 이후로 엄청난 자본을 축적해서, 추정컨대 그는 지금 세계에서 가장 부자일 것으로 생각됩니다. 노동자 착취자인 라이Ley는 65개의 합자 회사를 거느리고 있습니다. 나치의 대관구 지도관인 자우켈Sauckel은 자신의 무기 공장과 탄약 공장의 기업 연합을 설립했는데 여태껏 그에 대한 대차대조표가 공개된 적이 없었습니다. 나치의 모든 근본 욕망은 늘 권력과 돈을 거머쥐려는 질투, 탐욕, 약탈욕, 음탕한 충동이 아니었습니까? 개념과 이념을 훔치는 것이 이러한 인간쓰레기의 마지막 욕구가 아닙니다. '사회주의'라는 단어는 강도 살인 행각으로 얻은 여러 전리품 중 하나의 전리품에 지나지 않습니다. 이들은 유럽을 복종시켰고, 전 세계를 복종시킬 생각을 품었습니다. 짓밟힌 여러 민족의 참상에서 독일 대자본의 이득이 증가하도록 말입니다. 대규모로 벌어지는 독점과 착취, 이들은 이것을 사회주의라고 부릅니다. 정복된 나라들에서 이러한 '혁명가'들과 돈벌이를 하고 협력하는 자들은 어디에서나 부패한 상층부입니다. 이들은 반동적인 상류 시민 계층이고, 귀족적인 무위도식자들이며, 경우에 따라서는 나치의 친위대 장교들로부터 모르핀을 구입하는 약물 중독성의 문필가들입니다. 그 반면 여러 민족의 절망은 '사회주의적'인 점령국에 대항하기보다는 더 빈번히 이러한 '협력자'들에 대한 암살 기도로 표출됩니다.

독일 청취자 여러분! 유럽은 자유를 되찾자마자 사회주의적으로 될 겁니다. '사회적인 휴머니즘'은 의사일정에 나와 있습니다. 파시즘이 찡그린 얼굴을 하고 옆눈으로 세계를 바라보던 순간에 사회적인 인도주의는 최상의 비전이었습니다. 진실로 새로운 것이자 젊고 혁명적인 것인 그 인도주의는 거짓말에 능한 뱀의 머리가 짓밟히기만 하면 그때 비로소 유럽에 자신의 내부적, 외부적인 형태를 부여할 겁니다.

독일 청취자 여러분!

1945년 1월 14일

이 전쟁이 끝나기만 하면 얼마나 좋겠습니까! 처음에는 어떻게 보일지언정 일어나야 하고, 언젠가 일어날 일이 진작 일어났더라면 얼마나 좋겠습니까! 독일을 이 지경으로 만든 잔혹한 인간들이 진작 제거되었더라면, 그리고 새로운 삶의 시작, 내적이고 외적인 폐허의 제거, 점차적인 재건, 다른 민족과의 합리적인 화해, 그들과 보람찬 공동생활을 생각할 수 있다면 얼마나 좋겠습니까! 여러분이 원하는 것도 이것입니까? 제가 한 말은 여러분의 동경을 표현하고 있습니까? 저는 그렇게 생각합니다. 여러분은 죽음, 파괴, 혼란에 몹시 싫증 나 있습니다. 여러분의 마음 깊은 곳에서는 때때로 그러한 것을 원하고 있을지도 모르지만 말입니다. 여러분은 질서와 삶, 수년 동안 아무리 음울하고 힘들게 시작된다 하더라도 새로운 삶의 질서를 원합니다. 용기 있는 생각입니다. 유혹당한 광신주의보다 훨씬 용기 있는 생각입니다. 이러한 광신주의에 사로잡혀 여러분의 청춘은 무기를 들고 오늘날에도 '성스러운' 독일 땅 아, 진작부터 사기와 범죄로 완전히 더럽혀지고 손상된 독일 땅을 방어해야 한다고 생각하고 있습니다. 하지만 새로운 시작을 위해 필요한 것이 한 가지 있습니다. 세계와 화해하는 데 필요한 '하나'의 전제 조건이 있습니다. 다른 민족들과의 도덕적인 양해가 그 조건의 이행과 결부되어 있고, 그러한 조건의 이행 없이는 여러분 독일인들은 여러분에게 일어날 일을 결코 파악하지 못할 겁니다.

이는 파렴치한 스승으로부터 금수성禽獸性을 교육받은 독일이 인류에게 가한 행위가 속죄할 수 없는 것임을 명백히 인식하는 겁니다. 이는 끔찍한 범죄들을 완전하고도 전면적으로 인식하는 것입니다. 그 범죄에 대해 여러분이 오늘날 알고 있는 것은 빙산의 일각에 지나지 않습니다. 부분적으로는 여러분에게 진실이 알려지지 않게 차단되었고, 여러분이 강제적으로 우둔하고 멍청한 상태에 빠져들었기 때문입니다. 그리고 부분적으로는 여러분이 자신을 아끼려는 본능 때문에 이러한 끔찍한 사실에 대한 지식을 여러분의 양심으로부터 멀리 했기 때문입니다. 하지만 여러분이 이해하고 살려거든 그러한 지식이 여러분의 양심 속으로 들어가야 합니다. 그리고 여러분을 아는 자로 만들기 위해서는 여러분이 선전이라고 무시해서는 안 되는 엄청난 계몽 작업이 필요할 겁니다. 추악하기 짝이 없는 자부심을 품고 있는 어떤 오명汚名의 철학이, 여러분의 아들들의 손을 통해, 여러분의 손을 통해 여러분의 권력자들이 행한 것을, 그들로 하여금 할 수 있게 만들었다는 것은 믿을 수 없는 일이지만 그것은 사실입니다. 지금 제 말을 듣고 있는 여러분은 히틀러의 집단 학살 수용소인 폴란드의 루블린 근처에 있는 마이다네크[134]에 대해 알고 있습니까? 그것은 강제 수용소가 아니라 거대한 규모의 살해 시설이었습니다. 거기에는 공장 굴뚝 하나와 함께 커다란 석조 건물이 있습니다. 세계에서 가장 큰 화장터인 셈이지요. 러시아군이 왔을 때 여러분의 동족은 서둘러 그 건물을 파괴했다고 합니다. 하지만 대부분은 그대로 서 있는데, 이는 기념비, 제3제국의 기념비인 셈이지요. 남녀노소 할 것 없이 50만 명 이상의 유럽인들이 거기 가스실에서 염소에 중독된 다음 불태워졌습니다. 하루에 1400명씩 말입니다. 그 죽음의 공장은 밤낮으로 가동되었고 굴뚝에는 언제나 연기가 피어올랐습니다. 이미 확장 공사가 시작되었습니다…. 스위스의 난민 구제소는 더 이상 아는 게 없습니다. 이 단체의 대표자들은 아우슈비츠와 비르케나우의 수용소들을 보았습니다. 이들은 감정이 있는 인간으로서는 도저히 믿을 수 없는 사실을 직접 눈으로 목격했습니다. 사람들의 뼈, 석회석 병들, 염소 가스관과 소각로, 게다가 희생자들이 입었던 옷가지와 신발 더미들, 많은 작은 신발들, 어린이 신발들을 목격했습니다. 독일 동포 여러분, 독일 주부 여러분, 이 소리가 들립니까. 1942년 4월 15일부터 1944년 4월 15일까지 이 두 수용소에서만 해도 175만 천 명의 유대인들이 살해당했습니다. 이 숫자는 어디서 근거한 것일까요? 여러분의 동포들은 독일적인 질서 정신으로 기록을 남겼던 것입니다! 죽음의 명부가 발견되었습니다. 게다가 수십만 개의 여권과 유럽의 22개 이상의 국적을 가진 개인 신분증명서들이 발견되었습니다. 이 명청이들은 골분骨粉, 이 공장에서 얻은 인공 비료에 대한 기록도

---

134 폴란드 루블린시 외곽 남동부에 있던 독일 나치 집단학살수용소. 1940년 11월에 설치해 처음에는 소련 전쟁포로들을 수용했는데, 그들 가운데 거의 전부가 굶주림과 고문으로 죽었다. 1942년 가을 보헤미아와 모라비아에서 수송된 유대인을 처리하기 위한 사형장으로 개조되었으나 그 뒤 폴란드·네덜란드·그리스에서 수송된 유대인도 이곳에서 처형했다. 처음 몇 달 동안은 근처 숲속에서 일제사격에 의한 총살을 자행했으나, 나중에는 대량살상을 위해 만든 가스실에 사람들을 모아놓고 독성이 강한 수소 시안화물 가스를 발산하는 치클론-B를 사용해 학살했으며 시체는 화장했다.

남겼습니다. 이들은 불태워진 자들의 잔해를 빻아 가루로 만들어 포장해서는 성스러운 땅인 독일 땅을 기름지게 하려고 독일로 보냈기 때문입니다. 독일군은 그렇기에 적으로 인해 더럽혀지지 않도록 독일 땅을 방어해야 하고, 방어할 필요가 있다고 생각합니다!

지는 여러분이 조만간 알게 될 사실들 중에서 몇몇 예만 알려 드렸습니다. 인질 총살, 포로 살해, 점령된 유럽에서 발견된 비밀경찰의 고문실, 러시아 민간인들의 대학살, 모든 나라에서 자행된 나치의 끔찍한 주민 말살 정책, 이는 지배 인종이 수적으로 압도적인 다수가 되도록 하기 위한 것이라고 합니다. 프랑스, 벨기에, 네덜란드, 그리고 특히 폴란드에서 계획되고 초래된 아이들의 죽음. 나치 독일이 인간들에게, 인류에게 가한 일을 몇 분 만에 일일이 다 열거할 수조차 없습니다. 여러분, 독일인은 이런 사실을 알아야 합니다. 무엇보다도 필요한 것은 공포, 수치, 회한입니다. 그리고 하나의 증오만이 필요합니다. 신과 전 세계에 독일인의 이름을 잔인하게 만든 그 악당들에 대한 증오만이.

독일 청취자 여러분!
1945년 1월 16일

1933년 1월 30일에 히틀러가 정권을 잡은 지 12년 세월이 흘렀습니다. 좋습니다, 그것도 하나의 기념일입니다. 그 기념일은 거행될 필요가 있습니다. 기쁘고도 자랑스럽게가 아니라, 더욱이나 인위적인 반항심을 품은 채 거행되어서는 안 됩니다. 하지만 두려움 없는 절망감이나 자기 경멸감에서가 아니라 끔찍한 오류에 대한 확고한 인식을 바탕으로 거행되어야 합니다. 그 오류는 때로는 죄악이었고 때로는 숙명이었습니다. 게다가 이제 곧 종말이 온다는 희망과 확신, 독일 역사의 이러한 끔찍하고 수치스러운 에피소드가 그리 오래 가지 않을 거라는 희망과 확신을 품고 말입니다. 우리는 이제 더 이상 흉몽을 꾸지 않아도 될 겁니다. 그 꿈은 하나의 꿈 이상이 아니었을지도 모릅니다.

유감스럽게도 그 꿈은 현실이었습니다. 독일과 아울러 유럽은 폐허 상태에 있습니다. 나치가 초래한 파괴들, 물리적이고 도덕적인 파괴들은 유례가 없습니다. 나치가 약탈욕과 살인욕, 끔찍한 인종 말살 정책을 통해 피와 재산상 피해는 필설로 이루 다 말할 수 없습니다. 나치가 테러로 야기한 정신적인 재앙, 즉 능욕과 타락, 거짓말과 이중생활에 대한 강요로 인한 굴욕과 붕괴, 양심의 고통이 더 참혹할지도 모릅니다. 나치는 바로 독일에서 수천 건의 악행을 저지른 후 전쟁을 일으켜 이것을 내내 달고 다녔습니다.

나치는 출범하던 순간부터 전쟁과 같은 의미였습니다. 잔학한 허깨비를 구원자라고 본 것이 독일 민족의 죄입니까? 우리는 죄에 대해 말하려는 것이 아닙니다. 독일 민족은 숙명적으로 계속되는 일련의 불행한 역사를 대변하는 이름이 아닙니다. 독일 민족이 죄악이라면 그 죄악은 세계의 숱한 죄와 연결되어 있습니다. 하지만 책임은 죄와 다른 것입니다. 우리는 독일적인 본성에서 유래한 모든 것, 독일이 역사적으로 저지른 모든 것에 대한 책임이 있습니다. 다른 민족들은 나치와 독일 민족을 확연히 구별하기를 과도하게 요구하고 있습니다. 독일이 존재합니다. 역사적인 형태, 성격과 운명을 가지는 집단적인 개인으로서 민족이 존재합니다. 그렇다면 국가 사회주의는 어떤 민족, 독일 민족이 세계를 굴복시켜 노예로 만들려는 목적으로 포괄적이고 잔혹하며 음험한 수단을 동원하여 시도한 무모한 계획을 실현하기 위해 12년 전에 자신에게 가져온 온 형태에 다름 아닙니다. 역사는 이러한 시도를 알고 있습니다. 이 시도가 하마터면 성공했을지도 모릅니다. 평화를 사랑하는 대다수의 독일 민족은 그렇게 느낄 수 없다 하더라도 세계는 그렇게 보고 있습니다. 모두 격심한 고통을 겪고 있는 독일의 적들은 전쟁이 시작되던 첫날부터 독일의 모든 지성, 발명의 재능, 용감성, 복종심, 군사적인 유능함, 요컨대 전체 독일 민족의 힘과 관계가 있습니다. 그중에 내가 살아가는 이 거대하고 부유한 나라도 희생하며 심한 고통에 시달리고 있습니다. 독일 민족의 힘은 그러한 힘으로 정권의 배후에서 전투를 수행하고 있습니다. 아무것도 아닌 존재인 히틀러와 힘러와 함께 하는 것이 아닙니다. 불행하게도 여전히 용맹한 독일 남자의 힘과 맹목적인 충성심이 이러한 악당들을 위해 싸워 쓰러지지 않는다면 말입니다.

이들을 위해서가 아니라 성스러운 독일 땅을 위해 싸운다고 여러분은 말씀하십니까? 여러분, 독일 땅은 독일이 자신에 대해 결코 해서는 안 될 통치를 함으로써, 거짓말, 불의, 범죄를 통해 벌써 진작부터 너무나 더럽혀져 있고 훼손되어 있어 독일 땅을 방어한다는 것이 무의미하게 되었습니다. 이는 고집불통의 반항이며 명예로운 용기가 아닙니다. 나쁜 것으로 증명된 것을 계속 옹호하는 용기는 사실 종말과 새로운 시작에 대한 불안이며, 바로 '죽어서 되어가는'[135] 민족에 걸맞은 비겁함입니다. 독일의 어떤 젊은 시인이 전쟁 중에 나치 치하에서 감히 이런 시를 썼습니다.

그토록 오랫동안 거짓말에 길들여진 우리말,
이젠 성스러운 합창에 더는 쓸모없구나!

독일 말이 이렇듯이 더럽혀진 독일의 칼도 마찬가지입니다. 우리 모두에게 성스러운 존재로 남을 독일을 방어하는 것은 이젠 더 이상 소용없는 짓입니다. 여러분, 새로운 시작, 새로운 삶이 가능하도록 독일을 내동댕이치고 끝장을 냅시다!

---

135 괴테의 시 「행복한 동경」에 나오는 말. 1933년의 '민족의 재탄생'이라는 말을 남용한 것을 암시함.

DEUTSCHLAND
UND DIE DEUTSCHEN
THOMAS MANN 1945

————

11

인본주의 독일과 독일인

1945년 5월 29일 워싱턴의 의회 도서관에서 행해진 이 연설은 1945년 10월『새 전망*Die neue Rundschau*』지에 처음 실렸고,『토마스 만 전집』제13권 1126~1148쪽에 실려 있다. 이 연설은 미국에서뿐만 아니라 독일에서도 굉장한 반향을 불러일으켰다. 이 연설문에서 토마스 만은 독일인으로서의 자기 고백을 밝혔고, 당시 이 연설문 때문에 잠시 집필을 중단하고 있던『파우스트 박사』에 나타난 예술적 형상화의 문제를 거론했다. 이 논제에 대해 서독에서는 의문을 제기함과 아울러 강력한 비난을 퍼부었다. 토마스 만은 이 연설문에서 나치가 등장하게 된 사회적 과정을 분석하지 않고, 독일 문화를 분석하고 독일 정신사를 심리학적으로 성찰한다. 그리고 독일적인 문제성의 본질을 독일의 외부에서 찾지 않고 '내부'에서 찾는다. 그는 독일의 몰락을 초래한 상황을 비판하고 나아가 자신을 비판하며, 조국의 운명에 대해 독일인이 연대 책임을 질 것을 주장한다. 그는 독일을 '선한' 독일과 '악한' 독일로 나누는 것을 거부한다. 그에 의하면 선한 독일과 악한 독일이라는 두 개의 독일이 존재하는 것이 아니라 악마의 계교[주15]를 통해 최상의 것이 나쁜 것으로 변질되고 말았다는 것이다. 독일의 정신은 유럽에 심원하고 창조적인 자극을 주었지만 유럽으로부터 민주주의나 자유를 배우지 않은 결과 나치에 현혹되고 말았다는 것이다. 그러므로 토마스 만은 나치가 패망했다고 해서 저절로 독일 정신이 변하지는 않을 거라고 주장한다. 그는 독일이 정치적으로 회복을 하려면 '시민적 민주주의'를 거쳐 '사회적 휴머니즘'에 이르러야 한다고 주장한다.

Amore et studio elucidande veritatis: hec subscripta disputabuntur Wittenberge. Presidente R. P. Martino Luther: Artium et S. Theologie Magistro: eiusdemque ibidem lectore Ordinario. Quare petit: ut qui non possunt verbis presentes nobiscum disceptare: agant id literis absentes. In nomine domini nostri Iesu christi. Amen.

¶ Dominus et magister noster Iesus christus dicendo. Penitentiam agite. etc. omnem vitam fidelium penitentiam esse voluit.

¶ Quod verbum de penitentia sacramentali (id est confessionis et satisfactionis que sacerdotum ministerio celebratur) non potest intelligi.

¶ Non tamen solam intendit interiorem: immo interior nulla est, nisi foris operetur varias carnis mortificationes.

¶ Manet itaque pena manet odium sui (id est penitentia vera intus) scilicet usque ad introitum regni celorum.

¶ Papa non vult nec potest ullas penas remittere, preter eas: quas arbitrio vel suo vel canonum imposuit.

¶ Papa non potest remittere ullam culpam nisi declarando et approbando remissam a deo. Aut certe remittendo casus reservatos sibi: quibus preteritis culpa prorsus remaneret.

¶ Nulli prorsus remittit deus culpam: quin simul eum subiiciat: humiliatum in omnibus sacerdoti suo vicario.

¶ Canones penitentiales solum viventibus sunt impositi: nihilque morituris secundum eosdem debet imponi.

¶ Inde bene nobis facit spiritussanctus in papa: excipiendo in suis decretis semper articulum mortis et necessitatis.

¶ Indocte et male faciunt sacerdotes ii: qui morituris penitentias canonicas in purgatorium reservant.

¶ Zizania illa de mutanda pena Canonica in penam purgatorii, videntur certe dormientibus episcopis seminata.

¶ Olim pene canonice non post: sed ante absolutionem imponebantur: tanquam tentamenta vere contritionis.

¶ Morituri per mortem omnia solvunt, et legibus canonum mortui iam sunt habentes iure earum relaxationem.

¶ Imperfecta sanitas seu charitas morituri: necessario secum fert magnum timorem: tantoque maiorem: quanto minor fuerit ipsa.

¶ Hic timor et horror satis est (ut alia taceam) facere penam purgatorii: cum sit proximus desperationis horrori.

¶ Videntur infernus: purgatorium: celum differre: sicut desperatio: prope desperatio: securitas differunt.

¶ Necessarium videtur animabus in purgatorio: sicut minui horror, ita augeri charitatem.

¶ Nec probatum videtur ullis: aut rationibus aut scripturis, quod sint extra statum meriti seu augende charitatis.

¶ Nec hoc probatum esse videtur: quod sint de sua beatitudine certe et secure saltem omnes, licet nos certissimi simus.

¶ Igitur papa per remissionem plenariam omnium penarum: non simpliciter omnium intelligit: sed a seipso tantummodo impositarum.

¶ Errant itaque indulgentiarum predicatores ii: qui dicunt per pape indulgentias hominem ab omni pena solui et saluari.

¶ Quin nulla remittit animabus in purgatorio: quam in hac vita debuissent secundum Canones solvere.

¶ Si remissio ulla omnino omnium penarum: potest alicui dari: certum est eam non nisi perfectissimis .i. paucissimis dari.

¶ Falli ob id necesse est: maiorem partem populi: per indifferentem illam et magnificam pene solute promissionem.

¶ Qualem potestatem habet papa in purgatorium generaliter: talem habet quilibet Episcopus et Curatus in sua diocesi et parochia specialiter.

¶ Optime facit papa: quod non potestate clavis (quam nullam habet) sed per modum suffragii dat animabus remissionem.

¶ Hominem predicant: qui statim ut iactus nummus in cistam tinnierit: evolare dicunt animam.

¶ Certum est: nummo in cistam tinniente: augeri questum et avaritiam posse: suffragium autem ecclesie: in arbitrio dei solius est.

¶ Quis scit: si omnes anime in purgatorio velint redimi: sicut de sancto Severino et paschali factum narratur.

¶ Nullus est securus de veritate sue contritionis: multominus de consecutione plenarie remissionis.

¶ Quam rarus est vere penitens: tam rarus est vere indulgentias redimens .i. rarissimus.

¶ Damnabuntur in eternum cum suis magistris: qui per literas veniarum securos sese credunt de sua salute.

¶ Cavendi sunt nimis: qui dicunt venias illas pape: donum esse illud dei inestimabile: quo reconciliatur homo deo.

¶ Gratie enim ille veniales: tantum respiciunt penas satisfactionis sacramentalis ab homine constitutas.

¶ Non christianam predicant doctrinam: qui docent, quod redempturo animas vel confessionalia non sit necessaria contritio.

¶ Quilibet christianus vere compunctus: habet remissionem plenariam a pena et culpa: etiam sine literis veniarum sibi debitam.

¶ Quilibet verus christianus: sive vivus sive mortuus: habet participationem omnium bonorum Christi et Ecclesie: etiam sine literis veniarum a deo sibi datam.

¶ Remissio tamen et participatio Pape: nullo modo est contemnenda, quia (ut dixi) est declaratio remissionis divine.

¶ Difficillimum est: etiam doctissimis Theologis: simul extollere veniarum largitatem: et contritionis veritatem coram populo.

¶ Contritionis veritas penas querit et amat. Veniarum autem largitas relaxat: et odisse facit saltem occasione.

¶ Caute sunt venie apostolice predicande: ne populus false intelligat: eas preferri ceteris bonis operibus charitatis.

¶ Docendi sunt christiani: quod mens pape non est: redemptionem veniarum vlla ex parte comparandam esse operibus misericordie.

¶ Docendi sunt christiani: quod dans pauperi aut mutuans egenti: melius facit: quam si venias redimeret.

¶ Quia per opus charitatis crescit charitas: et fit homo melior: sed per venias non fit melior: sed tantummodo a pena liberior.

¶ Docendi sunt christiani: quod qui videt egenum et neglecto eo: dat pro veniis: non indulgentias Pape: sed indignationem dei sibi vendicat.

¶ Docendi sunt christiani: quod nisi superflua abundent: necessaria tenent domui sue retinere: et nequaquam propter venias effundere.

¶ Docendi sunt christiani: quod redemptio veniarum est libera: non precepta.

¶ Docendi sunt christiani: quod Papa sicut magis eget: ita magis optat in veniis dandis: pro se devotam orationem: quam promptam pecuniam.

24 ¶ Docendi sunt christiani: quod venie Pape sunt utiles: si non in eas cadant. Sed nocentissime: si timorem dei per eas amittant.

25 ¶ Docendi sunt christiani: quod si Papa nosset exactiones veniarum predicatorum: mallet Basilicam sancti Petri in cineres ire: quam edificari cute carne et ossibus ovium suarum.

1 ¶ Docendi sunt christiani: quod Papa sicut debet ita vellet: etiam vendito opus sit Basilica sancti Petri: de suis pecuniis dare illis: a quorum plurimis quidam concionatores veniarum pecuniam eliciunt.

2 ¶ Vana est fiducia salutis per literas veniarum: etiam si Commissarius: immo papa ipse suam animam pro illis impignoraret.

3 ¶ Hostes Christi et Pape sunt ii: qui propter venias predicandas verbum dei in aliis ecclesiis penitus silere iubent.

4 ¶ Iniuria fit verbo dei: dum in eodem sermone: equale vel longius tempus impenditur veniis: quam illi.

5 ¶ Mens pape necessario est: quod si venie (quod minimum est) vna campana vel uno pompis: et ceremoniis celebrantur. Euangelium (quod maximum est) centum campanis: centum pompis: centum ceremoniis predicetur.

6 ¶ Thesauri ecclesie unde Papa dat indulgentias: neque satis nominati sunt: neque cogniti apud populum Christi.

7 ¶ Temporales certe non esse patet: quod non tam facile eos profundunt: sed tantum colligunt multi concionatores.

8 ¶ Nec sunt merita Christi et sanctorum: quia hec sine Papa operantur gratiam interioris: et crucem: mortem: infernumque exterioris.

9 ¶ Thesaurus ecclesie sanctus Laurentius dixit esse pauperes ecclesie: sed locutus est vocabuli sui tempore.

10 ¶ Sine temeritate dicimus: claves ecclesie (merito Christi donatas) esse thesaurum istum.

11 ¶ Clarum est: quod ad remissionem penarum: et casuum sola sufficit potestas Pape.

12 ¶ Verus thesaurus ecclesie est sacrosanctum euangelium glorie et gratie dei.

13 ¶ Hic autem est merito odiosissimus: quia ex primis facit novissimos.

14 ¶ Thesaurus autem indulgentiarum merito est gratissimus: quia ex novissimis facit primos.

15 ¶ Igitur thesauri euangelici rhetia sunt: quibus olim piscabantur viros divitiarum.

16 ¶ Thesauri indulgentiarum rhetia sunt: quibus nunc piscantur divitias virorum.

17 ¶ Indulgentie: quas concionatores vociferantur maximas gratias: intelligere tales quoad questum promovendum.

18 ¶ Sunt tamen re vera minime ad gratiam dei et crucis pietatem comparate.

19 ¶ Tenent Episcopi et Curati venias apostolicarum Commissarios cum omni reverentia admittere.

20 ¶ Sed magis tenent omnibus oculis intendere: omnibus auribus advertere ne quod commissione Pape sua illi somnia predicent.

21 ¶ Contra venias apostolicas veritate si loquitur: sit ille anathema et maledictus.

22 ¶ Qui vero contra libidinem ac licentiam verborum concionatoris veniarum curam agit: sit ille benedictus.

23 ¶ Sicut Papa iuste fulminat eos: qui in fraudem negocii veniarum quocunque arte machinantur.

24 ¶ Multomagis fulminare intendit eos: qui per veniarum pretextum in idem scele charitatis et veritatis machinantur.

25 ¶ Opinari venias papales tantas esse: ut soluere possint hominem: etiam si per impossibile dei genitricem violasset. Est insanire.

1 ¶ Diximus contra, quod venie papales nec minimum venialium peccatorum: remittere possunt quo ad culpam.

2 ¶ Quod dicere: si sanctus Petrus modo Papa esset: maiores gratias donare non posset: est blasphemia in sanctum Petrum et Papam.

3 ¶ Dicimus contra, quod etiam iste et quilibet Papa maiores habet: scilicet Euangelium: virtutes: gratias curationum. etc. ut .i. Co. xij.

4 ¶ Dicere. Crucem armis papalibus insignitem erecta: cruci christi equalere: blasphemia est.

5 ¶ Rationem reddent Episcopi: Curati: et Theologi. Qui tales sermones populum licere sinunt.

6 ¶ Facit hec licentiosa veniarum predicatio: ut nec reverentiam Pape facile: etiam doctis viris redimere a calumniis aut certe argutis questionibus laicorum.

7 ¶ Scilicet. Cur Papa non euacuat purgatorium: propter sanctissimam charitatem summam animarum necessitatem: ut causam omnium iustissimam. Si infinitas animas redimit: propter pecuniam funestissimam ad structuram Basilice: ut causam levissimam.

8 ¶ Item. Cur manent exequie et anniversaria defunctorum: et non reddit recipi permittit beneficia pro illis instituta: cum sit iam iniuria pro redemptis orare?

9 ¶ Item. Que illa nova pietas Dei et Pape: quod impio et inimico: propter pecuniam: concedit: ut animam piam et amicam dei redimere. Et tamen propter necessitatem ipsius met pie et dilecte anime non redimunt ea gratuita charitate?

10 ¶ Item. Cur Canones penitentiales re ipsa et non usu: iam diu in semet abrogati mortui: adhuc tamen pecuniis redimuntur per concessionem indulgentiarum tanquam vivacissimi?

11 ¶ Item. Cur Papa cuius opes hodie sunt opulentissimis crassis crassiores: non de suis pecuniis magis: quam pauperum fidelium struit vnam tantummodo Basilicam sancti Petri?

12 ¶ Item. Quid remittit aut participat Papa iis: qui per contritionem perfectam habent plenarie remissionis et participationis?

13 ¶ Item. Quid adderet ecclesie bonum maioris. Si Papa sicut semel facit: ita centies in die cuilibet fidelium has remissiones et participationes tribueret?

14 ¶ Ex quo Papa salutem querit animarum potius quam pecuniam: cur suspendit literas et venias iam olim concessas: cum sint eque efficaces?

15 ¶ Hec scrupulosissima laicorum argumenta: sola potestate reprimere: nec rationem reddere: diluere: est ecclesiam et Papam hostibus ridendos exponere: infelicesque christianos facere.

16 ¶ Si ergo venie secundum spiritum et mentem Pape predicarentur: facile illa dissolverentur: immo non essent.

17 ¶ Valeant itaque omnes illi prophete: qui dicunt populo Christi. Pax pax. et non est pax.

18 ¶ Bene agant omnes illi prophete: qui dicunt populo Christi. Crux crux. et non est crux.

19 ¶ Exhortandi sunt Christiani: ut caput suum christum per penas: mortes: infernosque sequi studeant.

20 ¶ Ac sic magis per multas tribulationes intrare celum: quam per securitatem pacis confidant.

M.D.Xvij.
1517

신사 숙녀 여러분, 일흔의 나이인 제가 믿기지 않게도 벌써 몇 달 전에 미국 시민이 되어 영어로 말하면서, 혹은 영어로 말하려고 애를 쓰면서, 손님으로, 아니, 제 연설을 듣도록 여러분을 초대한 미국 국가 기관의 정식 연구원[136] 자격으로 여기 여러분 앞에 서 있는 것을 생각해보니, 인생이란 꿈을 엮어나가는 재료로 이루어져 있다는 느낌이 듭니다. 모든 일이 이토록 신기하고 도저히 믿기지 않으며 죄다 예측불허입니다.

첫째는 제가 이처럼 고령이 되도록 살 거라고 전혀 생각하지 못했습니다. 이론적으로는 진작부터 오래 사는 것이 바람직하다고 생각했지만 말입니다. 저는 사람이 일단 세상에 태어나면 오랫동안 살아남아 완전히 모범적으로 살고, 그리고 예술가로서는 삶의 매 단계마다 독특한 열매를 맺는 것이 바람직하고 존경할 만하다고 생각하고 말해왔습니다. 하지만 저는 자신의 생물학적인 능력과 유능성을 별로 신뢰하지 않았습니다. 그럼에도 제가 간직

해온 끈기는 저 자신의 활력이 넘치는 참을성을 증명한다기보다는 오히려 저의 삶의 수호신이 지녔던 참을성을 증명하는 것으로, 저에게는 하나의 첨가물이자 은총으로 생각됩니다. 하지만 은총은 언제나 놀라운 것이며 예기치 못하는 순간에 찾아옵니다. 은총을 경험하는 사람은 꿈을 꾼다고 생각합니다.

제가 존재한다는 사실과 제가 존재하는 장소가 저에게 꿈같은 기분이 들게 합니다. 이러한 기분을 자명한 것으로 여기기 위해 제가 꼭 작가일 필요는 없을 겁니다. 약간의 상상력만 있으면 삶을 환상적으로 생각할 수 있습니다. 어찌하여 제가 이곳으로 오게 되었을까요? 제가 태어났고 결국에는 제가 돌아가게 될 독일의 외진 구석에서 이 강당의 연단 위로 저를 표류시켜 제가 미국 시민으로 여기 서서 미국인에게 연설하게 한 것은 어떠한 꿈의 물결입니까? 이러한 일이 저에게 못마땅하게 생각된다는 뜻은 아닙니다. 반대로 저는 이러한 상황에 전적으로 찬성합니다. 운명이 이러한 찬성을 하도록 배려해 주었던 것입니다.

오늘날 보듯이 저의 독일적인 기질은 손님을 환대하는 세계 도시에서, 미국이라고 불리는 종족적이고 민족적인 우주에서 더할 나위 없이 잘 보호받고 있습니다. 저는 미국인이 되기 전에 저는 체코인[137]이 되도록 허락받았습니다. 이는 무척 사랑스럽고 고마운 일이었습니다. 하지만 거기엔 운치나 의미가 없었습니다. 마찬가지로 제가 행여 프랑스인이나 영국인 혹은 이탈리아인이 되

---

[137] 토마스 만은 1936년 12월 2일 독일 국적이 박탈되기 직전인 1936년 11월 19일 체코 국적을 부여받았다.

었다고 상상만 해보아도 제가 미국인이 된 것이 얼마나 잘된 일인지 만족스럽게 실감할 수 있습니다. 제가 다른 국적을 가졌더라면 저의 존재는 분명 협소하게 소외되었을지도 모릅니다. 미국인으로서 저는 세계 시민입니다. 독일인이 세상에 나서기를 꺼리고 부끄러워하는 측면이 있긴 하지만 독일인은 원래 세계 시민입니다. 이러한 기질이 엄밀히 말하면 오만한 자부심에 기인하는지 아니면 선천적인 지방색이나 국제 사회에서의 열등감에 기인하는지는 말하기 어렵습니다. 어쩌면 두 가지 측면을 다 지니고 있을지도 모르겠습니다.

저는 오늘 저녁 여러분께 독일과 독일인에 대해 말하고자 합니다. 무모한 시도일지도 모르겠습니다. 그 주제가 너무 복잡하게 얽혀있고, 너무 다양하며 너무 무진장하기 때문만이 아니라 오늘날 이러한 주제를 둘러싸고 있는 열정을 고려해 볼 때도 그러합니다. 순전히 심리학적으로 그 주제를 다루는 것은, 이 불행한 민족이 세계에 가한 이루 말로 표현할 수 없는 행위를 두고 볼 때 거의 비도덕적인 처사로 비칠지도 모르겠습니다. 독일인이라고 해서 이 주제를 오늘 회피해야 할까요? 하지만 저는 오늘 저녁 그 외의 어떤 주제를 다루어야 할지 하마터면 모를 뻔했습니다. 그렇습니다, 더욱이나 오늘 사적인 것을 넘어서는 대화는 거의 생각할 수 없습니다. 그러다가는 불가피하게 독일적인 문제, 이 민족의 성격과 운명에 깃들어 있는 수수께끼를 다루지 않을 수 없게 되겠지요. 이 민족은 분명 세계에 그토록 많은 아름다운 것과 위대한 것을 가져다주었으면서도 불길한 방식으로 번번이 세계에 부담을 주었습니다.

독일의 끔찍한 운명, 독일의 최근 역사가 지금 맞이하고 있는 엄청난 참사는 비록 동정을 받을 만하지는 않지만 관심을 가지도록 합니다. 동정을 불러일으키고자 하는 것, 독일을 옹호하고 용서하는 것은 독일에서 태어난 사람이 볼 때도 오늘날 분명 온당치 못한 짓일 겁니다. 자신의 민족이 야기한 엄청난 증오심에 편승해서 재판관 역할을 하고, 자기 민족을 욕하고 저주하며, 자신과는 전혀 무관한 저 건너편의 악하고 죄지은 독일과 달리 자신을 '선한 독일'로 추천하는 행위도 독일에서 태어난 저 같은 사람이 볼 때 그다지 어울리지 않아 보입니다. 독일인으로 태어난 사람은 누구나 독일의 운명, 독일의 죄와 관계가 있습니다. 그것과 비판적 거리를 지녔다고 해서 불충한 사람으로 간주해서는 안 될 것입니다. 사람들이 자신의 민족에 대해 말하려고 하는 진리는 자기 성찰의 산물일 뿐일 수도 있습니다.

저는 사정을 제대로 알지도 못하면서 독일적 심리학의 복잡한 세계 속으로 들어와 있습니다. 제가 독일적인 본성에 세계를 필요로 하고 세계를 꺼리는 측면이 있다고 언급하고, 세계주의와 지방주의의 통합에 대한 언급을 함으로써 말입니다. 저는 이 같은 사실을 올바르게 보고 있다고 생각하고 이를 젊을 때부터 경험했다고 생각합니다. 가령 독일 제국에서 보덴호를 지나 스위스로 간 여행은 지방적인 것에서 세계로 들어가는 여행이었습니다. 거대한 도시를 거느리고 있고 광대하며 강력한 독일 제국과 비교해 볼 때 협소하고 작은 나라에 불과한 스위스가 '세계'로 느껴질 수 있었다는 사실이 매우 이상하게 들릴지도 모르겠습니다만. 하지만 이러한 느낌은 당연했고 지금도 그 점은 마찬가지입니다. 중립국

예술과 정치 반지성주의를 경계하며

이고, 여러 언어를 사용하며, 프랑스의 영향을 받아 서구적인 분위기가 두루 감도는 스위스는 아주 작은 나라이긴 하지만 북쪽의 정치적 강국보다 훨씬 '세계'의 모습을 지니고 있으며 유럽적인 것을 볼 수 있는 관람석입니다. 북쪽의 독일에서는 '국제적'이라는 단어가 이미 오래전에 욕설이 되어버렸고, 거만한 자부심에 찬 지방주의가 분위기를 망쳐버려 고루하게 만들어버렸습니다.

이것이 세계에 낯설고, 비세계적이며, 깊은 의미에서 세계에 미숙한 독일의 근대적이고 국수주의적인 형식이었습니다. 예전에는 그러한 형식이 일종의 고루한 보편주의, 소위 나이트캡을 쓴 세계 시민주의와 함께 독일의 정신상을 나타내 주었습니다. 이러한 정신상에, 이러한 비세계적이고 지방적인 독일적 세계 시민성에는 늘 무언가 우스꽝스럽고 유령 같은 것과 비밀스럽고 무시무시한 것, 무언가 은밀한 마적인 요소가 깃들어 있었습니다. 제가 태어난 곳이 저로 하여금 예외적으로 이러한 사실을 느끼게끔 도움을 주었을지도 모르겠습니다. 저는 독일에 있는 세계의 구석진 곳을 회고해 봅니다. 그곳에서 저는 인생의 꿈의 물결에 휩쓸려 이곳으로 표류해 왔습니다. 그곳은 저의 삶의 첫 테두리를 형성한 곳입니다. 그곳은 발트해 연안의 고도古都 뤼베크였습니다. 한때 한자 동맹의 본부가 있던 그 도시는 12세기 중반 이전에 건설되어 13세기에는 바르바로사 황제에 의해 자유 제국 도시로 승격되었습니다. 제 아버님이 시의원으로 드나드셨던 비할 바 없이 아름다운 시청사는 마르틴 루터가 비텐베르크 성곽 교회의 문에서 자신의 강령들을 내걸었던 해[138]에, 그러니까 새 시대가 동틀 무렵에 완공되었습니다. 하지만 종교 개혁가인 루터가 사고방식이나 정신 상태로 볼 때 상당히 중세적 인물이었고, 그가 일평생 동안 악마와 치고받고 싸운 것처럼, 신교 도시 뤼베크에서도, 그리고 심지어는 비스마르크 제국의 공화국 구성원이었던 뤼베크에서조차 사람들은 고딕식 중세에 깊이 빠져 허우적거렸습니다. 그리고 이와 동시에 저는 성문과 성벽들과 뾰족한 탑이 있는 도시 모습만을 생각하는 것은 아닙니다. 그뿐만 아니라 저는 성 마리아 교회의 「죽음의 무도」 그림에서 풍기는 해학적이고도 소름 끼치는 전율도 생각하고, 종종 아직도 옛날의 수공업 조합들, 종鐘 주조인들, 고기를 도살하는 사람들이 사는 거리에 따라 불렸던 마법에 걸린 듯한 구석진 골목들도 생각하고, 시민들이 살던 그림같이 아름다운 집들도 생각합니다. 아니, 분위기 자체에는 사람의 심신 상태와 같은 것이 남아 있었습니다. 말하자면 15세기 후반부의 심신 상태와 같은 것이, 중세 말기의 히스테리와, 잠복한 정신적 전염병 같은 것이 남아 있었습니다. 이성적이며 냉철한 근대적인 한자 도시에 대해 이런 말을 하는 것은 이상하게 들릴지도 모르지만, 사람들은 이런 곳에서 느닷없이 소년 십자군 행렬이나 무도병이, 대중을 불가사의하게 이리저리 끌고 다니는 십자가 기적의 흥분상태나 그와 비슷한 일이 벌어지기라도 할 거라고 생각할 수 있었습니다. 요컨대 고풍스럽고 신경 증세적인 밑바닥, 영혼의 신비로운 정신 상태를 감지할 수 있었습니다. 그러한 도시에서

---

138 1517년을 말함. 종교개혁자 마르틴 루터가 95개조 반박문을 게시하여 종교개혁의 불씨를 피워낸 곳이다. 1517년 10월 31일 루터는 이 95개조 의견서를 모든 이가 읽을 수 있도록 비텐베르크 성곽 교회의 문에 게시했다. 1521년 루터는 말했다. "우리는 정의가 지배하는 새로운 천국과 새로운 지상을 기대하고 있습니다."

항시 볼 수 있는 많은 '기인奇人'들이 그러한 정신 상태를 표현해 주었습니다. 그들의 성벽 안에 살면서 흡사 오래된 건축물들처럼 지역의 상징이 되고 있는 괴짜들과 무해한 반半 정신병자들이 그러한 정신 상태를 표현해 주었습니다. 눈물에 젖은 눈을 하고 T자형 지팡이를 짚은 채 마녀의 반 익살스러운 냄새를 풍기며 서 있는 '노파'의 어떤 유형이 이에 속합니다. 보라색 뾰속코를 하고 모종의 틱 장애를 일으키며, 우스꽝스러운 습성을 지닌, 틀에 박힌 소리로 억지로 새소리를 내는 소액 연금 생활자가 이런 부류에 속합니다. 바보 같은 머리 모양을 하고, 사라진 유행의 질질 끌리는 옷을 입은 채, 개와 고양이를 이끌고 얼토당토않게 거만을 떨면서 시내를 배회하는 여인이 그러한 부류입니다. 그리고 이런 사람들 뒤를 졸졸 따라가며 그들을 놀리다가도 이들이 뒤돌아보면 기겁을 하고 달아나는 아이들, 부랑아들이 이에 속합니다…

오늘 제가 이 자리에서 무엇 때문에 이 같은 옛날 기억들을 되살리는지 저 자신도 모르겠습니다. 제가 '독일'을 처음에, 시각적으로 영혼적으로, 이러한 경이롭고 존경스러운 도시 모습의 형태로 체험했기 때문일까요? 그리고 독일적 심성이 마적인 것과 은밀히 연결되어 있음을 암시하는 것이 저에게 중요하기 때문일까요? 물론 이러한 연결은 저의 내적인 경험의 소산이라 남들이 쉽게 지지할 수 없을지도 모릅니다. 우리의 가장 위대한 시인 괴테의 『파우스트』는 중세와 인본주의의 경계선에 위치한 인간을, 즉 오만한 인식 충동 때문에 자신을 마법, 즉 악마에게 내맡기는 신의 아들인 인간을 주인공으로 하고 있습니다. 지성의 오만이 영혼의 고풍스러움이나 속박과 짝을 이루는 곳에 악마가 존재합니다. 그리고 이 악마, 루터의 악마, 파우스트의 악마는 저에게 무척 독일적인 모습으로 나타나려 합니다. 영혼의 구원을 포기하고 일정 기간 세상의 모든 재물과 힘을 얻기 위해 악마에게 자신의 영혼을 넘겨주는 악마와의 결탁은 원래부터 독일적 본성과 가까운 것으로 생각됩니다. 세상을 즐기고 세상을 지배하려는 욕망에서 자신의 영혼을 악마에게 넘겨주는, 골방에 틀어박힌 고독한 사상가이자 연구자, 신학자, 철학자, 문자 그대로 악마가 독일을 데려가는 오늘날, 독일을 이런 비유로 보기에 아주 적절한 순간이 아닐까요?

파우스트를 음악과 연결하지 않은 점이 전설과 시문학의 커다란 잘못입니다. 그는 음악적이고 음악가여야 할 것 같습니다. 음악은 마적인 영역입니다. 위대한 기독교 신자인 쇠렌 키르케고르는 모차르트의 『돈 주안』을 다룬 고통스럽고 열정적인 논문에서 이를 아주 설득력 있게 상세히 밝혔습니다.[139] 음악은 부정적인 징후를 띠고 있는 기독교적 예술입니다. 음악은 극도로 정확히 계산된 질서이며 동시에 무질서를 지향하는 반이성反理性이기도 합니다. 음악에는 영혼을 불러내어 마법으로 감싸는 제스처가 풍부합니다. 음악은 수의 마법으로 모든 예술 중에서 현실과 가장 동떨어진 예술인 동시에 가장 열광적인 예술로, 추상적이며 신비적입니다. 파우스트가 독일 영혼의 대변자가 되려면 음악적이어야 할 것입니다. 독일인의 세계와의 관계는 추상적이고 신비적, 즉 음악적이기 때문입니다. 악마적 기질이 농후한 교수의 세상과

---

139 키르케고르의 저서 『이것이냐, 저것이냐』에 있음.

의 관계가 그러합니다. 그는 세상일에 서툴면서도 '깊이'에 있어서는 세상보다 우월하다는 오만한 의식에 사로잡혀 있습니다.

이러한 깊이의 실체는 어디에 있습니까? 그것은 바로 독일 영혼의 음악성에, 독일 영혼의 내면성이라 불리는 것에 있습니다. 즉 인간의 에너지가 갖는 사색적 요소와 사회적, 정치적 요소가 붕괴하여 전자가 후자보다 월등 우세하다는 점에 있습니다. 유럽은 이 점을 늘 느껴왔고 여기에서 기괴한 일과 불행한 일이 닥치리라고 예감해 왔습니다. 1839년에 발자크는 이렇게 썼습니다.

"독일인들은 자유라는 커다란 악기는 연주할 줄 모르지만 음악 악기들은 모두 자연스럽게 연주할 줄 안다."

이러한 표현을 정확히 관찰하여 잘 구분 지은 표현입니다. 그 위대한 소설가는 이러한 표현 말고 다른 적절한 지적도 했습니다. 『사촌 퐁스』에서 그는 경이로운 인물인 독일 음악가 슈무케에 대해 말하고 있습니다.

"다른 모든 독일인처럼 화음이 무척 강했던 슈무케는 총보總譜들의 관현악 파트를 맡았고, 이 총보의 성악 파트는 퐁스가 맡았다."

그렇습니다, 독일인들은 압도적으로 수직적 음악가이지 수평적 음악가는 아닙니다. 그들은 선율의 대가라기보다는 화음의 대가입니다. 발자크는 대위법을 화음에 포함시키고 있습니다. 그들은 인간의 목소리를 찬양하는 자라기보다는 기악가들입니다. 그들은 노랫가락으로 대중을 즐겁게 하기보다는 음악에서 현학적이고 정신적인 것에 더 관심을 쏟고 있습니다. 저는 독일인들이 서구에 가장 아름답고, 서로를 사교적으로 맺어주는 음악을 주었다고는 말하지 않겠습니다만, 이들은 깊디깊으며 더없이 의미심장한 음악을 주었습니다. 그리고 서구는 이에 대해 감사와 찬사의 말을 아끼지 않았습니다. 동시에 서구는 그러한 영혼의 음악성이 다른 영역, 즉 정치적 영역이나 인간적 공동생활의 영역에서 비싼 대가를 치른다는 것을 느껴왔고, 오늘날에도 과거 그 어느 때보다도 더 강력하게 그러한 사실을 느끼고 있습니다.

독일적 본성의 거대한 화신인 마르틴 루터는 비상하게 음악적이었습니다. 솔직히 고백하자면 저는 그를 좋아하지 않습니다. 독일적인 것이 신교적 자유와 종교적 해방으로 나타난다 해도 순수하게 독일적인 것, 분리주의적이고 반로마적인 것, 반유럽적인 것이 저를 낯설게 하고 불안하게 합니다. 그리고 특별히 루터적인 것, 격앙하기 쉽고 조야한 것, 모욕하기와 침 뱉기와 분노하기, 끔찍할 정도로 억센 것이 섬세한 깊은 심성과 악마, 악마적 정신, 악마에 의해 바꿔치기 된 보기 흉한 아이에 대한 강렬한 미신과 결부되어 저의 본능적인 혐오감을 불러일으킵니다. 저 같으면 루터의 집에 초대받는 것을 좋아하지 않았을 겁니다. 그의 집에 갔더라면 필경 동화에 나오는 사람 잡아먹는 집에 있는 듯한 친숙한 느낌을 받았을 겁니다. 그리고 저는 루터가 '악마의 암퇘지, 교황'[140]이라고 불렀던 레오 10세인 조반니 드 메디치, 친절한 이 인

---

[140] 루터는 교황이 자신에게 준 파문장을 불태운 후 교황을 적그리스도라고 생각했음.

문주의자와 훨씬 사이좋게 지냈을 것으로 확신합니다. 또한 저는 민중의 힘과 예의의 대립이, 루터와 세련된 현학자인 에라스뮈스[141]가 서로를 반박하면서 논쟁을 벌인 것이 꼭 필요하다고 생각하지 않습니다. 괴테는 이러한 대립을 넘어서서 그것을 화해시키고 있습니다. 괴테는 교양을 갖춘 충만된 힘이자 민중의 힘이며, 세련된 마성과 정신과 피가 한데 어울린, 말하자면 예술인 것입니다….

괴테와 더불어 독일은 인간적인 문화에서 힘차게 일보 전진했습니다. 혹은 그렇게 했을지도 모릅니다. 사실이지 독일은 늘 괴테보다 루터와 더 가까운 관계를 유지했기 때문입니다. 그리고 루터가 어마어마하게 위대한 인물이었음을 누가 부인하려고 하겠습니까? 그는 가장 독일적인 스타일로 위대했습니다. 해방적인 힘과 반동적인 힘을 동시에 지닌 중의성이라는 점에서도 그는 독일적이고 보수적인 위대한 혁명가였습니다. 그는 교회만 소생시킨 것이 아니라 기독교를 구원했습니다. 유럽 사람들은 독일인의 본성이 비기독교적이며 이교도적이라고 비난하는 데 익숙합니다. 이것은 논란의 여지가 아주 많습니다. 독일은 기독교를 더할 나위 없이 진지하게 받아들였습니다. 다른 곳에서는 기독교를 더 이상

---

141 에라스뮈스 로테르담(Erasmus von Rotterdam, 1466-1536): 네덜란드 태생의 로마 가톨릭교회 성직자이자 인문주의자로 종교개혁 운동에 영향을 주었다. 에라스뮈스는 '인문주의자들의 왕자'라는 칭호를 누렸고, 순수한 라틴어 문체를 구사하는 고전 어문학자였다. '최고 영광의 기독교 인문주의자'로도 불렸다. 그는 헬라 그리스어의 신약성서를 라틴어로 새롭게 다시 번역했다. 이는 서방교회의 기독교 사상에 의문을 표시하면서 종교개혁 찬성파와 반대파가 천주교와 개신교로 분리된 이후에 개혁 반대파였던 가톨릭 개혁에도 영향을 끼쳤다. 작품으로 『우신 예찬』(1511) 『기독교 기사의 안내서』 등이 있다.

진지하게 생각하지 않았던 시절에 독일인 루터는 기독교를 어린이와 농부처럼 아주 진지하게 생각했습니다. 루터의 혁명은 기독교를 보존했습니다. 이는 뉴딜 정책이 자본주의적 경제 형태를 보존하려고 하는 것과 마찬가지입니다. 자본주의는 이러한 사실을 이해하려고 하지 않을지라도 말입니다.

마르틴 루터의 위대성에 대해서는 논란의 여지가 없습니다! 그는 실로 놀라운 성서 번역을 함으로써 괴테와 니체가 후에 완성한 독일어의 초석을 닦았습니다. 그뿐만 아니라 그는 스콜라 학파의 굴레를 타파하고 양심을 혁신함으로써 연구, 비판 및 철학적 사변의 자유에 크나큰 공헌을 했습니다. 그는 신과 인간이 직접 만나는 길을 터놓으면서 유럽의 민주주의를 촉진했습니다. '누구나 자기 자신의 사제이다'[142]라는 입장이 민주주의이기 때문입니다. 독일의 관념 철학, 경건주의적 양심의 시험을 통한 심리학의 세련화, 마지막으로 극단적 진리의 엄격성과 도덕에 입각한 기독교 도덕의 자기 극복, 왜냐하면 이것이 니체의 행위(혹은 비행)이기 때문이었습니다.

이 모든 것이 루터에게서 유래합니다. 루터는 영웅적인 자유의 투사였습니다만 독일적인 스타일로 그러했습니다. 그는 자유에 대해 아무것도 이해하지 못했으니까요. 지금 저는 기독교인의 자유를 말하는 것이 아니라 정치적 자유, 시민의 자유를 말하고 있습니다. 이 정치적 자유에 그는 냉담했을 뿐만 아니라 정치적

---

142 루터는 1520년에 나온 『독일 민족의 기독교적인 고귀함에 관하여』라는 저서에서 가톨릭 성직자 계급을 비판하고 보편적인 성직자 상을 요구한다.

자유의 운동과 요구들은 본질적으로 그의 기질과 맞지 않았습니다.

그로부터 400년이 지난 후 사회 민주주의자로 독일공화국의 초대 대통령이었던 자는 이런 말을 했습니다. "저는 혁명을 죄악처럼 증오합니다."[143]. 이 말은 진정 루터적이고 진정 독일적이었습니다. 이런 식으로 루디는 신교로부터 영감을 받은 농민 봉기를 증오했습니다. 만약 그 봉기가 승리했더라면 전 독일 역사를 좀 더 행복한 쪽으로, 자유로 방향 전환할 수 있었을지도 모릅니다. 하지만 루터는 농민 봉기가 자신의 업적인 종교적 해방을 무참히 손상했다고 생각했습니다. 그래서 그가 할 수 있는 행위라곤 그 봉기에 침을 뱉고 저주하는 것뿐이었습니다. 그는 미친개들을 때려죽이듯 농부들을 때려죽이라고 일렀습니다. 그러고는 이젠 짐승 같은 농민들을 도살하고 목 졸라 죽임으로써 천국을 얻을 수 있다고 제후들에게 외쳤습니다. 독일 혁명의 첫 시도가 슬픈 결말을 맺고 제후들이 승리함으로 인한 모든 제반 결과들에 대한 책임의 상당 부분은 독일적인 민중적 인간인 루터에게 있습니다.

당시 독일에는 제가 전적으로 공감하는 틸만 리멘슈나이더[144]

---

143 독일 공화국의 초대 대통령인 프리드리히 에버트가 1918년에 한 말.

144 리멘슈나이더(Tilman Riemenschneider, 1460-1531): 나무에 새긴 초상과 조상으로 유명한 독일 후기 고딕기(期)의 뛰어난 조각가. 뷔르츠부르크 조폐국장의 아들로 젊은 시절 그곳에 공방을 차려 크게 성공하였고, 시의원(1504-1520)과 시장(1520-1525)을 지냈다. 농민반란(1525) 때 혁명세력에 동조하여 일시적으로 시정 직위와 후원자들을 잃었다. 그는 감옥에 갇혀 고문당하면서 양손을 잃고 그 후 작품 활동을 할 수 없었다. 그는 독일인에 의해 도덕적·정치적 영웅으로 평가받고 있다. 1981년 리멘슈나이더 서거 450주년을 맞아 서독에서는 기념우표를 만들었고, 동독에서는 기념 동전을 제작했다.

라는 한 조각가가 살고 있었습니다. 그는 경건한 예술의 대가로 조각가이자 목판가였습니다. 그의 작품이 진실하고 순수하며 표현이 풍부한 것으로 아주 유명했습니다. 많은 사람들이 탐내는 많은 제단 인물상과 정결한 조각들이 독일 전역의 예배당을 장식했습니다. 이 거장은 자신이 사는 비교적 협소한 생활 공간인 뷔르츠부르크 시에서 높은 인간적, 시민적 명망도 획득하여 시의원이 되었습니다. 그는 자신이 높은 정치나 국제 무역에 개입하리라고는 꿈에도 생각하지 못했습니다. 이러한 것은 그의 자연스러운 겸손이나, 자유롭고 평화로운 창작에 대한 그의 사랑과 애당초 거리가 먼 것이기 때문이었습니다. 그에게는 선동가의 면모가 없었습니다.

하지만 가난한 사람들과 억눌린 사람들을 위해 고동친 리멘슈나이더의 가슴은 농민들의 일이 정당하고 신의 뜻에 맞는다고 생각하여 군주, 주교, 제후에 반대하도록 그를 강요했습니다. 그는 이들의 인문주의적 호의를 쉽게 수용할 수 있었을지도 모릅니다. 시대의 근본적인 커다란 대립들에 충격받은 그는 순전히 정신적이고 심미적인 예술 시민성의 자기 영역에서 뛰쳐나와 자유와 정의를 위해 싸우는 투사가 되지 않을 수 없었습니다. 그는 예술과 영혼의 평화를 넘어서는 이 일을 위해 자신의 자유, 자신의 존재의 존귀한 안정을 포기했습니다. 뷔르츠부르크 시가 '성城'에, 즉 후작 주교에게 농민군과 대항할 군대를 파견하는 것을 거부하고, 그 주교에 대항해 혁명적 태도를 취하도록 결정한 것은 주로 그의 영향 때문이었습니다. 그는 그 결과 끔찍한 대가를 치러야 했습니다. 농민 봉기를 진압한 후 그가 맞섰던 역사적 승리 세력은

예술과 정치 반지성주의를 경계하며

그에게 잔인하기 짝이 없는 보복을 자행했기 때문입니다. 그들은 그를 투옥하고 고문을 가했습니다. 그런 후 그는 나무나 돌멩이에서 아름다운 것을 일깨워 줄 능력을 상실한 낙담한 인간이 되어 감옥 문을 나섰습니다.

독일에 이런 일도 있었습니다. 늘 이러한 일이 있었습니다. 하지만 이러한 것이 특별히 기념비적인 독일적인 일은 아닙니다. 이러한 독일적인 것을 나타내는 자는 음악적인 신학자 루터입니다. 그는 정치적인 면에서 제후와 농민 양편에게 부당한 처사를 했습니다. 하지만 간과할 수 없는 일은 결과적으로 그가, 농민들이 길길이 날뛰며 광분하게 할 정도로 농민들에게만 부당한 처사를 하고 말았다는 사실입니다. 그의 내면성은 바울의 "너희를 다스리는 당국에 복종하라"라는 말을 철저히 지켰습니다.

하지만 이 말은 기독교라는 세계적 종교를 위한 전제이자 정치적 공간이었던 로마라는 세계 제국의 권위와 관계되었습니다. 반면에 루터의 경우에는 독일 제후의 구석에 제한된 반동적 권위가 중요한 문제였습니다. 음악적·독일적 내면성과 비세계성의 산물인 그의 반정치적 공손함은 수 세기 동안 독일인들이 제후와 모든 국가 당국에 복종하는 자세를 취하게 만든 것만이 아니었습니다. 그러한 공손함은 대담한 사색과 정치적 미성숙이라는 독일적 이중성을 한편으로는 조장하고, 조성한 것만이 아니었습니다. 그뿐만 아니라 이러한 공손함은 무엇보다도 '민족적'인 충동과 정치적 '자유' 이상의 독일적인 붕괴를 기념비적이고도 반항적인 방식으로 대변하고 있습니다. 종교개혁은 나중에 나폴레옹에 맞서 일어난 봉기처럼 '국수주의적' 자유 운동이었기 때문입니다.

그럼 우리 잠시 자유에 대해 이야기해 보도록 합시다. 독일 민족과 같이 그토록 중요한 민족에게서 발견되었고, 오늘날까지 발견되고 있는 이 개념의 독특한 전도顚倒 현상은 곰곰 생각할 만한 충분한 가치가 있습니다. 지금 치욕적인 종말을 맞고 있는 나치조차 어떻게 '독일의 자유 운동'이라는 이름을 갖다 붙일 수 있었을까요? 일반적인 느낌으로는 그러한 토대가 자유와 어떤 관계를 가질 수 있다는 사실이 불가능하기 때문입니다. 자유 운동이라는 이러한 명칭에는 도발적인 뻔뻔스러움만 내재해 있는 것이 아니었습니다. 거기에는 근본적으로 자유에 대한 불행한 개념이, 독일 역사에서 번번이 그 타당성을 입증받았던 심리학적인 법칙이 표현되어 있었습니다.

자유란 정치적으로 이해하면 무엇보다도 하나의 도덕적, 국내 정치적 개념입니다. 내적으로 자유롭지 못하고 자기 자신에게 책임지지 않는 민족은 외적 자유를 누릴 자격이 없습니다. 그러한 민족은 자유에 대해 함께 논의할 수 없습니다. 비록 듣기 좋은 말을 사용한다 해도 그것은 거짓에 불과합니다. 독일의 자유 개념은 늘 외부만 지향했습니다. 그 자유 개념은 독일적이라는 권리, 오로지 독일적이고 그 밖의 다른 것은 아니며 아무것도 그것을 넘어서지 못한다는 권리를 의미했습니다. 그것은 민족적 이기심을 제약하고 제한하며 억제하여, 공동체와 인류에 봉사하도록 권장하려고 하는 모든 것에 대항하여 자기중심적으로 방어하는 저항적 개념이었습니다. 그것은 외부적으로 세계, 유럽, 문명과의 관계에서 완강한 개인주의였습니다. 그 개념은 내부적으로는 놀라울 정도로 부자유, 미성숙, 멍청한 복종과 화합했습니다. 그것은 호전적인 노예근성이었습니다. 그런데 이제 나치는 내적 자유와 외적 자유에 대한 욕구의 불균형을 극대화해서, 국내에서 자유가 없는 독일 민족을 통해 세계를 노예로 삼으려는 생각으로까지 치달았습니다.

자유에 대한 독일인의 충동이 왜 늘 내적인 부자유로 귀결되어야만 할까요? 왜 그러한 충동이 종국에는 모든 다른 나라 사람들의 자유와 자유 그 자체를 암살하는 행위가 되어야만 할까요? 그 이유는 독일이 혁명을 갖지 못했고, 국민의 개념을 자유의 개념과 합일시키는 법을 배우지 못했기 때문입니다. '국민'은 프랑스 대혁명으로 인해 태어났습니다. 국민은 인류적인 의미를 내포하고, 국내 정치적으로는 자유를, 국제 정치적으로는 유럽을 의미하는 혁명적이고 자유주의적인 개념입니다. 프랑스의 정치 정신이 지닌 모든 매력적인 점은 이러한 다행스러운 일치에 기인하고 있습니다. 독일의 애국적인 열광에 담긴 옹색하게 하고 풀 죽게 하는 모든 요소는 이러한 일치가 한 번도 이루어질 수 없었다는데 기인하고 있습니다.

자유의 개념과 역사적으로 결부된 '국민'이라는 개념 자체가 독일이라는 나라에 생소한 것이라고 말할 수 있습니다. 독일인들 자신이 그러든 다른 나라 사람들이 그러든 간에, 독일인들을 하나의 국민이라고 일컫는 것은 잘못이라고 말할 수 있습니다. 그들의 조국에 대한 열정에 '국가주의Nationalismus'라는 단어를 적용하는 것은 잘못된 일입니다. 그 말은 프랑스화를 뜻해 오해를 불러 일으킴을 뜻합니다. 우리는 같은 이름으로 두 개의 상이한 대상을 표현하려 해서는 안 됩니다.

독일의 자유 이념은 민족적·반유럽적 성격을 띠고 있습니다. 그 이념이 오늘날과 같이 곧장 노골적이고도 공공연한 야만성으로 표출되지 않을 때도 늘 야만적인 것과 아주 근접해 있습니다. 그러나 이미 해방 전쟁[145] 때에 자유 이념의 수호자와 선구자에게서 보이는, 대학생 학우회의 본질과 얀[146]이나 마스만[147] 같은 유형들에게서 보이는 미적이고 반감을 일으키는 요소와 조잡한 요소가 그 이념의 불행한 성격을 증언해 주고 있습니다.

정말이지 괴테는 민중 문화에 낯설지 않았습니다. 그는 의고전주의擬古典主義[148]적인 『이피게니에』뿐만 아니라 순수 독일적인 『파우스트』 제1부, 『괴츠』, 『운을 맞춘 격언』을 썼습니다. 그러면서도 그가 나폴레옹에 대항하여 맞서 싸우는 해방 전쟁에 매우 냉담한 태도를 취하자 애국주의자들이 격분했습니다. 그가 이처럼 냉담한 태도를 보인 이유는 자기와 동격의 귀족인 위대한 황제에 대한 충성심 말고도 이러한 봉기에서 나타난 야만적이고 민중적인 요소가 그의 마음에 거슬렸기 때문이었습니다. 폭넓고 위

---

145 나폴레옹에 대항한 1813-1815년의 전쟁.

146 독일 체조의 아버지 프리드리히 얀을 말함.

147 국수주의적인 독문학자이자 체조 운동의 공동 창안자인 한스 페르디난트 마스만을 말함.

148 그리스·로마의 고전을 바탕으로 하여 그 정신과 양식을 모방한 17-18세기 유럽의 문예사조. 조화 있고 전아하며 단정한 형식을 존중하고 감정보다도 이성을, 개성적인 것보다도 보편적인 것을 중시하는 것이 특징이다. 독일에서는 18세기 후반에 성행했다. 빙켈만의 고대 미술 연구, 포스의 호메로스 번역, 레싱의 '라오콘'에서의 문학이론, 헤르더의 신비주의적 체험에 의한 파악 등에서 볼 수 있는데, 어디까지나 수용적이라는 점이 독일 고전주의와 다른 점이다.

대한 것이라면 모두 긍정했던 이 위대한 인물의 고독, 당시 애국적이고 '자유주의적'으로 흥분된 독일에서 초국가적인 것, 세계 시민성, 세계 문학을 추구한다는 것이 얼마나 고통스러운 일인가 하는 것을 우리는 제대로 헤아리기 어렵습니다. 그는 문화와 야만성이라는 개념에 온통 관심을 쏟았습니다. 자신이 자유 이념이 야만화하는 민족의 일원이라는 게 그의 숙명이었습니다. 자유 이념은 다만 외부로만 향해, 유럽과 그 문화에 반대하기 때문입니다.

여기에는 불행과 저주가, 지속해서 영향을 미치는 뭔가 비극적인 것이 지배합니다. 정치적 저항주의와 민중적인 조야한 민주주의에 대한 괴테의 거부적인 태도조차도 국민과 특히 그 정신적 지주였던 독일 시민 계층에게, 정신적 자유와 정치적 자유라는 루터의 이원성을 확인하고 심화하는 데 주로 영향을 끼쳤다는 사실에 비극적인 면이 있습니다. 독일의 교양 개념이 정치적 요소를 받아들이는 것을 이런 태도가 가로막은 데에 비극적인 면이 있었습니다.

위대한 인물들이 민중의 성격에 자신의 특질을 어느 정도나 새겨넣어, 민중의 성격을 모범적으로 형성하는지를, 그리고 그들 자신이 이미 어느 정도로 민중적 성격의 의인화이며 그 성격의 표현인지를 규정하고 구분하기란 무척 어려운 일입니다. 확실한 것은 독일적 심성과 정치와의 관계는 균형이 맞지 않는 관계이며 부적당한 관계라는 사실입니다. 독일에서 일어난 혁명이 모두 실패로 돌아갔다는 점에서 그러한 사실이 역사적으로 드러나 있습니다. 1525년의 혁명과 1813년의 혁명이 실패로 돌아갔으며, 1848년의 혁명은 독일 시민 계층이 정치적으로 미숙해 실패하고 말았습니다. 마지막으로 1918년의 혁명도 실패로 끝나고 말았습니다. 하지만 공명심에 독일인들이 정치 이념을 자기 것으로 옮겨쥘 때, 그들의 정치 이념이 쉽사리 빠져드는 우둔하고도 불행한 오해에서도 그러한 사실이 표출됩니다.

정치란 '가능성의 예술'로 불려왔습니다. 그리고 사실상 정치가 예술처럼 정신과 삶, 이념과 현실, 소망스러운 것과 필연적인 것, 양심과 행위, 윤리성과 힘을 창조적으로 중개하는 한 정치는 예술과 흡사한 영역입니다. 정치는 가혹한 것, 필연적인 것, 반도덕적인 것, '편의주의'와 물질적인 것, 너무나도 인간적인 것, 저속한 성향의 것을 많이 포함합니다. 그래서 위대한 업적을 이룩한 정치인이 드물었고, 자신을 나무랄 데 없는 인물이라고 말할 수 있는 정치인도 드물었습니다.

그럼에도 인간이 자연계에만 소속되는 것이 아니듯, 정치도 나쁜 영역에만 속해 있는 것이 아닙니다. 악마적이고 파괴적인 것으로 변질되지 않고는, 추한 얼굴로 인류의 공적이 되지 않고는, 종종 인류의 창조성을 수치스럽고 범죄적인 비생산성으로 바꾸어 놓지 않고는, 정치는 이념적이고 정신적인 성분을 결코 완전히 포기할 수 없으며, 정치의 속성인 윤리적이고 인간다운 예의를 지닌 부분을 부인하여 자신을 완전히 비윤리적이고 저속한 것에, 거짓말, 살인, 사기, 폭력에 국한할 수는 없습니다.

그렇게 되면 정치는 더 이상 예술이나 창조적으로 중개하며 실현하는 아이러니가 아니라 맹목적이고 비인간화된 행패에 지나지 않을지도 모릅니다. 그러한 행패는 실제적인 것은 아무것도 만들어내지 못하며 잠시 동안만 무시무시한 성공을 거둘 뿐입니다.

반면에 그러한 행패는 조금만 지속되어도 세계 파괴적으로, 허무주의적으로, 자기 파괴적으로 작용합니다. 완전히 비윤리적인 것은 삶에도 반대하기 때문입니다.

정치에 적합하게 태어난 민족들은 본능적으로도 양심과 행위, 정신과 권력의 정치적 일치를 적어도 주관적으로 항시 유지할 줄 압니다. 그들은 삶과 권력의 예술로 정치를 수행합니다. 이러한 예술에는 생에 유익하고 악한 것, 너무 저속한 것의 요소가 들어가지 않을 수 없습니다. 하지만 이러한 예술은 보다 높은 것, 이념, 인류적이고 예의 바른 것과 윤리적인 것에 결코 눈을 떼지 않습니다. 바로 이러한 점을 그 민족들은 '정치적'이라고 느낍니다. 이러한 식으로 그들은 세상과 자기 자신을 다스려 나갑니다. 그처럼 타협에 기반해 삶을 다스려 나가는 것이 독일인에게는 위선으로 여겨집니다. 독일인은 삶을 다스려 나가도록 태어나지 않았습니다. 그리고 독일인은 정치를 곧이곧대로 정직한 방식으로 오해하면서 자신이 정치에 적격이 아님을 증명합니다.

본래부터 악한 성품을 타고난 게 아니라 이념적이고 정신적인 기질을 타고난 독일인은 정치를 다름 아닌 거짓, 살인, 사기 및 폭력이라 간주하고, 완전히 일방적으로 더러운 것으로 생각합니다. 그리고 독일인이 세속적인 공명심에서 정치에 투신할 때는 이러한 철학에 따라 정치를 합니다. 정치인으로서의 독일인은 인류의 청각과 시각이 사라지도록 행동해야 한다고 생각합니다. 사실 이것을 그는 정치라고 생각합니다. 정치란 그에게 악인 것입니다. 그래서 독일인은 정치를 위해서라면 아주 악마가 되어야 한다고 생각합니다.

우리는 이를 체험했습니다. 어떤 심리학을 동원해서도 용서해 줄 수 없는 범죄가 발생했습니다. 그리고 이 범죄들이 아무 쓸데 없는 것이었다는 점에서 그 범죄들은 결코 용서받을 수 없습니다. 그 범죄들이 꼭 필요한 것이 아니었기 때문입니다. 독일은 그 범죄를 자신에게 선물할 수 있었을지도 모릅니다. 독일은 그러한 범죄를 저지르지 않고도 자신의 권력 계획이나 정복 계획을 수행할 수 있었을 겁니다. 기업 연합과 착취가 횡행하는 세상에서 급기야 괴링 콘체른Göring-Konzern을 통해 다른 민족들을 독점적으로 착취하겠다는 생각은 전혀 낯선 것이 아닙니다. 이러한 생각에서 곤혹스러운 점은 이러한 생각이 볼품없이 도에 지나치게 표출됨으로써 현행 체계를 너무나 손상했다는 사실입니다.

게다가 이러한 생각은 너무 늦게 왔습니다. 사방에서 인류가 경제적 민주주의를 추구하고, 한 단계 더 높은 사회적 성숙을 위해 매진하는 오늘날에 말입니다. 독일인들은 항상 뒤늦게 등장합니다. 모든 예술 중에서 세계 상황을 표현하는 이러한 세계 상황이 이미 종지부를 찍기 시작할 때 말입니다. 최후의 예술인 음악처럼 늦습니다. 그들은 또한 그들이 가장 소중히 여기는 이 예술처럼 범죄를 저지를 정도로 추상적이고 신비롭습니다.

저는 뒤늦게 착취 행렬에 뛰어들었다고 해서 굳이 범죄를 저지를 필요는 없었다고 말했습니다. 범죄는 첨가물이었고, 이데올로기와 종족 환상에 빠져 행해진 사치였습니다. 혐오감을 일으키는 미화처럼 들리지 않는다면 저희는 이렇게 말하고 싶습니다. 독일인이 그러한 범죄를 저지른 이유는 세상 물정에 어두운 관념론 때문이었다고 말입니다.

때때로, 그리고 더구나 독일 역사를 고찰해 볼 때 세계는 신이 단독으로 창조한 것이 아니라 누군가 다른 자와의 공동 작품이라는 인상을 받을 때가 있습니다. 우리는 악한 것에서 선한 것이 나올 수 있다는 은혜로운 사실을 신의 덕분으로 돌리고 싶어 합니다. 선한 것에서 그토록 자주 악한 것이 나오는 사실은 다른 자의 소행이 분명합니다. 독일인들은 그들에게는 모든 그들의 선한 것이 악한 쪽으로 기울어져, 그들의 수중에서 악한 것으로 되는지 혹여 물어볼 수 있을지도 모릅니다. 여러분께서는 그들의 본래적인 보편주의와 세계주의, 그들의 내면적 무한성을 생각해보십시오. 그들의 내면적 무한성은 그들의 옛날 초국가적 제국인 독일 신성 로마 제국의 정신적 속성으로 이해될 수 있을지도 모릅니다. 이것은 아주 긍정적으로 평가될 수 있는 자질이지만 일종의 변증법적인 반전反轉을 통해 악한 것으로 전도되었습니다.

독일인들은 타고난 사해四海 동포주의에 의거해 유럽의 헤게모니, 아니 세계 지배권을 주장하려는 유혹을 받았습니다. 이를 통해 그들의 세계주의는 이와는 정반대로 가장 오만불손하고 가장 위협적인 국가주의와 제국주의가 되고 말았습니다. 이와 동시에 그들은 이러한 국가주의를 또다시 너무 늦게 받아들였고, 이 국가주의가 이미 시대에 뒤떨어졌음을 스스로 깨달았습니다. 이 때문에 그들은 그 대신 '종족 슬로건'이라는 좀 더 근대적인 것을 끼워 넣었습니다. 이 슬로건은 그들이 즉시 엄청난 만행을 저지를 수 있게 해주어, 그들을 끝없는 불행의 늪에 빠트렸습니다.

아니면 여러분, 어쩌면 독일인들의 가장 유명한 특성이랄 수 있는 '내면성'을 생각해보십시오. 이 단어는 뭐라고 옮기기가 무척 힘듭니다. 섬세함, 사려 깊은 마음, 비세속적인 침잠, 자연에 대한 경건함, 사고와 양심의 극히 순수한 진지함, 요약하면 순수한 서정시의 모든 본질적 특성이 그 속에 섞여 있습니다. 그리고 자신이 이러한 독일적 내면성의 은덕을 입고 있는 것을 세계는 오늘날 잊을 수 없습니다. 독일 형이상학, 독일 음악, 특히 국가적으로 완전히 유일무이하고 무엇과도 비교할 수 없는 것인 독일 가곡의 경이로움이 그 내면성의 결실이었습니다.

독일 내면성의 위대한 역사적 행위는 루터의 종교개혁이었습니다. 우리는 이것을 힘찬 해방 행위라고 불렀습니다. 그러므로 이 행위는 선한 것이었습니다. 하지만 악마가 이 일에 개입했음이 분명합니다. 종교개혁은 서양의 종교적 분열을 초래하여 결정적인 불행을 안겨주었습니다. 그리고 종교개혁은 독일에 30년 전쟁을 가져와 인구를 감소시켰습니다. 그 전쟁은 불행하게도 문화를 후퇴시켰으며, 간음과 전염병을 통하여 독일의 피를 필경 중세 때와는 다르게 더 나쁜 피로 만들어버렸습니다.

『우신 예찬』[149]을 쓴 에라스뮈스 폰 로테르담은 내면성이 희박한 회의적인 인문주의자로 종교개혁이 무엇을 잉태했는지를 잘 알고 있었습니다. 그는 이렇게 말했습니다.

---

149 중세 이후 가톨릭 세계가 부패해서 인간성을 훼손하는 현실에 대해 날카로운 비판을 가한 책이다. 에라스뮈스는 토머스 모어(『유토피아』의 저자)의 집에 머무를 때 『우신 예찬 *Encomium Moriae*』(1511)을 썼다. 모어가 가장 싫어하는 바보 신(moria)을 예찬하는 이 책을 모어에게 헌정한 것에는 비아냥거리는 의미가 담겨 있다. 에라스뮈스는 이 책에서 교황과 교회의 권력자, 왕과 왕족, 귀족들의 행동을 냉정하게 관찰하고 풍자하며 그들이 바보 신의 지시에 따라 행동하고 있다고 주장한다. 교회의 위대한 어리석음을 조롱하는 반면, 종교의 참된 자세를 고찰한 것이기도 하다.

"네가 세계에 무서운 혼란이 생기는 것을 보게 되면 에라스뮈스
가 이를 예언했음을 생각하라"

하지만 아주 내면적인 그로비안 폰 비텐베르크[150]는 평화주의
자가 아니었습니다. 그에게는 비극적 운명을 긍정하는 독일인의
기질이 충만하여 거기에서 흐르게 될 피를 '자신이 책임질' 각오
가 되어 있음을 선언했습니다. 독일 낭만주의, 그것은 저 가장 아
름다운 독일적 특성인 독일적 내면성의 표현이 아니고 무엇이겠
습니까? 몹시 동경에 차 있고 몽상적인 것, 환상적이고 유령적인
것과 심원하고 기괴한 것, 또한 고도의 인위적인 세련성, 모든 것
위에 떠 있는 아이러니는 낭만주의 개념과 관련을 맺고 있습니다.
　하지만 낭만주의에 대해 말할 때 제가 생각하는 것이 실은 이
러한 것이 아닙니다. 그것은 오히려 어떤 어둑한 강력한 힘과 경
건성입니다. 그것은 영혼의 고풍성이라고도 말할 수 있습니다. 영
혼의 그러한 고풍성은 지하 세계의 비합리적이고 마적인 생의 힘,
말하자면 생의 본래적인 원천에 가깝게 느끼고, 단지 합리적으로
만 세계를 고찰하고 세계를 다루는 것에 반대하고 보다 깊은 지
식, 신성한 것에 보다 깊이 결부된 것을 지지합니다.
　독일인들은 계몽주의의 철학적 지성주의와 합리주의에 반대
하는 낭만적 반혁명의 민족입니다. 문학에 대한 음악의 봉기, 명
료성에 대한 신비주의의 봉기를 한 민족입니다. 낭만주의는 결코
뜨뜻미지근한 열광이 아닙니다. 이것은 자신을 힘이자 동시에 충

---

150 루터를 칭하는 말임.

만함으로 느끼는 깊이입니다. 그것은 비판과 개량주의에 반대해 존재하는 것, 실제적인 것, 역사적인 것을 지지하는, 한마디로 정신에 반대해 힘을 지지하고, 모든 수사학적인 도덕성과 관념론적인 세계 미화를 극도로 과소평가하는 성실성의 염세주의입니다.

이 점에서 낭만주의는, 유일한 정치적 천재인 비스마르크라는 인물로 독일을 생성시켰고, 유럽과 싸워 승전보를 올렸던 저 리얼리즘이나 마키아벨리즘과 연결되어 있습니다. 비스마르크의 주도로 프로이센이 수립한 계획에 따라 통일을 이루고 제국을 건설하려는 독일의 갈망은 오해를 받았습니다. 사람들이 통례적인 전범에 따라 그러한 갈망을 국가적·민주주의적 특성을 지닌 통일 운동으로 보았다면 말입니다. 그러한 갈망은 1848년 무렵에 한번 현실화하려고 시도했습니다. 비록 바울 교회의 의회에서 행해졌던 대독일에 관한 토론들이 이미 중세적 제국주의, 신성 로마 제국에 대한 추억에 사로잡혀 있었지만 말입니다.

하지만 유럽에 흔한, 국가적 민주주의적 통일 방안은 독일적인 방안이 아님이 밝혀졌습니다. 비스마르크 제국은 본질적으로 민주주의와 아무런 관계가 없었을 뿐만 아니라 민주주의적인 의미에서 사용되는 국민이라는 단어와도 아무런 관계가 없었습니다. 그 제국은 유럽에서 패권을 장악하려는 생각을 지닌 순수한 권력 구조물이었습니다. 그리고 모든 근대성, 모든 냉정한 유능성에도 불구하고 이 1871년의 제국은 중세의 영광에 대한 회상과 작센 및 슈바벤 통치자들의 시대와 결부되어 있습니다.

사실 이 점이 특징적이고 위협적인 요소였습니다. 그것은 둔감한 근대성, 능률적인 발전성과 과거에 대한 향수, 고도로 기술화된 낭만적 취향의 혼합이었습니다. 전쟁을 통해 탄생한 프로이센 국가의 비신성 독일 제국은 늘 전쟁 국가일 수밖에 없었습니다. 세계라는 살에 박힌 가시 격이었던 이 제국은 그러한 전쟁 국가로 존립하다가 그런 식으로 몰락하고 맙니다.

독일 낭만주의의 반혁명적 성격이 지닌 정신사적 공적은 무어라고 평가할 수 없을 정도로 지대합니다. 합리주의적 계몽주의와 프랑스 대혁명이 이성과 역사 사이에 벌려 놓았던 심연 사이에 헤겔의 변증법적 철학이 다리를 놓으면서 헤겔 자신이 여기에 단단히 한몫했습니다. 이성적인 것과 현실적인 것을 화해시킴으로써 그는 역사적 사유에 엄청난 활력을 불러일으켰습니다. 낭만주의는 본질적으로 침잠沈潛, 특히 과거로의 침잠입니다. 낭만주의는 이러한 과거에 대한 동경인 동시에 실제로 존재했던 모든 것에 대해 그것의 고유한 권리, 고유한 색깔 및 분위기를 사실 그대로 인정하자는 의식입니다. 낭만주의가 역사를 서술하는 데 대단히 유용했으며, 그것이 현대적 면모를 갖추고 다시 출범했다는 사실이 놀라운 일이 아닙니다.

미의 세계를 둘러싼 낭만적 취향의 공적은 학문으로서도, 미적 이론으로서도 풍부하고 매혹적입니다. 실증주의는 시학이 무엇인지 알지만 주지주의적 계몽주의는 전혀 알지 못합니다. 도덕적 아카데미즘 속에서 지루한 나머지 죽게 되었던 세계에 낭만주의가 비로소 이를 알려주었습니다. 낭만주의는 개성과 자연 발생적인 열정의 권리를 선언하면서 윤리를 시화詩化했습니다. 낭만주의는 동화와 가곡이라는 보물들을 민중적인 과거의 깊은 곳에서 끌어올렸습니다. 낭만주의는 다채로운 빛깔을 띠고 이국풍의 변종으로 나타나는 민속학의 재기발랄한 보호자였습니다. 낭만주의가 이성적인 것이 아닌 정서적인 것에, 그것과 관계가 먼 형태인 신비적 황홀이나 디오니소스적 도취에 특권을 부여함으로써 낭만주의는 병病과 특수하고도, 심리학적으로 무척 생산적인 관계를 맺게 됩니다. 그 자신이 병으로 말미암아 치명적이고 천재적인 것으로 상승한 정신인 후기 낭만주의자 니체조차도 인식을 위한 병의 가치를 아무리 높이 평가해도 충분하지 못했듯이 말입니다. 이런 의미로 볼 때 병의 측면에서 인간에 관한 지식의 심원한 전진을 의미했던 정신 분석학조차 낭만주의의 후예인 것입니다.

괴테는 고전적인 것은 건강한 것이고, 낭만적인 것은 병적인 것이라는 간결한 정의를 내린 바 있습니다. 이것은 낭만주의의 죄악과 악덕조차도 속속들이 사랑하는 사람에게는 고통스러운 주장입니다. 하지만 낭만주의의 가장 우아하고도 영묘한, 동시에 민중적이고 섬세한 현상에도, 마치 장미에 벌레가 들어 있듯이[151], 이미 병의 징후가 깃들어 있다는 사실을 부인할 수 없습니다. 그리고 낭만주의는 가장 내적인 본질에 따라 유혹이며, 그것도 죽음에 대한 유혹이라는 사실을 부인할 수 없습니다.

이러한 사실이 혼란스럽게 하는 낭만주의의 역설입니다. 추상적 이성, 천박한 인문주의에 혁명적으로 반대해 비합리적인 생의 힘을 대변하는 낭만주의는 사실 비합리적인 것과 과거에 탐닉함으로써 죽음에 깊은 친화성을 지닙니다. 낭만주의는 자신의 본래 고향이랄 수 있는 독일에서 단지 도덕적인 것에 반대하여 생명력의 찬미로서, 동시에 죽음과의 친화성으로서, 이러한 오색찬란한 이중적 뜻을 가장 강력하고도 가장 무시무시하게 증명해 보였

예술과 정치 반지성주의를 경계하며

습니다. 낭만주의는 독일 정신으로서, 낭만적인 반혁명으로서 유럽의 사고에 활력을 불어넣는 심원한 자극을 주었습니다. 하지만 낭만주의적인 삶과 죽음의 자부심은 유럽으로부터, 유럽적 인류종교, 즉 유럽적 민주주의 정신으로부터 본받을 만한 교훈을 받아들이기를 거부했습니다. 낭만주의의 사실적이고 권력 정치적인 형태에서, 비스마르크 주의로서, 프랑스와 문명에 대한 독일의 승리로서, 그리고 겉으로 보기에는 더할 나위 없는 건강을 과시하는 강력한 독일 제국을 건설함으로써 낭만주의는 세계에 놀라움을 자아내게 했지만 세계를 혼란스럽고 기죽게 하기도 했습니다. 그리고 이 제국을 다스리던 천재가 이제 사라지자마자 낭만주의는 세계를 부단히 불안하게 만들었습니다.

게다가 통일된 이 강국은 문화적인 환멸이었습니다. 한때 세계의 스승이었던 독일에서 정신적으로 위대한 것이 더는 나오지 않았습니다. 독일은 그저 강하기만 할 뿐이었습니다. 하지만 이처럼 강력하고 조직화된 수행 능력에도 불구하고 낭만적인 병과 죽음의 징후가 지속되었고 계속 영향을 미쳤습니다. 역사적인 불행,

---

151 영국의 서정시인 윌리엄 블레이크(William Blake)의 시 '병든 장미'를 인용한 글.

"오 장미여, 그대는 병들어 있구나.
거센 폭풍우 휘몰아치는 날
밤에 날아다니는
보이지 않는 벌레가

그대 침상에서
진홍빛 향락을 찾아내었구나.
그 어둡고 은밀한 사랑이
그대의 생명을 망치는구나."

패전으로 인한 고통과 굴욕이 이러한 징후를 키우는 온상이었습니다. 그리고 한심한 대중의 수준, 히틀러의 수준으로 떨어진 독일 낭만주의는 신경질적인 야만성으로, 오만무도함과 범죄의 도취와 경련으로 터져 나왔습니다. 이러한 오만무도함과 도취는 이제 국가적 대참사로, 유례없는 육체적·심리적 붕괴로 소름 끼치는 종말을 맞이하고 있습니다.

신사 숙녀 여러분, 제가 여러분께 간략히 요약하여 설명해 드린 것은 독일 '내면성'의 역사입니다. 이것은 우울한 역사입니다. 저는 독일 역사를 우울한 역사로 부르지 '비극'이라고는 말하지 않습니다. 불행이 자랑거리가 되어서는 안 되기 때문입니다. 이러한 역사는 한 가지 사실을 우리 마음에 새겨줄지도 모릅니다. 즉 악한 독일과 선한 독일이라는 두 개의 독일이 존재하는 것이 아니라 단 하나의 독일이 존재하는데, 그 최선의 것이 악마의 술책으로 인해 악한 것으로 기울어졌다는 사실입니다.

악한 독일, 그것은 길을 잘못 든 선한 독일이자 불행, 죄악, 몰락을 맛보고 있는 선한 독일입니다. 그 때문에 독일에서 태어난 정신적 인간으로서는 죄를 짊어진 악한 독일을 전적으로 부인하고 이렇게 선언하는 것이 도저히 불가능합니다.

"저는 흰옷을 입은 선하고 고귀하며 정의로운 독일입니다. 악한 독일은 여러분이 뿌리 뽑도록 넘겨 드리겠습니다."

제가 여러분께 말씀드리려고 했던 것이나 슬쩍 암시하려고 했던 것 중에서 그 어느 것도 생소하고 차가운, 저와 무관한 지식에서 나오지 않았습니다. 저도 그러한 것을 마음속에서 경험했고, 모든 것을 몸소 체험했습니다.

달리 표현하면 제가 이 자리에서 시간에 쫓기며 여러분께 말씀드리고자 한 것은 약소하나마 독일의 자기비판이었습니다. 그리고 정말이지 저는 이렇게 함으로써 독일적 전통을 가장 충실하게 따를 수 있었습니다. 종종 자기 구토나 자기 저주로까지 치달은 자기비판의 성향은 순수 독일적입니다. 그리고 자기 인식의 자질을 갖춘 민족이 어떻게 아울러 세계를 제패할 생각을 품을 수 있었는지는 영원히 미궁으로 남을 겁니다. 세계를 제패할 생각을 품은 것은 무엇보다도 순진성 때문이며, 행복한 고립성과 심지어 무고의성 때문입니다. 하지만 오만이 회한과 결합된 독일인의 삶과 같은 극단적인 정신적 삶 때문은 아닙니다.

일찍이 프랑스인, 영국인, 또한 미국인까지도 자기 민족의 면전에 대고 한 발언은 휠덜린, 괴테, 니체와 같은 위대한 독일인들이 독일에 대해 행한 가차 없는 발언에 도저히 견줄 수 없습니다. 괴테는 비록 담소를 나누면서 한 이야기이긴 했지만, 독일인이 거주지에서 소수파가 되어 살기를 바라기까지 했습니다.

그는 이렇게 말했습니다. "독일인들은 유대인들처럼 전 세계로 이주해 흩어져 살아야 합니다!"

그리고 그는 이렇게 덧붙여 말했습니다. "독일인에게 내재하고 있는 선한 것의 덩어리를 개발해 국가의 안녕을 기하기 위해서 말입니다."

선한 것의 덩어리, 그것은 존재합니다. 그리고 지금까지의 민족 국가의 형태로는 그것이 제 몫을 다할 수 없었습니다. 괴테가 독일인들에게 세계 각지에 흩어져 살기를 원했듯이, 독일인들은 이 전쟁이 끝난 후 아마 그러고 싶은 생각이 강렬할지도 모르지만 다른 나라들의 이민법은 철통같이 빗장을 지를 겁니다. 하지만 힘의 정책으로 우리가 가지는 과도한 기대에 대한 단호한 경고에도 불구하고, 이러한 대참사를 겪은 후 어쩔 수 없이 불가피하게 19세기의 국가 개인주의가 해체되고, 급기야는 사라지게 될 방향으로, 지탱할 수 없게 된 낡은 세계 상황보다는 독일적 본질에 들어 있는 '선의 덩어리'를 더 행복하게 검증할 수 있는 세계 상황의 방향으로 시험 삼아 제 일보를 디딜 희망이 존재하지 않겠습니까?

바로 나치가 청산됨으로써 독일의 가장 내면적 속성과 욕구에 가장 커다란 행복 가능성을 제공해주는 사회적인 세계 개혁의 길이 열렸었을지도 모릅니다. 세계 경제, 정치적 경계의 의미 감소, 무릇 국가 생활의 탈정치화, 인류가 실제적 통일 의식에 눈뜨는 것, 세계 국가를 처음으로 눈여겨보는 것, 이 모든 시민적 민주주의를 넘어서는 사회적 휴머니즘이, 그것을 쟁취하려는 큰 싸움이 벌어지고 있습니다만, 어찌 독일적 본질에 생소하며 반한단 말입니까?

독일의 세계 기피에는 늘 세계에 대한 말할 수 없는 갈망이 있었고, 독일을 악하게 만들었던 고독의 밑바닥에는, 누가 이를 알겠습니까마는, 사랑하려는 소망과 사랑받으려는 소망이 있습니다. 결국 독일의 불행은 무릇 인간 존재 일반의 비극을 보여주는 본보기에 불과합니다. 독일이 그토록 간절히 필요로 하는 은총은 우리 모두에게 필요합니다.

WARUM ICH NICHT NACH DEUTSCHLAND ZURÜCKKEHRE

THOMAS MANN 1945

————————

THOMAS MANN

12

내가 독일에 돌아가지 않는 이유

1945년 9월 7일 발터 폰 오토에게 공개적으로 보낸 이 편지는 뉴욕에서 『건설Aufbau』 제11호에 처음 실렸고, 『토마스 만 전집』 제12권 953~962쪽에 실려 있다. 옛 슈바벤 귀족 가문 출신인 문필가 발터 폰 오토가 토마스 만에게 보낸 편지는 1945년 8월 13일 『헤시세 포스트』지에 실렸는데, 만은 이를 수 주일 후에 받아보았다. 독일 관념론의 전통을 고수하는 민족 보수적인 문필가인 오토는 1928년에서 1930년까시 프로이센 문학 아카데미 회장을 지냈고, 제3제국 시대에도 줄곧 이 회원이었지만 나중에 나치에 환멸을 느껴 1933년에서 1945년까지 상부 바이에른에 은거하며 살고 있었다. 발터 폰 오토는 예의를 갖춰 쓴 이 편지에서 토마스 만에게 이 어려운 시기에 독일로 돌아와 '충고와 행위'로 나라에 기여하라고 요청했다. 1933년에서 1945년까지 독일에서 간행된 문학 작품을 깡그리 비판하면서 사실 그의 기대에 부응하지 않은 만의 답변에 대해 프랑크 티스와 같은 '국내 망명자'들은 격렬한 비난을 퍼부었다. 티스는 망명자들이 자기 목숨을 구하기 위해 조국을 떠났지만, 국내 망명자들은 독일의 문학과 문화를 구원했다고 주장했다. 그는 '외부에서 민족을 향해 선전포고를 하는 것'보다 독일 내에서 어려움을 견디기가 더 힘들었다는 주장을 내세웠다. 토마스 만을 독일 조국의 배반자로 낙인찍으려 한 이러한 논쟁은 엄청난 반향을 일으켰다. 그러나 티스가 히틀러 찬양자임을 보여주는 1933년의 인터뷰 내용이 독일에서 공개돼 그의 진면목이 드러남으로써 이러한 논쟁은 결국 무의미하게 끝나게 되었다.

친애하는 몰로 씨에게!

친절하게도 저의 생일 축하 인사를 해주신 것에 감사드립니다. 게다가 저에게 보내는 공개편지를 써서 독일 언론에 넘겨주셨고, 편지의 발췌 부분이 미국 언론에도 넘어갔습니다. 거기에는 사적인 편지에서보다도 더 강력하고도 간절하게 소망이 피력되어 있습니다. 그러니까 귀하께서는 사실상 제가 유럽에 되돌아가 그곳에서 다시 살고 싶다는 표현을 하도록 강요하고 있습니다. '충고와 행위'로 말입니다. 당신 말고도 저에게 이런 요구를 하는 사람들이 있습니다. 사람들 말에 의하면 러시아의 통제를 받는 '베를린 라디오 방송'과 '독일 통일사회당'(1946년 4월 26일, 독일 사회민주당과 독일 공산당 합병하여 성립)도 그런 요구를 제기했다고 합니다. 제가 '독일에서 역사적인 과업을 이룩해야 한다'는 과히 부담스러운 이유를 대면서 말입니다.

독일이 이제 다시 저를 부른다는 사실에 저는 물론 기쁩니다. 저의 책뿐만 아니라 저를 개인적 인간 자체로 부른다는 사실이 말입니다. 하지만 이런 호소를 하는 것에 저는 불안한 마음과 부담스러운 심정도 있습니다. 그리고 거기에는 비논리적인 점, 심지어 부당한 점, 사려 깊게 생각하지 않은 점이 저에게 느껴집니다. 친애하는 몰로 씨, 오늘날 독일에서 '충고와 행위'가 얼마나 소중한 것인가를 귀하는 너무나 잘 알고 계십니다. 우리의 불행한 민족이 처하게 된, 거의 구원이 없어 보이는 현 상황에서 말입니다. 그리고 벌써 노인이 된 자의 심장 근육은 모험적인 세월에 많은 요구를 받기도 했습니다. 귀하가 그토록 가슴 찡하게 묘사하는 그 사람들의 잔뜩 꺾인 기를 이 노인이 몸소 다시 일으켜 세우는 데 기여할 수 있을지 자못 의심스러워 보입니다. 이 말은 그냥 나온 김에 하는 말입니다. 하지만 그러한 요구들은 저의 역이주에 도사리고 있는 기술적, 시민적, 정신적 어려움들이 제대로 고려된 것으로 보이지 않습니다.

이 12년 세월과 그 결과들을 도대체 칠판에서 지워버릴 수 있으며, 그것들이 없었다는 듯이 할 수 있을까요? 1933[152]년은 힘들고 숨 막히는 해였습니다. 그때까지 익숙하게 살아온 생활 토대를 잃어버린다는 것은 충격이었습니다. 고국에서 하찮은 행동을 한 대가로 집과 고국, 책, 추억과 재산을 버려야 했습니다. 보트를 타고 상륙하려 했으나 거부당했습니다. 저의 바그너 논문에 대한 무식하고도 살인적인 라디오 방송과 언론의 추적을 결코 잊을 수 없습니다. 뮌헨에서 행한 바그너 연설로 저는 독일에 되돌아갈 수 없다는 사실을 처음 깨닫게 되었습니다. 적절한 표현을 찾느라고 고심하는 일, 쓰고 답변하고 저 자신을 설명하려는 노력들, '밤

---

152 토마스 만이 외국으로 망명을 떠난 해임.

으로의 편지들', 이미 저 세상으로 간 친구들 중 한 명인 레네 쉬켈레[153]가 이러한 숨 막히는 독백들을 그렇게 말했습니다. 이 나라 저 나라를 떠돌던 나그네 생활, 여권을 얻는 문제, 호텔 생활, 그 후의 이런 상황은 저에게 무척이나 힘들었습니다. 반면에 잃어버린 나라, 황폐해지고 전혀 낯설게 된 나라에서 몰려드는 치욕스러운 이야기들이 날이면 날마다 귀에 들려왔습니다. '카리스마적인 총통'(끔찍하고도 끔찍하게, 그 술 취한 교육이라니!)에게 충성을 맹세하고 괴벨스의 문화 정책 아래서 활동한 여러분들 모두가 그런 일을 두루 겪지는 않았습니다. 귀하께서 나중에 제가 겪지 않은 더 사나운 꼴을 겪었다는 사실을 저는 잊지 않습니다. 하지만 귀하께서는 다음 사실을 알지 못했습니다. 망명 생활로 인한 심장 천식, 뿌리를 박탈당했다는 감정, 고향을 잃어버렸다는 사실에 대한 신경질적인 두려움을 말입니다.

저는 여러분이 누렸던 장점들을 생각하면 분노가 치솟을 때가 가끔 있었습니다. 여러분은 연대해서 들고 일어나지 않았습니다. 당시의 독일 지식인들, 국내적으로나 세계적으로 명성이 있었던 모든 사람, 의사, 교사, 음악가, 문필가, 예술가들이 하나 같이 수치에 대항해 들고 일어서 총파업을 선언했더라면 상황이 상당

---

153 쉬켈레(Rene Schickele, 1883-1940): 독일 저널리스트·시인·소설가·극작가이다.『백서*Weiße Blätter*』지의 해외특파원이자 편집인으로 활동했고, 1915-1919년에는 발행인으로도 활약했다. 그는 잡지를 전쟁 동안 유럽의 반전감정을 대변하는 가장 효과적인 매체로 만들었다. 프랑스와 독일 사이의 평화와 문화적·정치적 갈등의 해소는 알자스 출신인 그가 평생 추구한 목표였다. 충성을 바쳐야 할 나라가 독일이냐 프랑스냐 하는 그의 방황은 이미 그의 첫 시집『삶으로 가는 행군』(1905)과 첫 소설『이방인』(1907)의 주제와 양식에서 잘 나타난다. 쉬켈레는 1933년 독일로 망명했다가 이후에는 프랑스 시민이 되었다.

히 달라졌을지도 모릅니다. 우연히도 유대인이 아닌 몇몇 사람들은 스스로에게 늘 이런 질문을 하였습니다. "도대체 왜? 다른 사람들은 다 협력하는데. 하지만 그렇게 위험한 것이 아닐 수도 있어."

저는 때때로 분노했다고 말합니다. 하지만 저는 국내에 그냥 계셨던 여러분이 결코 부럽지 않았습니다. 여러분의 가장 위대한 시절에도 말입니다. 게다가 저는 이 위대한 시절이 금방 사라져버릴 피비린내 나는 거품에 불과했음을 너무나 잘 알고 있었습니다. 저는 헤르만 헤세가 부러웠습니다. 저는 그와 처음 교제하면서 그에게서 위안을 받았고 그의 강함을 발견했습니다. 그는 진작부터 자유로웠기 때문입니다. 그는 때맞추어 너무나 적절한 이유를 들면서 저와 임무 교대를 하였습니다.

"독일인들이 위대하고 중요한 민족임을 누가 부인하겠습니까? 어쩌면 지상의 소금일지도 모릅니다. 하지만 정치적 민족으로는 불가능합니다! 저는 이제 다시는 그런 사람들과 아무 관계도 맺지 않을 겁니다."

그리고 헤세는 몬타뇰라[154]의 자기 집에서 무척 안전하게 살았습니다. 그는 자기 집 정원에서 마음이 혼란스러운 사람과 보챠Boccia놀이[155]를 했습니다.

---

154 히틀러가 권력을 잡자 독일로 돌아갈 수 없게 된 토마스 만은 처음에 스위스에 체류하다가 1933년 말 헤세를 방문했음.

그런 다음 저는 서서히 사는 게 제 자리를 잡게 되었습니다. 처음에 프랑스에서 집을 구했다가, 그다음에는 스위스에서 집을 구했습니다.[156] 다시 한 곳에 정착하여 소속감을 느끼며 비교적 안정된 생활을 하게 되었습니다. 일을 손에서 놓자 심신이 망가질 것 같았는데 이제 글쓰기 작업을 재개했습니다.

스위스는 전통적으로 손님을 후대하는 곳입니다. 하지만 위협적으로 막강한 이웃의 압박을 받으며 살면서 도덕적인 데까지 중립의 의무를 지고 있는 스위스는 자신의 정부와 나쁜 관계에 있는 손님이 서류 없이 오자 조금 당황해하고 불안해하며 '조심스러움'을 요구했습니다. 이는 이해할 수 있는 일입니다. 그러다가 미국 대학에서 저를 초빙했습니다[157]. 이 거대한 자유의 나라에서는 갑자기 '조심스러움'에 관한 말이 더 이상 없어졌습니다. 솔직하고, 위축되지 않고, 공공연한 친근성밖에 없었습니다. 그것은 "히틀러 씨, 안녕하세요!"라는 즐겁고 가차 없는 모토였습니다. 몰로 씨, 저는 이 나라에 고마워해야 할 어느 정도의 근거, 이 나라에 저의 고마움을 증명해야 할 근거가 있습니다.

지금 저는 미국 시민입니다. 독일이 끔찍한 패배를 당하기 오래전에 저는 미국을 다시 등질 생각이 없음을 공개적으로, 사적

---

155 이탈리아 구기의 일종.

156 토마스 만은 1933년 여름 반돌과 사나리 쉬르 메르에 살았고, 1933년 9월부터 1938년까지 취리히 근처의 퀴스나흐트에 살았으며, 1938년에서 1941년까지는 미국 뉴저지주의 프린스턴에 살았다. 또 1941년부터 1951년까지는 캘리포니아의 태평양 해안가에서 살았고, 1952년부터 1955년까지 다시 스위스의 에르렌바흐와 킬히베르크에서 살았다.

157 1938년 프린스턴 대학은 토마스 만을 인문학부 강사로 초빙함.

으로 천명한 바 있었습니다. 저의 두 아들[158]은 아직 미군에 근무 중입니다. 그들은 이 나라에 뿌리를 박았습니다. 제 손자들은 영어로 말하며 성장하고 있습니다. 이 땅에 여러 가지로 확고히 뿌리를 내리고 있는 저 자신도 미래를 호흡하는 이 멋진 해안에 집을 지었습니다. 저는 워싱턴[159]과는 때때로 명예와 관련되는 일에 연결되어 있습니다. 미국의 주요 대학들에서는 저에게 명예 학위를 수여했습니다.[160] 집의 보호를 받으면서 저는 작품을 끝마치고 싶습니다. 힘, 이성, 풍요 및 평화의 분위기를 풍기는 작품을 말입니다. 솔직히 말하자면 이러한 이상한 운명의 단점을 속속들이 맛본 제가 그 이점을 왜 누려서는 안 되는지 모르겠습니다. 저는 독일 민족에게 행해야 할 저의 직분을 망각하고 있는 것이 아닙니다. 그러한 직분은 캘리포니아주에서도 할 수 있습니다.

일이 이렇게 된 것은 제 탓이 아닙니다. 전적으로 말입니다! 그것은 독일 민족, 독특하고, 비극적이며, 흥미로운 그 민족의 성격과 운명의 결과입니다. 사람들은 독일 민족의 그런 특성을 감수하며 견디어오고 있습니다. 하지만 그렇다면 그 결과도 인정해야 하며 "모든 것을 용서하겠으니 돌아오라!"라는 진부한 말로 모든 일을 끝내려고 해서는 안 됩니다.

---

158 토마스 만의 아들인 클라우스 만과 골로 만을 말한다.

159 토마스 만은 아그네스 마이어의 주선으로 워싱턴 의회 도서관의 '독일 문학 고문'으로 임명되었다.

160 토마스 만은 하버드 대학, 라트거 대학, 프린스턴 대학, 호바르트 대학, 캘리포니아 대학 등에서 명예박사 학위를 받았다.

저는 독선과는 거리가 멉니다! 우리는 외국에서 덕이 있게 행동했으며 히틀러 추종자들에게 견해를 피력했습니다. 저는 누구에게도 돌을 집어 들지 않습니다. 저는 어린아이들처럼 수줍어하고 '낯을 가릴' 뿐입니다. 그렇습니다, 독일은 제가 외국에서 사는 동안에 내게 꽤 낯설게 되었습니다. 독일은 사람을 불안하게 하는 나라라는 사실을 당신은 인정하셔야 합니다. 저는 폐허가 된 독일이 무섭다는 사실을 고백합니다. 돌멩이와 인간의 폐허 말입니다. 그리고 저는 마녀들의 대 소란을 밖에서 체험한 자와, 함께 춤추면서 악마를 기다렸던 여러분들 간에 의견일치를 보이기가 여전히 어려울 거란 사실을 두려워합니다. 지금 저의 견해를 말없이 지지하는 편지들이 독일에서 쇄도하고 있는 사실에 제가 얼마나 무감각해야 할까요! 그 편지들은 저를 지지하는 마음의 진실한 모험, 감동적인 모험입니다.

하지만 만약 히틀러가 승리했더라면 그들 중 아무도 편지를 쓰지 않았으리라 생각하면 저의 기쁨은 반감됩니다. 그뿐만 아니라 12년의 망명 생활이 아무것도 아니기라도 하는 양, 심지어 순진하게 직접 연결함으로써 예상되는 무지와 냉담함으로도 기쁨이 반감됩니다. 어쩌면 오는 것들은 책들일지도 모릅니다. 제가 책들을 즐겨 보지 않고 곧장 치워버렸다는 사실을 고백해야 할까요? 그것은 미신일지도 모릅니다. 하지만 제가 보기에 1933년부터 1945년까지 독일에서 인쇄될 수 있었던 책들은 무가치하며 손에 쥐고 싶은 생각이 들지 않습니다. 그것에는 피와 치욕의 냄새가 배어 있습니다. 그것들은 모두 폐기되어야 할 것들입니다.

독일에서 '문화'를 만드는 일은 허용되지 않았고 불가능했습니다. 반면에 한 사람의 주위에만 그런 일이 있었음을 우리는 알고 있습니다. 그것은 황폐함을 미화하는 것이었고 범죄를 치장하는 것이었습니다. 독일 정신과 독일 예술이 늘 절대적으로 소름 끼치는 것의 간판과 견인차 역할을 하는 것을 보는 것은 우리의 고통이었습니다. 특이하게도 히틀러 바이로이트를 위한 것으로 바그너 훈장을 기획한 사실이 존경할 만한 사안으로 생각할 수 있지만 거기에는 모든 감정이 결여된 것 같습니다. 괴벨스의 허가로 헝가리나 그 밖의 독일적·유럽적인 나라로 가는 것, 그리고 재치 있는 강연으로 제3국을 위해 문화 선전을 하는 것, 그것이 치욕적인 것이었다고 저는 말하지 않습니다. 저에게는 그것이 이해되지 않으며 그런 것을 다시 본다는 것이 송구스럽다고 말씀드릴 뿐입니다.

히틀러에 의해 파견되어 취리히, 파리나 부다페스트에서 베토벤 음악을 지휘한 악단장은 음악가라는 구실로 파렴치한 거짓말을 했습니다. 자기는 음악을 지휘할 뿐 그게 전부라는 겁니다. 하지만 무엇보다도 이 국내의 음악도 거짓말이었습니다. 대체 베토벤의 '피델리오'¹⁶¹, 독일 해방의 날을 위해 태어난 이 축제 오페라가 어떻게 독일에서 12년 동안 금지되지 않았나요? 그것이 금지되지 않고 아주 세련된 상연이 행해졌다는 사실, 가수들이 그것

---

161 피델리오(Fidelio)는 루트비히 판 베토벤이 유일하게 완성한 3막 오페라로 결혼한 한 여자가 소년으로 분장해서 감옥에 갇힌 남편을 구출하는 내용이다. 베토벤은 프랑스 대혁명 당시 실제 사건과 인물을 근거로 영원히 변하지 않는 애정을 지닌 이상적인 여성상을 그리려 했는데, 이 오페라의 여주인공 이름 레오노레는 오랫동안 잊지 못하던 실제 여인 엘레오노레 폰 브레닝의 이름에서 철자 'E'만을 뺀 것이다.

을 부르고, 음악가들이 그것을 연주하고, 관중들이 그것에 귀를 기울였다는 것은 하나의 추문이었습니다. 손으로 얼굴을 감싸고 밖으로 뛰쳐나가지 않고 힘러의 독일에서 '피델리오'를 들으려면 얼마나 둔감해야 했겠습니까!

네, 낯설고 무시무시한 고향에서 미국의 하사관이나 소위를 통해 이제 많은 편지가 답지하고 있습니다. 그들 중에는 중요한 사람들뿐만 아니라 젊고 평범한 사람들도 있습니다. 그들 중 아무도 당장 독일에 돌아오라고 충고하지 않는다는 사실이 특이한 점입니다. "선생님이 계시는 곳에 그대로 계십시오!"라고 그들은 소박하게 말합니다. "선생님의 노년을 새롭고 더 행복한 고향에서 보내십시오! 이곳은 상황이 너무 슬픕니다…" 슬프다고요? 그럴지도 모릅니다. 그런데 언제까지나 화를 내고 적대적이지는 않을 겁니다.

일종의 부상으로 저는 최근에 미국으로부터 어떤 낡은 독일 잡지를 전달받았습니다. 1937년 3월 함부르크의 한자 출판사에서 발간된 『생성 중인 민족』입니다. 높은 자리에 오른 나치 교수이자 명예박사가 발행한 잡지입니다. 그의 이름은 Krieg[162]이 아니라 Krieck[163]이었습니다. 그것은 걱정스러운 읽을거리였습니다. 12년 동안 이러한 마약을 주입 당한 사람들이 잘 살 수 없겠다고 저는 스스로에게 말했습니다. 너는 분명 거기서 늙든 젊든 많은 선량하고 진실한 친구들을 가질 텐데 하고 저는 스스로에게 말했

---

[162] 전쟁이라는 뜻의 독일어.

[163] 크릭(Ernst Krieck, 1882-1947): 지도적인 국가 사회주의 교육학자.

습니다. 하지만 드러나지 않고 숨어 있는 적들도 많을지 모릅니다. 어쩌면 패배한 적들도 있을지 모릅니다. 하지만 그들이 가장 사악하고 독성이 있는 적들입니다.

하지만 몰로 씨, 이러한 것들은 모두 사물의 한 면일 뿐입니다. 다른 면도 자신의 권리를 원합니다. 발언권을 말입니다. 저는 독일의 모든 예술을 직접적이든 간접적이든 깊은 호기심을 갖고 흥분하며 받아들입니다. 저는 단호히 독일 예술을 큰 세계의 어떤 소식보다도 더 좋아합니다. 그것은 지금 독일의 부차적인 운명에 맞서 아주 냉정하게 새로이 형상화되고 있습니다. 그러한 사실은 저에게 매일 매일 새롭게 인식됩니다. 하지만 전 저의 '국적을 박탈한' 나라와 떼려야 뗄 수 없는 인연으로 연결되어 있습니다. 미국적인 세계 시민, 매우 좋습니다. 하지만 저의 뿌리가 독일에 있음을 어떻게 부인하겠습니까? 이방인이 아무리 경탄할지라도 저는 독일의 전통 속에서 살아가고 글을 씁니다. 세월이 위대한 독일성의 병적이고 벌써 반쯤 풍자적인 반향과는 다른 것이 되는 것을 저의 작품에 허용하지 않았을지라도 말입니다.

저는 언제까지나 자신을 독일 작가로 느낄 것입니다. 저의 책들이 영어로만 명맥을 부지하던 시절에도 저는 독일어에 충실했습니다. 그것은 제가 다른 나라 언어로 새로이 작품 활동을 하기에는 너무 나이 들었기 때문만이 아니라 제 작품이 독일 언어사에서 미미한 자리를 차지하고 있다는 의식 때문에서도 그러합니다. 독일이 가장 암담하던 시절에 쓰여 몇 부가 여러분에게 밀반입되었던 괴테 소설[164]은 망각과 전향의 증거물이 아닙니다. 저는 또한 이렇게 말할 필요가 없습니다. "하지만 제가 휴식 시간을 가진 것이 부끄럽습니다. 여러분과 함께 고생한 것이 소득이었습니다."

독일은 저에게 결코 휴식을 안겨주지 않았습니다. 저는 "여러분과 함께 고생했습니다." 제가 본으로 보낸 편지에서 걱정과 고통, "영혼과 사고의 번민"에 관해 언급한 것은 과장이 아니었습니다. "4년 동안 번민으로부디 한 시도 자유로운 적이 없었고 그 번민에 대항해서 매일 매일 저의 예술적 작업을 관철해야 했습니다"라고 쓴 것은 과장이 아니었습니다. 가끔은 번민에 대항해 저의 작업을 관철하려고 전혀 노력하지 않기도 했습니다. 이제 스웨덴에서 그 원고가 인쇄된 50여 차례의 대獨독일 라디오 방송(어쩌면 그 이상일지도 모릅니다), 번번이 다시 반복되는 이러한 주문呪文들은 때로는 예술과는 다른 것이 나에게 더 절실했음을 증거할지도 모릅니다.

몇 주 전에 저는 '독일과 독일인'이라는 주제로 워싱턴 국회도서관에서 강연했습니다. 저는 그 원고를 독일어로 작성했습니다. 그 강연 원고는 1945년 6월에 복간되는 『새 전망』지[165]의 다음 호에 실릴 예정입니다. 독일에서 어떻게 그런 일들이 일어날 수 있었는가를 교양 있는 미국 청중에게 설명하는 것은 하나의 심리학적인 시도였습니다. 저의 강연을 조용히 경청하는 그들의

---

164 토마스 만의 소설 『바이마르의 로테』(1934)를 말한다.

165 피셔 출판사의 문화 및 문예 잡지 『새 전망』은 독일에서 주어캄프가 발행하고 있었다. 전쟁 후에는 주어캄프는 자신의 출판사를 차린 반면 베르만 피셔가 이 잡지를 계속 발간했다.

모습에 저는 경탄을 금할 수 없었습니다. 끔찍한 전쟁이 끝난 직후에 그들은 저의 강연을 기꺼이 받아들였습니다. 부적절한 변명과, 역시 어울리지 않았던 부인 사이에서 길을 발견하기란 물론 쉽지 않았습니다. 하지만 그럭저럭 진행되었습니다.

저는 지구상에서 종종 악한 것에서 선한 것이 생기기도 한다는 은혜로운 사실에 관해 말했습니다. 그리고 악한 것에서 종종 선한 것이 생기기도 한다는 악마적인 사실에 관해 말했습니다. 저는 독일 '내면성'의 역사에 관해 짧게 설명했습니다. 선한 독일과 악한 독일이라는 두 독일에 대한 이론을 저는 부인했습니다. 악한 독일은 길을 잘못 들어선 선한 독일이고, 불행을 당하고 죄악과 몰락의 길에 들어선 착한 독일이라고 저는 설명했습니다. 나쁜 관습에 따라 흰옷을 입은 선하고 고귀하며 정의로운 독일을 세상에 추천하려고 제가 여기에 서 있는 것은 아니라고 설명했습니다. 제가 청중들에게 설명하려고 했던 것 중 어느 것도 저와 낯설고 냉담하고 무관한 지식에서 나오지 않았다고 설명했습니다. 저 자신도 그러한 요소를 지니고 있으며 저는 모든 것을 몸소 피부로 겪었다고 설명했습니다.

그것은 어쩌면 연대 선언이라고 칭할 수 있는 것이었습니다. 가장 위험한 순간에 말입니다. 그렇다고 해서 나치와 연대 선언을 한다는 얘기는 아닙니다. 하지만 결국은 히틀러에게 빠져들어 악마와 계약을 맺은 독일과의 연대 선언이었습니다. 악마와의 계약은 심원한, 옛 독일의 시련이었습니다. 지난 세월의 고통으로부터, 독일에 시달림으로써 영감을 얻은 어떤 독일 소설[166]은 바로 이러한 무서운 약속을 소재로 삼고 있다고 할 수 있습니다. 하지만 우리의 위대한 시에서는 심지어 파우스트의 개별 영혼을 둘러싸고 악한 자가 결국 사기를 당했습니다. 악마에 이제 최종적으로 독일을 데려갔다는 생각은 우리에게 당치도 않습니다. 은총은 어떤 혈서보다도 더 고귀합니다. 저는 은총을 믿습니다. 그리고 지금의 독일 상황이 아무리 절망적으로 보인다 해도, 파괴가 아무리 희망이 없어 보인다 해도 저는 독일의 미래를 믿습니다. 독일 역사가 끝났다는 말은 제발 그만하십시오! 독일은 히틀러라는 이름을 달고 있는, 짧고 음울한 역사적 일화와 동일하지 않습니다. 독일은 프로이센 독일 제국의 짧은 비스마르크 시대와도 동일하지 않습니다. 독일은 프리드리히 대제가 통치하던 200년간[167]의 역사적 기간과도 결코 동일하지 않습니다. 독일은 바야흐로 새로운 모습을 띠고, 새로운 생활 방식으로 넘어가려고 하고 있습니다. 새로운 생활 방식은 어쩌면 변화와 이행이라는 첫 고통을 겪은 후 더 많은 행복과 진정한 위엄을 약속해 줄 겁니다. 그 생활 방식은 옛것보다 국민의 가장 고유한 기질과 욕구에 더 유리할지도 모릅니다.

대체 세계사가 끝날까요? 심지어 세계 역사는 활기차게 움직이고 있습니다. 독일 역사는 세계사 안에 포함되어 있습니다. 사실 지나친 기대를 하지 못하게 우리에게 강력한 경고를 발하는 힘의 정치가 계속될 겁니다. 그러나 처음으로 시도되는 발걸음들

---

166 토마스 만의 『파우스트 박사』를 말한다.

167 토마스 만은 18, 19세기를 프로이센이 지배했다는 의미에서 프리드리히 대왕의 시기로 부르려고 함.

이, 19세기의 국가 개인주의가 해소되고, 급기야는 사라지는 국제 정세의 방향으로 갈 것이라는 희망이 존재하지 않습니까? 세계 경제, 정치 경계선의 중요성 감소, 무릇 국가 생활의 탈정치화, 실제적 통합을 의식하기 위한 인류의 눈뜸, 세계 국가의 첫 번째 계획,[168] 시민적 민주주의를 훨씬 넘어서는 이 모든 사회적 인문주의가 어떻게 독일적 본성과 생소하고 반대된다는 말입니까? 그 사회적 인문주의를 둘러싸고 큰 싸움이 진행 중입니다. 독일인이 세계를 꺼리는 내면에는 늘 세계에 대한 요구가 숨어 있었습니다. 독일적 본성을 화나게 했던 고독의 근저에는 누구나 다 알다시피 사랑하고, 사랑받으려는 소망이 담겨 있습니다. 독일이 자신의 혈액에서 자부심과 증오를 몰아내고 사랑을 재발견해 보십시오. 그러면 독일은 사랑받을 겁니다. 이 모든 것에도 불구하고 독일은 인간들의 유능함뿐만 아니라 세계의 도움을 기대할 수 있는 대단히 가치 있는 나라가 될 겁니다. 이제야 비로소 그 나라에는 가장 어려운 시절이 지나가고 능력과 신망으로 그득한 새로운 삶이 전개될 겁니다.

친애하는 몰로 씨, 저는 스스로의 답변에 많은 지도를 받았습니다. 용서해 주십시오! 독일로 가는 편지에는 모든 것이 담겨 있을 필요가 있습니다. 그리고 또 한 가지 덧붙일 게 있습니다. 구대륙의 땅을 또 한 번 저의 발밑에서 느끼고자 하는 꿈은, 미국에서 살면서 버릇이 많이 나빠지긴 했지만, 낮에도 밤에도 저에게서 떠나지 않습니다. 제가 살아서 그 순간이 온다면, 칭찬할 만한

---

[168] 1945년 4월부터 6월까지 열린 유엔창립회의.

당국에서 허락하고 수송 상황이 허락한다면 저는 그쪽으로 갈 것입니다. 하지만 제가 일단 그곳에 가게 되면 겨우 12년 망명 생활의 산물인 두려움과 낯섦이 사라지고 천 년의 오랜 추억을 간직하고 있는 매력이 솟아나리란 예감이 듭니다. 그럼 안녕히 계십시오, 신의 가호가 있기를 빕니다!

**DER KÜNSTLER
UND DIE GESELLSCHAFT**
THOMAS MANN 1953

THOMAS MANN

13

세계 시민주의 **예술가와 사회**

1952년 9월에 행해진 이 강연은 1953년 빈에서 처음 인쇄되었고, 『토마스 만 전집』 제10권 386~399쪽에 실려 있다. 이 강연문은 정치를 둘러싼 예술가의 노력을 부정적으로 요약하고 있다. 이 글에서 토마스 만은 도덕적인 책임의 필요성을 공언하고 있음에도 불구하고, 자신이 일평생 동안 써온 작품의 심리적인 본질적 특성이 거기에 꽤 솔직히 드러나 있다. 그는 당대의 지배적인 문학 장르를 소설이라고 주장하면서 소설의 사회 비판적 기능을 중요하게 생각한다. 그러므로 소설 자체가 비판의 대상이 되는 시점에서 '무의식적인 예술 창조'를 할 것이 아니라 창작 과정에서 소설의 가능성과 한계를 탐구하면서 '비판적 의식'을 가질 것을 주문한다. 하지만 토마스 만은 예술가에게 보헤미안적이고 사회적으로 방종한 분위기가 있다고 말한다. 예술가란 원래 도덕적인 존재가 아니라 미적인 존재이고, 그의 근본 충동은 유희이지 덕이 아니기 때문이다. 예술가는 아주 순진하게도, 문제 제기나 도덕의 이율배반성에 대해 변증법적으로 유희하는 존재라는 것이다. 그에 의하면 예술은 자주 인간들에게 웃음과 명랑함을 안겨주고 합일시키는 작용을 한다. 예술은 힘이 아니라 하나의 위로일 뿐이지만 깊디깊은 진지함의 유희이며, 완성을 향한 갖은 노력의 본보기라는 것이다. 그는 괴테를 원용하여 자신의 주장을 뒷받침한다. "어느 좋은 예술작품이 도덕적인 결과를 낳을 수 있을지도 모른다. 하지만 예술가에게서 도덕적인 의도와 목적을 요구하면 그의 손작업을 망치게 된다."

'예술가와 사회', 제가 얼마나 미묘한 주제와 대면하고 있는지 사람들이 명확히 알고 있을지 자문해 봅니다. 사람들이 이 주제를 아주 잘 알고 있어서 그저 천진난만한 표정을 짓기만 한다고 생각됩니다. 왜 '예술가와 정치'가 아니란 말입니까? '사회'라는 단어에는 정치적인 것이 은폐되어 있기 때문인가요? 이 배후에는 정치적인 것이 아주 나쁘게 은폐되어 있습니다. 사회비판을 하는 예술가는 이미 정치화된, 정치하는 예술가이기 때문입니다. 혹은 포괄적으로 말하면 도덕을 설교하는 예술가이기 때문입니다. 제대로 된 이름을 붙이자면 '예술가와 도덕'이라는 주제가 되어야할지도 모르겠습니다. 이 얼마나 악의적인 문제 제기인가요! 예술가란 원래 도덕적인 존재가 아니라 미적인 존재이고, 그의 근본 충동은 유희이지 덕이 아님이 아주 잘 알려져 있기 때문입니다. 예술가는 아주 순진하게도, 문제 제기나 도덕의 이율배반성에 대해 변증법적으로 유희하는 존재로 알려져 있기 때문입니다….

예술가가 도덕과, 그러니까 정치나 사회 문제와 관계가 느슨함을 확인하면서 이를 멸시하려는 생각은 없습니다. 도덕적인 의미에서의 세계 개선은 자신과 같은 사람이 할 일이 아니라고 선언한 예술가를 제가 욕한다는 것은 당치도 않는 일입니다. 예술가는 도덕적인 가르침을 통한 것과는 전혀 다른 방식으로 세계를 '개선한다고' 합니다. 즉 예술가는 자신의 삶을 대리하는 방식으로 삶을 단어, 비유, 사상으로 굳건히 하면서, 삶에 의미와 형식을 부여하면서, 괴테가 '삶의 삶'이라고 칭한 것, 즉 정신에 대한 현상을 투명하게 하면서 세계를 개선한다고 합니다. 뭐니 뭐니 해도 활기를 불어넣는 것이 예술의 과제이며, 그 외에는 아무것도 아니라고 예술가가 주장한다면 저는 이 말을 반박할 수 없을 겁니다. 세상의 대부분의 사물에 대해 아주 품위 있게 적절한 표현을 했기 때문에 제가 즐겨 인용하는 괴테에게서 이런 표현을 극히 명료하게 읽을 수 있습니다.[169]

"어느 좋은 예술작품이 도덕적인 결과를 낳을 수 있을지도 모른다. 하지만 예술가에게서 도덕적인 의도와 목적을 요구하면 그의 손작업을 망치게 된다."

'손작업'이라는 단어는 원래 겸손하게 들리는 말입니다. 예술가가 도덕 설교를 기피하는 데서 겸허한 느낌이 든다는 것은 괴테의 또 다른 글에서 더욱 뚜렷하게 부각됩니다. 그는 노년에 이런 말을 했습니다.

---

169 괴테의 자서전 『시와 진실』에 나오는 구절.

"제도에 극력 반대하는 것은 내 방식이 아니었다. 내가 보기에 그
것은 늘 교만한 행동이었다. 내가 너무 일찍 예의 바르게 되었을
지도 모른다. 요컨대 그것은 나의 방식이 아니었다. 그래서 나는
늘 막대기의 먼 끝만 조용히 만지작거렸다."

이것으로 예술가의 도덕적·정치적·사회적 비판주의기 지신의
경계를 넘어서는 것으로, 겸허함을 위반하는 것으로 뚜렷이 특징
지어집니다. 겸허함이 예술가의 자연스러운 모습이어야 하지 않겠
습니까?

겸허함은 예술가에게 근본적으로 자연스러운 것입니다. 예술
가의 현실 및 현실의 '제도'와의 관계뿐만 아니라 예술 자체에 대
한 관계에서도. 예술 앞에서 개별 예술가는 너무나 작게 여겨집
니다. 예술가가 예술과 어떤 관계를 맺고 예술의 위엄과 이런저
런 관계를 맺는다는 사실에서 믿을 수 없을 정도로 작게 여겨집
니다. 하지만 깊이 생각해보아야 합니다! 예술은 대단히 중요한
것이며, 인간 문화에 대한 장엄한 관심입니다. 그러한 관심에 국
가와 정부조차도 공적인 경의를 표합니다. 인류의 의식에서 예술
은 학문이나 종교와 동렬에 놓입니다. 철학은 때로 극히 인간적
인 상태를 위해 심미적 상태, 수용적 상태뿐만 아니라 생산적 상
태를 설명하기에까지 이르렀습니다. 그 상태가 현상 속에서 이념
의 순수한 직관을 의미하고, 축복스러운 관조를 통한 의지의 구
원을 의미하는 한에서 말입니다. 그리하여 예술가는 인류의 가장
위대한 은인인 셈이고, 그의 창조물은 유일무이한 천재적인 작품
이라는 것입니다! 이 모든 것은 예술의 담당자, 예술가를 극도로

오만한 자의식으로 충만하게 할지도 모릅니다. 그리고 이 모든 것은 예술가가 자신과의 관계에서조차도 냉정함을 잃게 하여 도취적인 자부심을 갖게 할지도 모릅니다. 하지만 진실은 완전히 달라 보입니다.

예술이 개별적인 실현을 하고 표명을 하면서, 순진함을 가장하고 스스로를 인식하지 못하는 가운데 무의식적으로, 매번 흡사 새로 시작한다는 것은 진실입니다. 아니면 좀 더 올바로 말한다면 자신을 재인식하여, 새로이 되어 가는 대로 삶 속으로 들어간다는 사실은 진실입니다. 예술의 모든 개별 현상들은 극히 특수하고, 개인적으로 아주 특별히 규정된 특별 케이스입니다. 그런 특별 케이스를 제시하는 자로서는 예술의 위대하고 보편적인 이념을 포괄하기가 극히 힘듭니다. 그렇습니다, 그로서는 당분간 그 일을 할 생각이 들지 않습니다. 일례로 저는 여러분께 다음과 같은 짤막한 일화를 들려주고자 합니다.

1929년 겨울 저는 스톡홀름[170]의 출판인 보니에[171]의 집에서 위대한 소설가로 노벨 문학상 수상자며 스웨덴 아카데미 회원인 셀마 라거뢰프[172]와 점심식사를 했습니다. 작업을 통해 다소 진지한 분위기가 풍기는 수수한 부인이었습니다. 하지만 그녀는 친절

---

170 토마스 만은 1929년 12월 10일 노벨 문학상을 수상하기 위해 스톡홀름에 갔음.

171 알버트 보니에는 스웨덴의 중요한 문예 출판사 보니에의 소유주였음.

172 라거뢰프(Selma Lagerlöf, 1858-1940): 스웨덴의 작가로 행복한 유년기를 보냈지만, 어릴 때 다리를 절었기 때문에 집에서 가정교육을 받았다. 그 뒤 교사가 되어 아이들을 가르치면서 창작 활동에 전념했다. 1891년에 나온 『괴스타 베를링의 전설』로 1909년 노벨 문학상을 수상했다. 그 외의 작품으로 『닐스의 이상한 여행』 등이 있다.

한 성품의 소유자로 인상으로 보아 천재의 면모는 보이지 않았습니다. 그녀에게 거창한 면모는 보이지 않았으며 유별난 태도도 보이지 않았습니다. 우리는 그녀의 가장 인기 있는 작품인, 세계적으로 유명한 『괴스타 베를링의 전설』[173]에 대해 대화를 나누게 되었습니다. 그리고 모든 언어를 통한, 국경을 초월한 그녀의 놀랄 만한 이력에 관한 대화를 나누게 되었습니다. 그녀는 이렇게 말했습니다.

"사실 결과가 그렇게 되었습니다. 하지만 제가 그 작품을 쓸 때 많은 생각을 했으리라고 생각해서는 안 됩니다. 저는 그것을 어린 질녀와 조카를 위해 썼습니다. 그 일은 하나의 오락이나 마찬가지였습니다. 우리는 그것이 우스꽝스러운 일이라고 생각했습니다."

저는 이 발언에 매혹당했습니다. 저의 책도 그와 꼭 마찬가지였기 때문입니다. 그리고 저는 그러한 사정을 그녀에게 말했습니다. 그녀의 『괴스타 베를링의 전설』과 마찬가지로 저의 작가 생활에서 『부덴브로크가의 사람들』[174]이 그와 똑같은 역할을 했습니

---

173 『괴스타 베를링의 전설Gösta Berling-Saga』은 셀마의 고향인 베름란드의 전성기, 즉 부유한 제철소 주인과 소지주들의 생활상을 연대기적으로 다룬다. 거기서 나약한 성격이지만 매력적인 배교자背敎者인 사제 괴스타 베를링이 이끄는 12명의 기사에 대해 자세히 묘사하고 있다. 서정적 문체에 비장감이 넘치는 이 소설은 토마스 카알라일의 영향을 보이며, 1890년대 스웨덴 낭만주의 부흥 운동에 기여했다.

174 토마스 만은 이 작품으로 1929년 노벨 문학상을 수상한다.

다. 불규칙한 생활을 하는 20대의 장난스러운 글쓰기도 원래는 가족의 일이자 오락이었습니다. 저는 그 글을 가족들 앞에서 낭독했으며, 우리는 그 글을 읽고 눈물이 나도록 웃었습니다. 세계가 그 일을 시작할 수 있으리라는 것, 요컨대 이 소설이 계기가 되리라는 것, 제가 이제 여기 『괴스타 베를링의 전설』의 작가 옆에 앉아 있다는 것, 당시에 우리가 웃을 때는 이런 일이 생기리라고는 전혀 예상치 못했습니다.

저는 셀마 라거뢰프에게 교대로 저의 이야기를 들려주었습니다. 저는 이 두 가지 경우를, 유명한 예술은 개별적 현상 속에서 재인식되는 것이 결코 아니라 어느 정도는 새로 꾸며진, 사적이고 특이한 농담으로 여겨지는 것에 대한 실례라고 이야기합니다. 그 농담은 존경받을 만한 인류의 사건과는 아무런 관계가 없으며, 그러한 농담으로 세상의 관심과 존경을 기대할 수는 없습니다.

그러한 농담의 장본인은 특별히 존경받을 만한 일을 해야 할 의무가 있다고 결코 느끼지 않습니다. 그의 견해에 따르면 아마 그만 언제까지나 그런 생각을 갖지 않을 겁니다. 그는 법석을 떱니다. 그러한 법석으로 그는 비정상적이고도 금지된 방식으로 삶의 진지함을 방해합니다. 인간 사회의 구성원으로서의 그의 양심은 최상의 것이 아닙니다. 사회는 진지하지 않은 태도를 종종 고운 눈으로 바라보지 않습니다. 저는 예술가에게 보헤미안적인 분위기가 있다고 기술합니다. 심리학적으로 볼 때 시민사회와 그 사회의 요구와의 관계에서 경박함, 유머, 자기 아이러니로 소멸된 양심의 가책은 사회적인 방종함과 하등 다를 게 없습니다.

시민사회에 대한 정신적이고 도덕적인 우월감의 특징을 예술가에게 부여하지 않는다면 예술가가 결코 완전히 벗어날 수 없는 보헤미안적인 상태가 아직 완전히 규정된 것은 아닐지도 모릅니다. 그러한 우월감은 개인적으로 유희하는 예술의 첫 무의식과 예술의 초개인적 위엄의 인식 사이에서 예술가를 과도기적 상태로 만듭니다. 개인은 이러한 위엄에 과감하게 참여합니다. 그리하여 보헤미안적인 아이러니는 적어도 양면적 성격을 띠게 되고, 그 아이러니는 시민사회에 대한 아이러니뿐만 아니라 자기 아이러니이기도 하기 때문입니다. 하지만 자기 아이러니가 우세하며 아마 오래 지속될 것입니다. 어쩌면 영원히 우세할지도 모릅니다, 그것도 좋은 동기에서 말입니다.

무의식적인 행위 덕택으로 예술의 초개인적인 위엄에 개인적으로 참여하기 시작하는 예술가는 세속적인 명예와 성공의 장점에 대해, 성공이라 일컫는 것에 대해 본능적이고 조소적으로 거부합니다. 전적으로 개인적이고, 전적으로 무익하며 자유롭고 유희적인 예술의 초기 상태를 신봉하기 때문에 거부하는 것입니다. 예술은 자기가 '예술'이며 자기 자신에 대해 비웃었다는 사실을 아직 몰랐기 때문입니다. 근본적으로 예술가는 그러면서 예술을 꼭 붙들고 있고 싶어합니다. 예술은 자기 자신에 대해 비웃기를 그만두어서는 안 된다고 예술가는 생각합니다. 어쨌든 예술가 자신은 근엄한 얼굴로 명예와 위엄을 받아들이는 대신, 자신의 거칠고 고독한 젊음에 대한 배신감에서 늘 자신을 비웃고 싶어합니다. 예술가는 자신의 존재에 위엄을 부여하는 일을 극도로 꺼립니다. 부끄러워서 말입니다. 그러한 일은 무엇보다도 예술에 대한 예술가의 수치이기 때문입니다.

그러한 부끄러움은 잘 이해할 수 있습니다. 예술가와 예술은 아주 별개의 것입니다. 커다란 차이는 예술과, 예술적 본질의 놀랍고 일회적이고 불충분하며 거의 식별 불가능한 현상 사이에 있습니다. 그러한 현상을 사람들이 묘사합니다. 저는 뛰어난 솜씨를 지닌 사람들 앞에서 갑자기 얼굴이 빨개지지 않는 예술가를 보고 싶습니다. 모든 예술 연마가 예술에 대한 새롭고도 무척 예술적인 적응을 의미한다는 사실은 이에서 유래합니다. 그리고 개별적인 예술가가 인정받고, 성공적인 업적을 거둔 후 뛰어난 다른 사람의 솜씨와 비교하면서 이렇게 자문하는 사실이 이에서 유래합니다. "저의 개인적인 능력을 어떻게 그것들과 한 묶음으로 부를 수 있단 말인가요?" "어떻게 그게 가능하단 말인가요?" 그것은 예술에 대한 예술가의 객관적인 겸허함의 물음입니다. 예술가의 가장 고유한 영역인 예술이 문제가 되는 것이 아니라 현실, 인간적인 공동생활, 시민사회가 중요한 문제라면 어떻게 자연스러운 겸허함을 저버린단 말인가요?

예술과 비평의 본래적인 연대성을 잠깐 언급하는 것이 필요하겠습니다. 아주 많은 예술가들이 동시에 예술 비평가이기도 함을 우리는 목격합니다. 예술 앞에서 초라하게 느끼는 누군가가 주저하지 않고 예술을 판결하는 대리인으로 행동하는 데에 담겨 있는 것 같은 모순을 볼 때 우리는 그가 주제넘게 그런 일을 한다고 말하고 싶어집니다. 하지만 사실 모든 예술에는 애당초부터 비판적 요소가 담겨 있습니다. 이러한 요소는 규율이 있는 생산성에는 없어서는 안 되는 것으로 무엇보다도 자기 규율의 사항입니다. 하지만 그러한 요소는 너무나 자주 외부로 향해 비판적으

예술과 정치 반지성주의를 경계하며

로 미학을 논하고, 미학적으로 조사하고 평가하는 경향이 있습니다. 이상하게도 문학적인 것, 문학예술의 영역에서, 얼핏 보아 가장 섬세하고 가장 소심한 존재 형식인 서정시에서 이러한 경향이 가장 빈번하고도 가장 강력하게 표출되는 것을 사람들은 발견합니다. 서정시는 드라마나 서사 예술보다도 눈에 두드러질 정도로 훨씬 강력하게 비판과 결부되어 있습니다. 이는 서정시의 주관성, 발언의 솔직성, 서정시에 감정, 분위기, 삶의 관조를 위한 단어가 쓰이는 직접성과 관계가 있을지 모릅니다.

그 단어라니! 그 단어가, 윙 소리를 내며 날다가 떨면서 과녁에 꽂히는 아폴론의 활의 화살이 바로 자체 내의 비판이 아닌가요? 노래로서도, 그러니까 바로 노래로서 그 단어는 비판, 삶의 비판입니다. 세계에 대해 그런 비판을 하는 그 단어는 결코 편안하지 못합니다. 예술가의 사회에 대한 관계에 줄곧 관심을 가져온 제가 무엇보다도 단어의 예술가를, 작가와 문필가의 모습을, 한 예술가를 생각한다면 사람들은 이를 이해할 것입니다. 사실 예술가란 단어에 전력을 다하는 사람이기 때문에, 현실과 삶, 사회에 대한 반대 입장은 시를 짓는 예술가의 존재와 분리할 수 없음이 확실합니다. 그것은 완고하고, 우둔하며 나쁜 인간 존재에 반대하는 정신적 인간의 입장입니다. 그러한 입장은 항시 작가·문필가의 운명을 결정해 왔으며 그의 삶의 분위기를 아주 광범위하게 규정해 왔습니다. 괴테는 한때 이런 말을 한 적이 있습니다.

"저 높은 이성에서 아래를 내려다보면 모든 삶은 사악한 질병과 같고, 세상은 정신 병원과 흡사하구나."

이것은 문필가의 적합한 말, 인간 세계를 고통스럽게 인내하는 말입니다. 이 말은 특수한 민감성과 제가 여기서 말하는 고독의 경향에 전형적입니다. 작가, 문필가의 존재를 정의하는 원칙은 대체 무엇인가요? 그 원칙은 인식과 형식입니다. 양자는 동시에 그리고 한꺼번에 필요합니다. 특수한 것은 이 양자가 예술가에게 유기적인 통일성을 마련해준다는 점입니다. 그럴 때 한쪽이 다른 쪽을 제약하고 요구하며 끄집어냅니다. 이러한 통일은 예술가에게 정신, 아름다움, 자유, 이 모두입니다. 통일성이 결여된 곳에는 형식과 인식이 없음으로 인해 표출되는 우둔함, 일상적인 인간의 우둔함이 존재합니다. 그리고 예술가는 양자 중 어느 것이 더 그의 신경을 거슬리게 하는지 알지 못합니다.

시민사회에 대한 정신적인, 제가 말했듯이 심지어 도덕적인 우월감을 지니는 이유가 어딘가에 있다면 여기에 있는 것입니다. 예술가는 자기 아이러니에도 불구하고 일찍부터 이러한 우월감을 발전시킵니다. 이러한 우월감은 심미적인 것을 넘어서서 심지어 자기에게 도덕적인 자질을 요구한다는 사실이 가장 불쾌하고 가장 불손한 작용을 할지도 모릅니다. 하지만 예술의 생래적인 비판성에 무언가 도덕적인 요소가 포함되어 있는 것은 사실입니다. 도덕적인 것은 심미적인 것과 윤리적인 것의 세계에 똑같이 자리하고 있는 '선'의 이념으로부터 유래하고 있습니다. 예술작품을 고마워하는 문외한이자 향유자는 예술작품을 칭찬하고 찬미하기 위해 '아름답다'라는 단어를 필요로 합니다. 하지만 창조의 인간인 예술가는 '아름답다'라는 말을 쓰지 않고 '좋다'라는 말을 씁니다. 예술가는 이 단어를 특히 좋아합니다. 전문가로서 칭찬할

예술과 정치 반지성주의를 경계하며

만한 가치와 기술적인 역량이 더 잘, 더 객관적으로 거기에 표현되어 있기 때문입니다. 하지만 그것으로 끝나는 것은 아닙니다. 사실 모든 예술은 '좋다'라는 단어의 모호함 속에서 부유하고 있습니다. 그 단어 속에서 심미적인 것과 도덕적인 것이 서로 만나고 섞여 구분할 수 없게 됩니다. 그 의미는 단순히 심미적인 것을 훨씬 넘어서시 찬성할 만한 가치가 있는 것으로 옮아갔다가 완성이라는 지고한, 명령적인 이념으로 올라갑니다.

선과 악, 좋음과 나쁨.[175] 니체는 이러한 대립 쌍을 심리학적으로 처리했습니다. 하지만 그가 인정하려고 한 것처럼 '나쁘다'와 '악하다'는 것이 정말 그렇게 상이한 것인가 하는 의문이 생깁니다. 심미적인 세계에서는 그것은 사실입니다. 악한 것, 조소적으로 인간에 적대적인 것과 잔혹한 것은 나쁜 것일 필요가 없습니다. 악한 것은 자질만을 갖고 있다고 합니다. 그래서 그것은 '좋은' 것입니다. 하지만 삶의 세계와 인간 사회에서는 나쁜 것, 우둔한 것, 그릇된 것이 악한 것, 즉 인간적으로 무가치한 것, 파괴적인 것입니다. 그런데 예술의 비판성이 외부로 향하자마자, 비판성이 사회적인 것으로 화하자마자, 예술가는 사회적인 도덕주의자가 됩니다.

우리는 진작부터 이러한 특성을 지닌 예술가를 알고 있습니다. 오늘날 문학예술에서 주도하고 있는 장르와 형식은 소설입니다. 그리고 거의 자연적으로, 거의 자명하게 그 소설은 사회 소설

---

175 선과 악, 좋음과 나쁨은 니체의 『도덕의 계보학』에서 중요하게 다루는 대립 쌍이다.

이며 사회비판입니다. 옛날에도 그랬고 소설이 개화기에 도달한 모든 지역인 영국, 프랑스, 러시아, 이탈리아 및 스칸디나비아의 여러 나라에서도 그러합니다. 독일은 사정이 좀 다릅니다. 독일인이 '내면성'을 일컫는 사실이 그로 하여금 사회적인 것을 꺼리게 만듭니다. 유럽의 사회 소설 이외에 독일은 우리가 알다시피 교양 소설, 발전 소설이라는 내성적인 장르를 발전시켰습니다. 순진한 모험 소설이 승화된 것인 이 교양 소설이 어느 정도로 사회 묘사를 하는지는 그 고전적인 예로 괴테의 『빌헬름 마이스터의 수업 시대』가 가장 잘 가르쳐주고 있습니다. 개인적이고 모험적인 자기 교양의 이념이 얼마나 쉽사리, 부지불식간에 교육적인 것으로 변모해, 흡사 의지와는 달리 사회적인 것, 그러니까 정치적인 것으로 흘러 들어가는가 하는 것을 바로 이 위대한 작품이 보여주고 있습니다.

괴테는 정치에 아무런 흥미도 없었습니다. 그는 사회 제도에 비판을 가하는 것을 예술가의 외람된 행위로 평가하려고 했습니다. 운문으로 작성되지 않은 『파우스트』의 거친 산문 장면에서 그랬듯이, 한번 사회비판을 했던 곳에서 그는 그 일을 되도록 억제했습니다. 그 장면에서 괴테는 영락한 소녀[176]에 대한 사회의 잔혹함을 하늘에 절망감을 호소하면서 비난합니다. 하지만 그에게 사회적인 본능, 사회참여, 사회적인 운명에 대한 깊디깊은 지식이 있음을 부인하는 것은 가능한 일이 아닙니다. 예언적인 느낌을 주는 혜안과 선견지명을 지닌 『빌헬름 마이스터의 편력 시대』에

---

176 괴테의 『파우스트』에서 그레트헨(마르가레테의 애칭)을 말함.

서 그는 19세기의 모든 사회적·경제적 발전, 즉 오래된 문화 국가와 농경 국가의 산업화, 기계의 지배, 조직화된 노동자 집단의 부상, 계급 갈등, 민주주의, 사회주의, 미국주의를 미리 보여주었습니다. 그는 이러한 변화에서 성장한 전체적인 정신적·교육적 결과도 아울러 보여주었습니다. 그리고 정치에 관해 말하자면….

괴테가 정치에 관해 예술가에게 아무리 경고했나 하더라도, 정치에 관해 말하자면 그도 해결할 수 없는 일은 해결할 수 없었고, 예술과 정치, 정신과 정치 사이에 어쩔 수 없이 존재하는 관계를 지양할 수 없었습니다. 결코 부인할 수 없는 인간적인 것의 총체성이 여기에 작용합니다. 낭만주의, 조국주의, 가톨릭화하는 분위기, 중세 숭배, 시적인 위선 및 각종의 세련된 몽매주의에 맞선 괴테의 투쟁, 이것은 심미적·문학적으로 위장한 정치, 즉 반혁명이 아니고 무엇이겠습니까? 하지만 그것은 근본적으로는 순수한 의미에서의 정치라 할 수 있습니다. 그가 혐오한 대상이 낭만적 취향, 정치 자체였기 때문입니다. 사람들은 문화 정치, 정신 정치에 관해 말하면서, 이를 '협소한' 의미에서의 정치, '엄밀한' 의미에서의 정치와는 소위 반대로 해석하며 곤경에서 벗어나고자 한다고 합니다. 이로써 사람들은 결코 협소한 의미를 갖는 게 아니라 모든 영역을 자체 내에 내포하고 있는 인문주의 문제의 불가분성만을 입증할 것입니다. 심미적인 것, 도덕적인 것, 정치적·사회적인 것은 휴머니즘 문제 안에서는 하나인 것입니다.

그런데 이제 우리는 이러한 일치를 통해 놀랄 만한 불일치를 인식하게 됩니다. 휴머니즘 문제에 대한 정신과 정신적 태도의 불일치와 모순성을 말입니다. 정신이란 여러 개로 분열되어 있기 때문입니다. 그리고 인간의 문제에 대한 모든 태도가 정신에게는 불가능합니다. 비인도주의와 반인도주의의 태도도 정신에게는 불가능합니다. 정신은 단일적인 것이 아니고, 세계와 삶, 사회를 그것들의 형상에 따라 만들려는 생각으로 일사불란한 힘을 형성하지 않습니다. 사람들은 아마 모든 정신적인 것들의 연대성을 천명하려 했는지도 모릅니다.

하지만 이는 전혀 불가능한 일입니다. 다양한 정신 형태의 서술자와 정신적인 의견 사이에 존재하는 서먹서먹함과 거부보다도 상호 간의 더 깊은 서먹서먹함과 더 경멸적이고 증오로 가득 찬 거부는 존재하지 않습니다. 정신은 자신의 본성에 따라 정치적·사회적인 전문어를 사용하자면 '좌익에' 서는 무언가 무의식적인 면이 있습니다. 정신은 그러므로 자유, 진보, 인문주의의 이념과 본질적으로 관계를 맺고 있습니다. 그러나 이러한 견해는 종종 반박을 받는 편견입니다. 정신은 마찬가지로 '우익에' 설 수도 있습니다, 그것도 아주 선명하게. 생트-뵈브[177]는 『교황』(1819)의 저자인 천재적인 반동가 조제프 드 메스트르[178]에 관해 '문필가의 재

---

177 생트-뵈브(Sainte-Beuve, 1804-1869): 프랑스의 소설가이자 평론가 겸 언론인. 역사적 자료를 당대의 저술에 적용한 것으로 유명하다. 르네상스 시대부터 19세기에 이르는 프랑스 문학에 대한 연구는 자세한 정보를 집대성해 놓은 위대한 해설서이다.

178 드 메스트르(Joseph de Maistre, 1753-1821): 프랑스의 정치가이자 외교관. 프랑스 대혁명으로 쫓겨나 스위스로 갔다가 러시아 상트 페테르부르크 주재 외교사절이 되었다. 그는 그리스도교의 절대 권위 및 군주와 교황 모두의 절대적 통치가 필요하다고 확신했고, 과학의 진보와 베이컨, 볼테르, 루소, 로크와 같은 철학자들의 자유주의적인 신념 및 경험주의적 방법에 반대했다. 저서로 『교황』이 있다. 그 외에 엄격한 논리로 자신의 절대주의적 신념을 옹호하면서 스페인 종교재판소를 변명하는 글을 쓰기도 했다.

능만을' 가졌다고 말했습니다. 모든 선입견, 문학과 진보성은 동일한 것이라는 아주 마음에 드는 어떤 문장은 이렇게 말하고 있습니다. 사람들은 위대한 재능과 뛰어난 위트를 지닌 사람을 비인간성, 형리, 화형용 장작더미, 종교재판의 찬미자로 만들 수 있으며, 요컨대 진보와 자유주의가 암흑 국가라고 칭하는 것을 만들 수 있다고 합니다.

판단의 기준으로 프랑스 대혁명과 같은 정치적·사회적 사건을 들어보기로 합시다. 이러한 현상에 대한 미슐레[179]의 태도와 자코뱅파에 대해 무척 적절한 비판을 하는 테느[180]의 태도 간에 어떠한 차이가 있습니까? 혹은 『프랑스 혁명에 관한 성찰』[181]이라는 글을 쓴 버크[182]의 태도와는 어떠한 차이가 있습니까? 정치적 낭만주의자인 프리드리히 폰 겐츠가 독일어로 번역한 그 책은 엄청난 영향을 끼쳤습니다. 그것도 제 생애에서 보수적이고 국수주의적이며 반민주주의적인 분위기가 만연하던 시대에, 제1차 세계대전의 시대에 저는 열광적으로 그 책을 인용했습니다. 사실 그

---

179 미슐레(Jules Michelet, 1798-1874): 기념비적인 저작 『프랑스사』로 잘 알려진 민족주의 역사가로 개성적인 서술방식으로 과거를 되살림으로써 커다란 극적 힘을 지니는 역사적 종합을 이루었다.

180 테느(Hyppolyte Taine, 1828-1893): 프랑스의 철학자이자 비평가로 19세기 문학과 미술 분야에서 지대한 영향력을 발휘했다. 객관적, 과학적 시각에서 예술작품을 분석하는 실증주의 미학의 기반을 마련하면서 개인이나 집단의 행위가 환경의 절대적 지배를 받게 된다고 주장한다. 저서 『영문학사』(1863) 서문에서 문학 작품을 서로 침투하는 세 요인, 즉 인종, 환경 그리고 시대의 결과적 산물로 생각해야 한다고 역설한다. 그리하여 그는 영문학 사상 위대한 인물들이 그렇게 살았다는 것을 증명하여 자의 수긍을 얻어냈지만, 문학 작품상의 도덕적 심리적 문제를 과학적 공식에 맞추려는 오류에서는 벗어나지 못했다.

것은 제 일급의 책입니다. 선善의 이름으로 잘 쓰이는 것이 무언가가 선하다는 증거라면 버크의 책은 무척 선했습니다.

발자크 같은 서사적 창조자의 사회비판이 주로 '우익'으로부터 읽혔다는 사실도 잊지 말기로 합시다. 드 루칭엔de Lucingen 남작과 같은 시민적 자본주의 사회의 산물이 우익뿐만 아니라 좌익으로부터도 비판받을 수 있는 것입니다. 우리 자신의 시대에 우리는 극도로 세련된 예술적인 진보성에서 보수적인, 혹은 말하자면 반동적인 사회비판이라는 매력적인 사건을 접하고 있습니다. 최근에 사망한 크누트 함순에게서 말입니다. 문명, 도시 생활, 산업주의, 주지주의에 대해 극도의 증오심을 가졌던 도스토옙스키와 니체에 의해 양성된 자유주의의 배반자에게서 말입니다. 무엇보다도 이 모든 것은 열렬히 반영국적이고 친독일적입니다. 히틀러가

---

181 『프랑스 혁명에 관한 성찰*Reflections on the Revolution in France*』은 아일랜드계 영국정치가 에드먼드 버크가 저술해 1790년 11월 출간하였다. 지성사에서 가장 유명한 프랑스 혁명에 대한 비판 중 하나이며, 이성의 불완전성과 급진개혁의 위험성, 전통의 중요성 등은 근대 보수주의 사상의 토대를 마련하고 국제 정치 이론에도 기여한 작품으로 평가된다. 특히 "전통주의를 보수주의라는 각성되고 완전한 정치 철학으로 바꿔 놓았다"는 점에서 버크 사상의 최고봉으로 평가된다. 이 책은 그 통찰력과 수사적 표현, 문학적 영향 때문에 버크의 대표작으로 손꼽히며 정치 이론 분야의 고전이 되었다. 버크의 사상은 20세기 보수주의와 고전 자유주의 지식인들에 큰 영향을 미쳐 공산주의와 혁명적 사회주의 정책에 반대하는 논거로 활용되기도 하였다.

182 버크(Edmund Burke, 1729-1797): 아일랜드 더블린 출신의 영국 정치인이자 정치철학자, 연설가이다. 최초의 근대적 보수주의자로 '보수주의의 아버지'로 알려져 있다. 비교적 진보적인 당으로 생각되던 휘그당의 당원이었던 만큼 생전 스스로나 타인에게 보수주의자라는 정체성이 씌워진 적은 없었으나, 그가 주장한 대의 정부, 자연적 귀족, 사유 재산, 소집단의 중요성은 보수주의의 기본 특징이 되었다. 1790년에 자코뱅주의에 반대한 『프랑스 혁명에 관한 성찰』을 발표해 보수주의의 옹호자로 부상했다.

등장하자 함순은 나치에 열렬히 헌신하여 매국노가 되었습니다.

　함순의 작품, 한 위대한 작가의 작품을 실제로 알고 있던 사람은 아무도 이러한 정신적인 궤적과 개인적인 운명에 놀라지 않았습니다. 그가 이미 초기 저작에서 자유주의의 영웅적인 유형인 빅토르 위고[183]나 글래드스턴[184] 같은 사람을 얼마나 재미있게, 얼마나 신랄한 위트로 조롱했는가를 회상하기만 하면 됩니다. 하지만 1895년에 재미있는 심미적 태도, 역설, 순수 문학이었던 것이 1933년에는 과격한 정치가 되어 문학가로서의 세계적 명성을 심각하게 손상했습니다.

　에즈라 파운드[185]도 크누트 함순의 경우와 유사합니다. 이는 사회 문제와의 관계에서 정신이 심각하게 분열된 다른 주목할 만

---

183 위고(Victor Hugo, 1802-1885): 프랑스 낭만파 작가들 가운데 가장 중요한 인물이다. 만년에는 저명한 정치가이자 정치적 저술가로 활동하며 보나파르트주의와 권위주의를 비난했다. 유명한 장편 소설로 『노트르담의 꼽추』, 『레미제라블』 등이 있다.

184 글래드스턴(William Ewart Gladstone, 1809-1898): 4차례에 걸쳐 총리를 지낸 영국의 정치가이다. 초기 의회 활동은 매우 보수적이었으나 토리당 정책이 빚은 결과들을 접하면서 점점 자유주의적인 견해를 갖게 되었고, 한 세대를 거치면서 보수주의에서 자유주의로 전환했다. 전임 총리 디즈레일리가 사임하자 빅토리아 여왕은 그에게 내각 구성을 요청하면서 총리가 되었다. 그는 유능한 행정가였으며, 아일랜드의 자치를 허용할 것을 주장하기도 했다. 그는 4차에 걸친 총리 재임 동안 근본적으로 자유와 박애를 잃지 않았다.

185 에즈라 파운드(Ezra Pound 1885-1972): 미국의 시인·비평가로 20세기 영미 시에 끼친 지대한 영향 때문에 '시인의 시인'으로 불린다. 제2차 세계대전 중 이탈리아에서 1941-1943년에 파시스트를 지지하는 방송을 수백 회에 걸쳐 실시했고, 종종 미국이 전쟁을 벌였다고 공공연하게 비난했다. 전쟁 후에 미군에 체포당해 피사 근처 전범 수용소에 6개월 동안 수감되어 있었다. 반역죄로 재판을 받기 위해 미국으로 돌아왔으나 '재판을 받을 수 없을 만큼 정신 이상'이라는 의사들의 선고를 받고, 정신 질환 죄수를 수용하는 병원에서 1958년까지 12년 동안 억류되었다.

한 예입니다. 대담한 예술가이자 서정적 전위 작가인 그도 파시즘에 푹 빠져 제2차 세계 대전 때 정치적인 행동주의자로 나치즘을 선전했습니다. 민주주의가 군사적으로 승리를 거두자 그는 게임에서 졌습니다. 유죄 판결을 받아 배반자로 감옥에 갇힌 그에게 저명한 영미 문필가 심사 위원회는 아주 명성이 높은 문학상인 볼링거Bollinger 상을 수여했습니다. 이로써 심미적 판단이 정치와 전혀 무관함을 보여주었습니다. 혹은 위의 사실에서 보듯이 정치가 이러한 판단과 멀리 떨어져 있지 않았습니까? 확실히 에즈라 파운드가 파시스트가 아니라 공산주의자였더라면 저명한 심사 위원회가 볼링거 상을 주기로 결정했을까요. 그에 대해 알고 싶은 사람이 저밖에 없지는 않을 겁니다.

오늘날 이러한 지적을 하기만 해도 그런 사람에게 공산주의라는 혐의를 씌우기에 분명 충분합니다. 저에게 이런 혐의를 갖는 것은 부당할지도 모릅니다. 혹은 생각해보면 무척 영예로운 일일지도 모릅니다. 공산주의자 역을 하기에는 저의 조건이 무척 나쁩니다. 제 저서에는 형식주의, 심리학주의, 퇴폐적 경향 및 말하자면 진리에 대한 약점이나 유머와 같은 공산주의자들이 역겨워하는 악덕들이 가득함을 간과할 수 없습니다. 진리에 대한 사랑은 무조건적인 당성의 눈으로 보면 약점이기 때문입니다. 공산주의는 하나의 이념입니다. 그 뿌리는 마르크시즘이나 스탈린주의보다 훨씬 깊이 박혀 있습니다. 그리고 그 이념의 순수한 실현은 언제나 인류에게 요구와 과제로 제기될 것입니다. 하지만 파시즘은 이념이 아니라 큰 민족이든 작은 민족이든 어떤 민족도 다시는 빠져서는 안 되는 악인 것입니다. 파시즘이 여러 번 승리를 거

예술과 정치 반지성주의를 경계하며

두고 나서 별로 소망스럽지 않은 패배를 당하자 저는 점점 더 사회 철학이라는 좌측으로 옮아가게 되었습니다. 그래서 사실 저는 때때로 민주주의를 설교하는 일종의 순회 연설가가 되기도 했습니다. 심지어 히틀러가 패망하기를 열렬히 갈망하던 순간에도 저는 그런 역할을 우스꽝스럽다고 보았습니다.

예술가가 정치적으로 도덕군자 연하는 모습이 우스꽝스럽다는 것은 부인할 수 없는 사실입니다. 인문적 이상의 선전은 그를 거의 취소할 수 없을 정도로 진부함의 근처로 데려갑니다. 저는 이러한 사실을 경험했습니다. 제가 조금 전에 문필가의 사회적인 반동적 경향을 역설로, 어느 정도는 그의 직업과 그 직업을 행사하는 방법 간의 모순으로 평가했을 때 저는 이러한 역설과 모순이 높은 정신적 매력을 소유할 수 있음을 의식하고 있었습니다. 그러한 역설과 모순은 보다 견고해서 정치적인 선량함보다 비교할 수 없을 만치 진부함으로부터 더 잘 보호받고 있음을 저는 의식하고 있었습니다. 사실 그게 문제인 것입니다. 요셉 드 메스트르와 빅토르 위고 중에 누가 정신적으로 더 흥미로운 정치 문사였는지는 오히려 거의 문제가 되지 않습니다. 하지만 그게 문제가 아니라면 그 대신 정치적인 사안에서 인간적인 궁핍과의 관계에서 선함이 아닌 흥미로움이 문제의 관건인지 하는 다른 문제가 등장합니다.

영국의 비평가인 필립 토인비[186]는 그러한 정치적 태도를 "진실이기에는 사실 너무 좋다"라고 칭했습니다. 저는 30년 전부터 이런 태도를 견지하고 있습니다. 그는 『옵저버』지 기사의 「토마스 만: 고립된 세계 시민」이라는 글에서 단 700개의 단어로 그렇게 말했습니다. 그 말은 영국에서, 어쩌면 다른 어딘가에서 저의 존재에 대해 가장 적절하게 말한 것이었습니다. 젊은 토인비의 견해가 옳습니다. 이러한 태도와, 낙관주의나 민주주의와 같은 태도에 대한 인류의 신뢰라고 하는 이 모든 것에는 어딘지 미심쩍은 구석이 있습니다. 심지어 저의 '세계 시민주의'에도 마찬가지입니다. 저의 책들은 절망적일 정도로 독일적이기 때문입니다. 그리고 사회적·정치적 문제에 개입해서 얻는 것은 자연스러운 겸허함에서뿐만 아니라 쇼펜하우어 학파를 통과한 정신의 비관주의에서도 얻을 수 있는 것이었습니다. 그 정신은 관대하고 인도주의적인 제스처에 근본적으로는 그다지 적합하지 않습니다. 솔직히 말하자면 저는 별로 신뢰하지 않습니다. 하지만 저는 그러한 믿음을 신뢰하는 것이 아니라 믿음 없이 존재하고 의심의 산물일 수 있는 선을 오히려 더 신뢰합니다.

레싱[187]은 자신의 드라마 『현자 나탄』[188]에 관해 이렇게 말했습니다.

---

186 토인비(Arnold Toynbee, 1889-1975): 영국의 외교관·역사가로 그의 저서 『역사의 연구』는 문명의 순환적 발전과 쇠퇴에 대한 분석을 토대로 했다. 그 책에서 토인비는 인간의 역사 과정에서 26개 문명의 등장과 쇠퇴를 검토하고 문명은 엘리트 지도자로 이루어진 창조적 소수의 지도 하에 도전에 성공적으로 대응함으로써 등장한다고 결론지었다. 슈펭글러가 『서구의 몰락』에서 분석했던 것과는 달리 토인비는 문명이 반드시 사라지는 것은 아니라고 생각했다. 문명은 연속되는 도전에 계속 대응할 수도 있지만 그렇지 않을 수도 있기 때문이다. 마르크스와도 달리 그는 역사가 경제력이 아니라 정신적인 힘에 의해 형성된다고 보았다. 토인비는 신화와 은유를 사용한 것과 문명의 등장과 몰락에서 그 재생력으로 종교에 지나치게 의존한 점에서 많은 비판을 받았다. 그럼에도 그의 저서는 현대 역사연구의 전문화 경향에 대한 고무적인 해답으로 높이 평가되어왔다.

"그 작품은 결코 비웃으며 싸움터를 떠나기 위해 풍자극이 되지는 않을 것이다. 그것은 내가 의도했던 이상으로 감동적인 작품이 될 것이다."

그는 '풍자적'이라는 단어 대신 '허무적'이라는 단어를 썼을지도 모릅니다. 그런 단어가 이미 있었더라면 말입니다. 그리고 그가 회의론자이며 형편없는 허무주의자라는 견해를 반박하기 위해 '감동적'이라는 단어 대신에 '선한'이라는 단어를 사용할 수도 있었을 것입니다. 예술이 아무리 신랄한 고발이라 하더라도, 그러한 고발이 창조에 아무리 심각한 해가 된다 하더라도, 예술이 현실과 예술 자체를 아무리 조롱한다 하더라도 예술은 "비웃으며 싸움터를 떠날" 성질의 것이 아닙니다.

예술이 정신적 생기를 불어넣어 주는 삶에 예술은 차가운 악마의 손을 내뻗지 않습니다. 예술은 선과 결부되어 있습니다. 예술은 근본적으로 선이며 지혜와 가까우며 사랑과는 더욱 가깝습니다. 예술은 인간들에게 자주 웃음을 안겨 주지만, 그것은 비웃

---

187 레싱(Gotthold Ephraim Lessing, 1729-1781): 독일의 극작가로 독일 극이 고전주의 극과 프랑스 극의 영향에서 벗어나는 데 기여했다. 그의 비평은 독일 문단에 큰 자극을 주었고, 보수적인 독단론에 반대해서 종교적·지적 관용과 편견 없는 진실 추구를 주장했다. 레싱은 틀에 박힌 귀족풍의 프랑스 극은 독일 정신과는 맞지 않는다고 주장하면서, 대신 독일적 성격에 부합되고 현실에의 충실성을 토대로 한 진정한 민족극을 쓸 것을 요구했으며 독일의 극작가들에게 셰익스피어를 모범으로 삼을 것을 촉구했다.

188 『현자 나탄Nathan der Weise』은 십자군 원정 때의 예루살렘을 무대로 보카치오의 『데카메론』에서 따온 반지의 우화를 중심으로 기독교·이슬람교·유대교 중 어느 것도 단독으로는 진리를 소유할 수 없음을 보여준다. 인간성과 관용의 이념을 고취하려는 계몽주의의 의도가 담긴 작품으로 독일 고전주의 이념 극의 모범이 되었다.

음이 아니라 증오와 우둔함이 해소되는 명랑함이며 해방하고 합일시키는 명랑함입니다. 고독함에서 빠져나와 늘 새로이 태어나는 예술은 합일시키는 작용을 합니다. 예술은 인간의 운명에 끼치는 영향력에 대해 환상을 품는 최종적인 것입니다. 나쁜 것을 경멸하는 예술은 결코 악의 승리를 막을 수 없었습니다. 의미 부여에 매달린 나머지 피비린내 나는 불합리를 결코 저지하지 못했습니다. 예술은 힘이 아니라 하나의 위로일 뿐입니다. 하지만 깊디깊은 진지함의 유희이며, 완성을 향한 갖은 노력의 본보기인 예술은 애당초부터 인류의 동반자로 주어져 있습니다. 그리고 이 예술은 죄에 의해 흐릿해진 눈으로 자신의 순진함을 결코 완전히 외면할 수는 없을 것입니다.

토마스 만(Thomas Mann, 1875-1955):

북독일의 한자(Hansa) 동맹도시 뤼베크에서 부유한 곡물상이자 네덜란드 영사였던 아버지의 둘째 아들로 태어나 유복한 어린 시절을 보냈다. 형은 역시 저명한 참여 문학가인 하인리히 만이다. 부와 권력, 명예를 함께 누린 아버지는 시의원을 지내다가 부시장이 된 인물이었고, 독일인과 포르투갈계 브라질 여인 사이에 태어난 어머니는 『부덴브로크가의 사람들』의 게르다 부덴브로크처럼 음악적 재능이 뛰어났다. 그는 아버지에게서는 엄격하고 철두철미한 시민적 기질을, 어머니에게서는 예술가적 기질을 이어받았다고 볼 수 있다. 그는 부덴브로크가의 하노처럼 19세기 말의 군국주의적이고 강압적인 학교를 싫어하고 음악과 연극의 세계에 경도되었다. 이런 모습은 시민적 활력을 기대하던 아버지에게 실망을 안겨주었다. 부친이 세상을 뜨자 시민적 속박으로부터 자유로워진 토마스 만은 공부 따위는 신경 쓰지 않고 학교와 시민사회의 낡은 분위기에 저항하는 글을 썼다.

1. 들어가는 말

토마스 만은 독일문학사상 전환점에 위치한 20세기의 위대한 소설가이자 문명 비평가이다. 루카치[189]는 지구상에서 가장 훌륭한 독일 소설가로 괴테와 아울러 토마스 만을 꼽고 있으며, 그를 발자크와 도스토옙스키의 반열에 위치시킨다. 그가 작품 활동을 시작한 1890년대는 독일에서 자연주의 문학이 태동하다가 얼마 안 가 날카로운 비판을 받기 시작하고 새로운 문학 양식이 시작되던 때이다. 낭만주의도, 피히테 철학도, 프랑스 혁명의 열정도 이제 그 위력을 상실하고 말았다.

토마스 만은 거대한 독일 문화 전통의 막바지에 선 인물이다. 그를 계기로 독일 문화는 집대성되고 반성된다. 토마스 만 자신이

---

[189] 루카치(Georg Lukàcs, 1885-1971): 현대를 대표하는 헝가리의 문예 사상가이자 마르크스주의 사상가로 문학, 미학 분야에서 수많은 저술 활동을 펼쳤다. 『역사와 계급의식』은 마르크스주의 사상가로서 그의 명성을 확립한 저작으로, 마르크스주의에서 변증법적 측면 등을 강조하며, 계급의식이나 소외의 본질을 예리하게 분석하는 등 마르크스주의에 새로운 지평을 개척했다. 그의 문학 이론은 '문학은 인간의 의식을 통한 현실의 반영'이라는 기초 위에서 전개되었다.

독일 문화의 장단점을 자신 속에 고스란히 포함하고 있다. 그는 니체, 쇼펜하우어, 바그너와 아울러 괴테의 영향을 많이 받았지만 이러한 여러 가지 요소들을 받아들여 자기 나름대로 새로이 해석하고 작품에 반영했다. 그의 문학의 특징은 한마디로 조화와 완성에 대한 의지라고 할 수 있다. 그러므로 그의 인생은 정지된 삶이 아니라 항상 새로운 것을 창조하려는 생성의 길이었다.

그는 건전한 삶의 세계를 동경하는 시민적 기질과 미와 정신 세계를 희구하는 예술가적 기질의 대립, 갈등을 문학적 과제로 삼고 근 반생 동안 그것을 추구하였을 뿐만 아니라, 독일의 시민 문화 전체의 비극적 운명을 소설에서 축소하여 보여주었다. 그리고 제1차 세계대전 전까지 비정치적 인물로 자처하던 그는 정치적 국면에 맞닥뜨리자 시대와 대결하는 자세를 보이면서 많은 글과 강연을 통해 시대의 정치와 문명을 신랄하게 비판하였다.

16세 때 아버지가 사망하여 백여 년 동안 이어온 만Mann 상회가 파산하자 토마스 만 가족은 어머니와 함께 뮌헨으로 이주하였다. 혼자 뤼베크에서 학업을 계속하다가 늦게 뮌헨에 합류한 토마스 만은 화재 보험회사의 수습사원 생활을 하면서 틈틈이 시와 소설을 쓰기 시작했다. 저널리스트를 지망하던 그는 회사를 그만두고 뮌헨 대학의 청강생이 되었다. 그 후 로마에 체류하던 형 하인리히 만의 권유로 로마 근교 팔레스트리나에서 일 년 반 동안 생활했다. 그동안 뮌헨 시절 이후의 단편들을 모아 『키 작은 프리데만 씨』(1898)라는 제목으로 책을 펴냈다.[190]

토마스 만의 어머니는 뮌헨으로 이주한 후 남편 회사를 청산한 재산의 이자로 생활을 꾸려가며 두 아들에게 매달 160~180

마르크씩 제공함으로써 만 형제는 사회적 직업을 갖지 않고 그럭 저럭 살아갈 수 있게 된다. 이러한 사회적·경제적 자유가 바로 토 마스 만의 예술적 발전에 중요한 전제조건이 되며 그의 미학에서 아이러니로서 관심의 자유가 중요한 역할을 하게 된다. 그러다가 결혼으로 인해 그의 보헤미안 시절은 끝이 나고 표면적으로는 예 전의 시민 세계로 다시 편입하게 된다.

토마스 만은 뮌헨 공과대학 청강생으로 있으면서 미학, 예술, 문학, 경제나 역사 강의를 들었다. 하지만 초기의 독서 체험이 그 에게는 더 중요했다. 벌써 고등학교 때부터 그를 사로잡았던 하인 리이 하이네(낭만파 서정시인, '청년독일파'의 지도자로 독일 제국주의에 대 항하였다)나 테오도어 슈토름(독일 사실주의 작가·시인)에서 시작하여 크누트 함순(노르웨이 소설가, 반사회적이고 도시 문명을 혐오하는 극단적 인 개인주의자와 방랑자를 주인공으로 한 소설을 발표하였다), 헤르만 바르 (오스트리아 소설가·평론가, 평론집『자연주의의 극복』등이 있다), 파울 부 르제(프랑스 소설가·평론가), 헨릭 입센(노르웨이 극작가, 여성 문제와 사 회 문제를 다루었다. 입센주의는 사회에 대한 비판적 태도, 개인주의에 대한 옹호가 특징이다), 그리고 1895년 이후엔 프리드리히 니체가 그에게 중요한 영향을 끼쳤다. 그에게 근본적인 영향을 끼쳤으며『부덴브 로크가의 사람들』(1901)과『마의 산』(1924)의 토대를 이루는 쇼펜

190 이 시절의 단편들인『타락』,『행복에의 의지』,『어릿광대』,『트리스탄』등은 병자나 불 구자 혹은 정신적인 결함이 있는 인물들이 시민적인 행복을 혹은 정신적인 세계의 즐거움 을 추구하면서 파멸되어 가는 과정을 그린 것이 많다. 이것은 생의 세계와 정신의 세계를 모두 동경하였으나 조화를 이루지 못하고 어딘가 한쪽으로만 기울어지려는 자신의 고뇌를 나타낸 것이라 할 수 있다.

하우어의 주저 『의지와 표상으로서의 세계』는 1899년 가을에 가서야 읽기 시작한다.

1899년에 뮌헨으로 돌아와 잠시 풍자적인 잡지 『짐플리치시무스』의 편집을 담당한 그는 1900년에는 장편 소설 『부덴브로크가의 사람들』[191]을 완성하고 다음 해에 출간해 문학적으로 큰 성공을 거둔다. 1905년에 뮌헨 대학의 유대계 수학 교수의 딸인 카트야Katja와 결혼한 그는 이후 자유 문필가로 생활한다. 이 무렵에 역시 자전적 색채가 강하고 나중에 그가 가장 아끼는 소설이라고 말한 명작인 『토니오 크뢰거』(1903), 자신의 행복한 결혼 생활의 부산물인 『대공 전하』(1909), 『베네치아에서의 죽음』(1913) 등이 발표되었다.

1912년 부인이 폐병으로 의심되는 병을 앓아 스위스의 다보스Davos 요양소에 들어가자 그는 동반자로 따라가 거기서 한 달가량 머물렀다. 그때의 체험을 삽화로 모으려고 했는데, 이것이 점점 방대해져서 12년 후에 완성된 것이 소위 그의 문학의 정점을 이루는 『마의 산』[192]이다. 제1차 세계대전이 발발하자 그는 창작

---

191 이것은 일가 4대에 걸친 몰락의 역사를 그린 자전적 성격이 짙은 작품이다. 만은 이 장편 소설로 젊은 나이에 대대적인 성공을 거두게 된다. 1929년에 받은 노벨 문학상도 이 작품이 대상이 된 것이다.

192 『마의 산』은 처음 제1차 세계대전이 시작되기 전인 1913년 7월에 시작되어 1차 세계대전 다음 해인 1915년 8월에 일단 집필이 중단되었다. 그 사이 토마스 만은 전쟁에 대한 자신의 보수적인 견해를 담은 『비정치적 인간의 고찰』을 집필했다. 그러다가 전쟁이 끝난 후인 1919년에 이미 쓴 것까지 고쳐 써서 1921년 5월에 절반가량을 썼다. 1923년 초에 유명한 '눈'의 장(章)을 썼으며 1923년 말에 '페퍼코른' 장을 쓰고 1924년 9월 27일에 집필을 종결했다.

을 중단하고 『프리드리히 대왕과 대동맹』, 『비정치적 인간의 고찰』, 그리고 전후에는 『독일공화국에 관하여』 등의 정치 평론집을 발표하여 자신의 정치적 입장을 밝히는 동시에 권력으로부터의 시민적 자유를 옹호했다. 『비정치적 인간의 고찰』에서 문명과 정치를 비판하고 보수주의와 문화를 변호하는 논쟁적인 글을 쓴 그는 종전 후 『독일공화국에 관하여』에서 이러한 견해를 버리고 민주주의적 입장을 밝혀 뒤늦게나마 시대의 흐름에 발을 맞추었다.

1929년에 노벨 문학상을 받았으나 나치의 위협을 느낀 그는 파시즘을 희화화한 『마리오와 마술사』(1929)를 발표하였고, 이어 강연을 통해 나치의 위험성을 경고하였다. 1933년 히틀러가 정권을 장악하자 「리하르트 바그너의 고뇌와 위대함」이라는 강연을 하면서 히틀러의 바그너 우상화를 공격하였다. 그다음 날 외국으로 강연 여행을 떠난 후 독일로 돌아오지 않고 망명 생활에 들어가 스위스, 프랑스 등지에서 머물렀다. 그동안 나치로부터 귀국할 것을 종용받았으나 응하지 않았기 때문에 독일 국적과 본 대학에서 받은 명예박사 학위도 박탈당했다. 1938년 미국 캘리포니아로 이주한 그는 프린스턴 대학의 객원교수가 되어 강연 혹은 BBC 라디오 방송을 통해 인류의 적 나치의 타도를 부르짖었다. 그리고 『바이마르의 로테』(1933), 『요셉과 그의 형제들』(1943), 『파우스트 박사』(1947) 등을 속속 발표하였고, 1944년에는 미국 시민권을 취득했다. 76세 때인 1951년에는 근친상간의 죄를 속죄하고 교황의 직위에 오르는 은총을 받게 되는 인물을 묘사한 장편 『선택받은 인간』을 집필했다.

세계 시민주의자이자 평화주의자인 그는 전후 점진하는 동서독의 대립을 완화하기 위해 세계평화회의에 참석하기도 했다. 미국이 반공 정책을 취하면서 매카시 선풍을 일으키자 이에 절망한 그는 1952년 미국을 떠나 유럽으로 돌아왔다. 그러나 동서로 분리된 조국으로는 돌아오지 않고 스위스에 살면서 세계 평화와 동서독의 통일을 위해 강연 등으로 많은 활동을 하다가 1955년에 80세를 일기로 그곳에서 눈을 감았다.

토마스 만이 작가로서 출발하는 1890년대는 과학의 발전과 자연주의와 더불어 현대가 시작되는 시기이다. 19세기의 전통적 문화체제를 비판하고 새로운 혁신을 지향하는 20세기의 문화의 발판이 이 시기에 이루어진다. 그리고 정신과 권력, 지방성과 세계성과의 대립, 데카당스와 부르주아 계층 간의 메울 수 없는 간격이 벌어지게 된다. 낙후된 독일의 소공국들에서 오랫동안 노예와 같은 생활을 한 후 공업화와 군국화에 헌신한 부르주아 계급은 1848년 민주화가 실패한 후 쇼펜하우어의 염세 철학과 바그너의 죽음 찬미적 몰락의 음악에 굴복했고 니체의 깊은 회의에 감염되었다.

토마스 만이 평생에 걸쳐 즐겨 다루는 주제는 감정과 이성, 예술과 삶, 현실과 이상, 시민과 예술가, 육체와 정신, 삶과 죽음으로 부를 수 있는 모순된 두 세계의 대립이다. 예술과 삶이라는 주제는 평생에 걸쳐 다루어지는데 토마스 만이 인간적으로 성숙해 가면서 이 주제도 점차 성숙해간다. 초기 작품에서 보이는 구원할 수 없는 우울과 환멸감은 점차 조화와 해결의 길로 들어서게 된다. 그럼 시대별로 토마스 만의 정치관에 대해 살펴보기로 하겠다.

2. 제1차 세계대전

1914년 8월 1일 제1차 세계대전이 발발하자 토마스 만은 경악과 희망이 섞인 감정으로 전쟁을 맞이한다. 그는 8월 7일 형 하인리히 만에게 쓴 편지에서 이 전쟁으로 "나의 생활의 물질적 기반이 완전히 변화될 것"임을 각오하고 "전혀 예기치 않게 아주 엄청난 일을 체험할 수 있으니 고마운 일이 아닌가요?"라고 말한다. 그러나 9월에 형에게 보낸 편지에서는 완전히 태도를 바꾸어 "이 위대하고, 근본적으로 품격이 있는, 축제의 민족 전쟁"에 관해 언급하고 독일의 승리를 낙관적으로 확신한다. 그는 이미 집필 중이던 『마의 산』을 쓰는 것을 중단하고 시대에 대한 자신의 입장을 밝히기로 결심하여 이 해에 「전쟁 중의 생각」과 「프리드리히 대왕과 대동맹」이라는 두 편의 에세이를 씀으로써 트뢸치[193]가 말하는 소위 '문화 전쟁'에 뛰어들게 되었다. 그는 1차 세계대전 당시의 제국 상황을 프리드리히 대왕의 생애를 빌어 밝히고 있다. 프리드리히는 황태자 시절에는 자유주의 사상을 지닌 철학적 문사로 철두철미 비군국주의자에다 『반마키아벨리론』까지 쓴 인물이

---

193 트뢸치(Ernst Tröltsch, 1865-1923): 독일의 자유주의 신학자·철학자·사회학자이다. 칸트, 피히테, 슐라이어마허에 대해 열심히 연구하였고 신앙과 지식 간의 화해에 대해 관심이 많았다. 슐라이어마허와 알버트 리츨에 이어 트뢸치는 자유주의 신학의 완성을 이루었다. 트뢸치의 학문 영역은 다채로워 신학, 종교학, 윤리학, 역사철학, 문화사, 정신사, 종교사회학 등에 관한 방대한 저서가 있다. 트뢸치는 하나님의 계시가 모든 종교에 똑같이 적용됨을 강조하여 기독교 계시의 독점성을 부인한다. 이것은 기독교의 상대적인 우월성과 규범성은 인정했지만 절대성은 부인하는 결과를 낳았다.

었지만, 왕위에 오르자 생각을 바꾸어 군비를 증강하고 슐레지엔 전쟁(슐레지엔 영유 문제를 두고 '오스트리아·프로이센' 사이에 일어난 전쟁, 1763년 프로이센이 슐레지엔을 차지하였다)을 일으켰다. 또한 그는 적국들(오스트리아·프랑스·러시아)의 포위를 받으며 7년 전쟁(3차 슐레지엔 전쟁이라고도 불림. 1756~1763)에서 극적으로 승리해 유럽을 경탄하게 만들고 영웅으로 추앙받아 독일인을 대동단결시키는 상징이 된다.

제1차 세계대전을 전후하여 독일 지식인들 사이에는 국수주의적 사고가 만연했다. 심지어 하우프트만, 군돌프, 무질, 게오르게와 같은 지식인들도 이에 공공연히 동조했으며 토마스 만 역시 예외가 아니었다. 그는 국제법에 위배되는 독일의 전쟁 도발 행위를 「프리드리히 대왕과 대동맹」이라는 글에서 오히려 합법화했다. 그는 여기에서 독일의 승리만이 유럽의 평화를 보장할 수 있으며 독일 정신의 보존과 전개만이 문화의 성장을 의미한다고 강조했다. 이러한 국수주의적 견해에 맞서 그의 형 하인리히 만은 에세이 「졸라」를 씀으로써 형제간에 논쟁과 반목이 시작되었다. 하인리히 만은 국수주의적으로 기울어진 대다수 독일 지식인들에 반대하여 세계 평화와 민주주의의 입장에서 통일 유럽의 사상을 강력하게 주장했다. 하인리히 만은 독일 시민 계급의 노예근성과 비민주적 사고방식을 날카롭게 풍자하고 비판했다. 하지만 토마스 만은 독일 시민 계층의 몰락상이나 제1차 세계대전 등을 정치 사회적인 시각에서 바라보지 않고 정신적으로 또는 심미적으로 바라보려는 경향이 있었다. 에세이 「졸라」에서 하인리히 만은 전쟁에 대해서는 아무런 언급을 하지 않고 졸라, 드레퓌스 사건 및 프랑스의 당시 상황에 대해서만 말한다. 물론 동생 토마스 만의 이름은 거론되지 않지만 거기서 교묘한 방법으로 동생을 신랄하게 비판하고 있다.

토마스 만은 형이 우회적인 방법으로 자신을 모독하는 것이 도덕적으로 가장 비겁한 행위라고 생각했다. 더 나아가서 그는 그것이 자신의 예술가로서의 존재와 교양의 토대를 이루고 있는 독일 문화와 전통에 대한 매도이자 도전이라 생각했다. 그는 정치와 민주주의라는 이름으로 형이 독일 문화를 매도하는 것에 대해 독일 문화의 정신적 아들로서 독일의 명예를 위해 정신적인 격투를 벌이지 않을 수 없었다. 이러한 이유에서 국수주의적 입장에서 독일과 자신을 해명하고 정당화하고자 2년이 넘는 세월에 걸쳐 쓴 에세이집이 『비정치적 인간의 고찰』이다.

토마스 만은 형을 문명작가로 규정하고 독일적 문화 개념에 대치시켜 그를 공격했다. 당시 자유국인 바이에른의 사회주의적인 총리 쿠르트 아이스너[194]가 살해되자 토마스 만은 뮌헨의 군사 정권을 환영하여 국수주의적인 동향을 지원, 조장하기까지 했다. 그의 이러한 반동적 정치관의 형성에는 니체의 초인 사상으

---

194 아이스너(Kurt Eisner, 1867-1919): 독일의 사회주의 언론인·정치가. 1892년 그는 『니체와 미래의 사도』를 저술하고 『프랑크푸르터 차이퉁』에서 언론활동을 시작했다. 후에 베를린에 있는 여러 잡지에 글을 기고했으며, 1898년부터 사회 민주주의 기관지인 『전진 Vorwärts』의 편집장을 지냈다. 그는 1917년 평화주의의 영향 아래 독립사회민주당에 가담하여 당수가 되었고, 1918년 11월 혁명에 성공, 왕조를 전복하고 바이에른 공화국을 주창하면서 평화를 요구했다. 아이스너는 새로운 공화국의 초대 총리 및 외무장관이 되었다. 그는 바이에른에 있는 다양한 사회주의 정당들 간의 화해와 통일을 도모하고 경제·사회 개혁을 완수하기 위해 노력했으나 1919년 2월 광신적인 반동과 학생에 의해 암살되었다.

로 대표되는 반민주적 귀족적 개체주의 사상, 그리고 독일 문화의 고유성이 분립주의 및 소공국 형태의 전제주의에 근거하고 있다고 보는 폰 트라이취케[195]의 국수주의적 역사관이 무엇보다 결정적인 작용을 했다.

『비정치적 인간의 고찰』에서 토마스 만은 제1차 세계대전을 정신적인 전쟁, 독일성에 대항하는 민주주의 전쟁으로 보았다. 그의 전쟁 체험은 정신적 체험이었기 때문에 그는 독일성과 보수주의의 편을 들었다. 문단에 데뷔한 후 20여 년 동안 정치에 무관심했던 그는 전쟁이 일어나자 정치적인 것에 비정치적인 관심을 보였다. 흥분된 민족 감정에 사로잡혀 비정치적 인간이 된 그는 예술적인 것의 영역이 정치에 오염되는 것을 막으려 애썼다. 그가 볼 때 민주주의 정신은 반독일적인 것이었다. 그 민주주의 정신은 독일이 여태까지 토대로 삼고 있는 정신적 토대를 해체하고 용해하여 독일 문화와 이를 지탱하는 독일 시민 계층을 와해시킨다고 그는 생각했다. 『비정치적 인간의 고찰』은 국가와 정치에 대한 정신의 자율성의 주장이고, 예술과 대중 간의 경계를 짓는 것이며,

---

195 폰 트라이취케(Heinrich von Treitschke, 1834-1896): 독일의 역사가·정치학자. 온건 보수주의자로 제국의회 의원을 지낸 그는 독재적인 힘의 정치를 옹호했고, 프로이센이 주도권을 잡고 통일해야 한다고 주장했다. 그는 국가가 시민 생활의 중심이 되어야 하며 국가는 의회의 간섭을 받지 않는 독재자가 이끌어야 한다고 믿었다. 또한 독일이 신성 로마 제국의 진정한 계승자라고 생각하고 강력한 제국주의 열강의 지위로 올라서야 한다고 역설했다. 그는 서유럽의 자유주의를 경멸했고 북미의 민주주의에 대해서도 회의적인 견해를 가졌다. 역사가로서의 그는 천부적인 수사학적 재능, 능란한 문체, 정치·문화생활에 대한 다채로운 묘사로 독일에서 명성을 얻었지만, 그의 저작에는 매우 감정적이고 부정확한 정치적 판단이 담겨 있고 객관성이 결여되어 있었다.

정치적인 것을 중시하지 않는 심미주의에의 자기 고백인 것이다. 시민 계층을 보호하고 그것의 순수성, 위엄 및 휴머니즘을 보존하는 것이 토마스 만의 의도였지만 그는 후일 독일 시민이 부르주아로 발전한 사실을 놓쳐버렸다고 고백하고 있다. 그는 독일 시민과 그의 교양 개념을 명예 회복하려는 자신의 의도가 너무 늦었음을 아쉬워한다. 그럼에도 그는 그러한 일을 시도한다. 시민을 민주적 물결에 내맡기기에는 무시 못 할 정도로 시민 계층에게 교양 개념이 남아 있기 때문이라는 것이다. 민주적인 문학이 밀어닥침으로써 휴머니즘 자체가 위협받는다고 여긴 것이다.

이러한 만의 세계관은 지금 볼 때 분명 시대에 뒤진 것이지만 인간에 대한 그의 신념 고백에는 긍정적인 요소도 담겨 있다. 즉 그것은 대중의 이데올로기화와 집단화의 위험을 간파하고 휴머니즘을 수호한 점이다.

3. 정치적 변화

독일의 패전으로 황제 빌헬름 2세가 퇴위하고 소위 역사적인 바이마르 공화국이 탄생한다. 그러나 대다수 독일인의 정치의식은 고대적이고 낭만적이라서, 진정한 민주주의를 육성해 나가는 데는 너무나 서툴고 무지한 상태였다. 그렇지만 비정치적이고 낭만주의적이기 때문에 민주주의에는 적응할 수 없다고 생각한 토마스 만의 의식의 심층에도 제후를 갖지 않았던 공화적 자유 도시 뤼베크의 피가 흐르고 있었다. 토마스 만은 전후 대혼란의 와중에서 이제 독일은 민주주의의 길을 가야 한다고 확신하고, 에세이와 강연을 통해 이러한 생각을 표명한다.

그러다가 1922년에 발표된 에세이 「독일공화국에 관하여」에서 처음으로 토마스 만의 정치적 견해가 변화했음이 드러난다. 특히 『마의 산』 2부에서 시간이 무엇이냐는 질문에 '변화를 낳는 것'이라는 답을 하면서 그러한 변화의 조짐이 보인다. "시간은 활동적이고, 동사적인 속성을 갖고 있어, 그것은 '낳는' 힘을 지니고 있다. 그럼 시간은 무엇을 낳는 것일까? 변화를 낳는 것이다! 지금이 당시가 아니고, 이곳이 저곳이 아닌 것은, 이 두 개의 사이에 운동이 있기 때문이다." 역사는 시간이 흐름에 따라 발전하므로 인간은 그것에 적응하는 수밖에 없다. 사람의 인식은 계속해서 진보하며, 이와 상응해 인류도 앞으로 나아간다. 토마스 만은 이제 비정치적 태도를 지양하고 교화적·비판적 사회참여의 태도를 취한다. 늦게나마 형의 길을 따르는 것이다. 고답적인 입장에서 정치 사회적 영역을 경시하는 것을 그는 정신적 인간인 문화인에게 옳지 못한 태도로 보았다. 그는 새로운 관점에서 국수주의를 유럽 개개 민족의 칠면조 같은 자기감정이라고 비판하고, 게르만 민족의 이교 숭배인 보탄 신 숭배를 낭만적 야만성이라 공격했다. 『비정치적 인간의 고찰』이 나온 지 채 4년도 못 되어 그의 정치적 견해가 변화했음이 알려지자 많은 사람들이 깜짝 놀라며 그에게 도덕적으로 격분하였고 그를 지조 없는 인간이라 비난했다.

하지만 토마스 만의 변화는 근본적인 것이 아니었으며 정치적 사고의 근본 개념은 변하지 않았다. 그는 "내 뜻이 변한 것이 아니라, 아마 내 생각이 바뀌었을지도 모른다"고 말한다. 쇼펜하우어식으로 말하자면 그는 '이념'을 바꾼 것이 아니라 '개념'을 바꾼 것에 불과하다. 특히 1922년 이상주의적 자유주의 정치가 라테나우가 유대인이라는 이유로 우익 과격파에 의해 암살되는 사건이 일어나자 그는 큰 충격을 받는다. 그는 우익적, 낭만주의적, 독일적 특성들을 민주주의에 조금이라도 가까이 하도록 노력해야겠다고 생각하고 행동을 개시한다. 이 첫걸음으로 그는 1922년 10월 15일 베를린의 베토벤 홀에서 「독일공화국에 관하여」라는 제목의 강연을 한다. 학생들은 그가 변절하고 전향하여 조국을 배신했다고 야유하며 소리쳤지만, 그는 흥분을 누르고 강연을 계속한 후 '독일공화국 만세!'라고 외친 후 강단을 내려온다. 반이성적 독일주의야말로 독일을 망친다는 것을 대전 동안 뼈저리게 체험했기 때문이다.

　토마스 만은 공화제와 민주주의 정신을 지지함으로써 보수 계층에 심각한 타격을 주었지만 자신을 시대에 적합한 진정한 보수주의자라고 자처했다. 그는 자신의 자연스러운 임무를 혁명가가 되는 것이 아니라 보수적 성향을 견지하는 것이라고 보았다. 물론 그에게는 특정 제도나 위계질서를 보존하고 회복하는 것이 아니라 인간과 휴머니즘만이 중요했다. 제도나 전통은 정신이나 휴머니즘의 담고 있을 때 중요했지 그 자체로 중요한 것은 아니었다. 이러한 점으로 볼 때 그의 정치적 변화는 피상적인 것이고, 전전戰前과 전후의 정치적 입장이 연속선상에 있다고도 할 수 있다. 즉 그는 군주국가나 정치적 무관심보다는 민주국가와 정치적 관심이 인간의 존엄성과 인간성을 지키는 데 있어서 더 낫다고 본 것이다. 이러한 통찰을 함으로써 그는 정치적 견해를 바꾸게 된다. 그 속에는 어렵게 만들어진 질서를 혁명적 혼란으로 다시 무너뜨리는 것은 우려스럽다는 보수적 견해가 숨어 있다.

그렇지만 민족 감정을 휴머니즘보다 앞세우려는 신보수주의를 토마스 만은 지지할 수 없었다. 서구의 정치적·도덕적 이념을 극도로 비난하는 신보수주의는 토마스 만이 볼 때 보수주의라는 이름을 지닐 값어치도 없는 반동적인 정신적 조류로 여겨졌다. 반면에 토마스 만의 보수주의는 보다 신축성 있고 실용적인 것이었다. 그것은 인간의 본질적인 면과 관계를 맺고 이러한 본질성에 따라 판단하며 편을 드는 것이다.

이제 토마스 만은 서로 싸우는 정신적 세력을 중개하는 균형의 인물로 자처한다. 「독일공화국에 관하여」에서도 그는 대립을 중재하는 입장에서 낭만주의와 계몽주의, 신비주의와 합리주의 사이에서 독일적 중용을 옹호하는 입장을 취한다. 그가 전향했다고 해서 사람들 주장처럼 형 하인리히 같은 문명 문사가 된 것은 아니었다. 젊은 시절 자신의 사부師父인 쇼펜하우어, 바그너, 니체에게서 끌어들인 이론을 배척했다기보다는 거리감을 두면서 좀 더 자유롭게 활용하는 법을 배우게 된 것이다. 그 시대의 많은 지식인이 낭만주의를 매도한 반면 그는 낭만주의 작가 노발리스에 대해서만은 높은 평가를 하고 있다.

그 때문에 「독일공화국에 관하여」에서 토마스 만은 자코뱅적인 전통에서가 아니라 낭만적인 보수적 전통에서 민주주의에 대한 공감을 표시한다. 그의 내면은 분열되어 마음으로는 군주제에 대한 애착이 남아 있지만 이성이 공화제를 신봉하도록 촉구한다. 그러므로 그의 감정 세계는 죽음(군주제, 비정치적 인간, 낭만주의, 음악, 시간 상실, 도취)에 성실하게 머무르지만 사고와 견해는 공화국에 향해 있다.

심정적 군주주의자와 이성적 공화주의자 간의 이러한 분열에서 빠져나와 토마스 만은 마침내 보수적 문화 이념과 혁명적 사회사상을 연결하는 종합을 이룩하려고 한다. 좌우익 사이의 제3의 길에 대한 생각이 그의 앞으로의 정치적 사고를 규정짓게 된다. 종합적 사고의 결과 사회주의 개념은 민족적인 사고에서 점점 사회 민주적인 의미로 옮겨진다. 그가 볼 때 나치는 이러한 의미에서 정신에 대한 자연의 반란인 셈이다.

4. 바이마르 공화국 시절

토마스 만이 바이마르 공화국을 옹호한 것은 독일에서의 정신과 권력의 대립, 사상과 행동의 불일치에 융화를 꾀하고, 독일의 문화적인 고답성과 정치적인 후진성의 모순을 해소하고, 독일의 고립적인 자부심을 버리고 유럽의 민주주의에 참가할 것을 열망했기 때문이다.

1924년 집필을 시작한 지 12년 만에 나온 『마의 산』에서는 젊은 독일 영혼인 한스 카스토르프를 사로잡으려고 문명 문사인 세템브리니와 예수회 신자인 나프타 간에 대결이 벌어진다. 세템브리니의 모델은 그의 형 하인리히 만이고, 나프타의 모델은 혁명적 비평가 루카치이다. 『마의 산』의 작은 가지가 「독일공화국에 관하여」라고 할 수 있다. 1차 대전 중에 쓴 「아이러니와 급진주의」에서는 아이러니가 보수주의 정신을 대변한 반면 『마의 산』에서는 아이러니 정신이 진보의 쪽으로 기울어지고 있다. 계몽주의, 건강, 밝음, 진보를 대변하는 세템브리니는 문명 문사의 모습으로 친근하게 다가온다. 반면 신비적 집단주의를 부르짖는 나프타는 병의 예찬자로 삶의 어두운 힘을 강조하는 입장을 대변하고 있다. 이 책의 세계관적인 선택은 두 세계를 종합하는 것이다. 합리주의적인 민주주의자는 여러 군데에서 피상적으로 나타나며, 그의 개인주의는 진정한 인간적인 사회를 건설하지 못한다. 반면 어두운 세력과 결탁하는 나프타는 파괴적이고, 공동체나 인간 본질에 대한 그의 의지는 계몽주의를 통한 보완을 필요로 하며 인간의 선이나 밝음에 대한 믿음이 결여되어 있다. 토마스 만은 『마의 산』에서 세템브리니와 나프타를 통해 인격화된 정신적 조류의 화해를 목표로 하고 있다. 바이마르 공화국 시절 그가 점점 더 세템브리니 쪽으로 기울어진 것처럼 보인다고 해서 그가 합리주의자로 변모한 것은 아니었다.

에세이 「문화와 사회주의」에서 토마스 만은 두 가지 문화 이념을 거론하고 있다. 한 가지 방향은 그가 『비정치적 인간의 고찰』에서 견지한 종래의 문화 개념을 완강하게 고수하는 것이고, 다른 하나는 이러한 문화 이념을 교정하고 심미적, 시민적 문화 개념이 더 이상 고수될 수 없다는 인식이 그것이다. 즉 여태까지의 독일 문화 개념에 의문을 품고 그것의 수정을 강요하는 새로운 이념이 사회주의라는 것이다. 그는 사회주의를 새 세대의 결정적인 사회 원칙으로 간주한다. 이제 현재와 미래는 사회주의의 편에 있다는 것이다. 그는 문화 이념과 결부된 공동체 개념이 사회주의적인 것으로 변모하는 것이 독일의 진정한 민주화를 의미한다고 말한다. 궁극적으로 보수적인 문화 이념과 혁명적인 사회사상과의 결탁이 필요하다는 것이다. 그는 독일이 정치적으로 회복을 하려면 '시민적 민주주의'를 거쳐 '사회적 휴머니즘'에 이르러야 한다고 주장한다.

1930년에 쓴 「독일적인 연설. 이성에 대한 호소」에서 토마스 만은 독일 시민에게 사회 민주주의를 지지하라고 공개적으로 촉구한다. 그는 심미주의와 야만성 사이에 밀접한 근친성이 있음을 인식한다. 이러한 견해는 후에 『파우스트 박사』의 주인공인 음악가 아드리안 레버퀸에게서 형상화된다. 정신적인 것엔 모두 정치적인 것이 잠복하고 있다는 것이 정신적인 문제에 대한 그의 변모된 정치적인 입장이었다. 그는 정신적인 비합리주의가 정치적인 대중 운동에 추진력을 불어넣어 주고, 진정한 사회적 정신을 오인하고 있는 정신이 야만화의 선도자가 됨을 인식했다. 그에게 새로운 것, 미래적인 것은 이제 사회주의 세계였다. 이 세계에서 평등과 사회 정의의 이념이 지금까지보다 더 정당한 권리를 얻게 된다. 하지만 그는 카를 마르크스가 횔덜린을 읽었을 때만 혹은 그 반대의 경우에만 사회주의는 새로운 과제에 실제로 부응할 수 있으리라고 생각한다.

토마스 만은 1932년 「빈의 노동자들 앞에서 행한 연설」에서 마르크시즘이나 독자적인 프롤레타리아 문화와는 분명한 경계를 긋고 그 대신 시민적 휴머니즘의 전통에서 비롯하는 사회주의 개념을 받아들인다. 토마스 만은 보수적이고 국수주의적이며 파쇼적인 운동을 퇴보적이고 시의에 적절하지 않은 세력으로, '정신적인 것에 대한 자연의 혁명'으로, 합리적인 역사에서 새로운 비합리주의로 역행하는 무정부주의적인 퇴보로 비판한다. 노동자에게는 너무 지적이고, 까다로운 이 글은 예상외로 노동자 사회에 비교적 광범위한 영향을 끼쳤다.

토마스 만에 의하면 사회 민주주의는 이론적인 면에서는 정신에 적대적이지만 실제적인 면에서는 정신에 우호적이라는 것이다. 그는 이론과 실제의 화해를 바란다. 그리고 독일의 시민적 문화 전통이 인간의 더 나은 문화를 위해 새로운 사회 세력과 융합되기를 원한다.

5. 제3제국 시대

1933년 1월 말 85세의 제국 대통령 힌덴부르크는 독일의 운명을 아돌프 히틀러에게 넘겼다. 2월 10일 토마스 만은 뮌헨 대학 대강당에서 '리하르트 바그너의 고뇌와 위대성'에 관해 강연한 뒤 네덜란드, 브뤼셀, 프랑스 등지로 강연 여행을 떠난다. 그러는 사이 2월 27일 독일 제국의회 방화사건이 발생했고, 대규모의 폭력사태가 일어나자 에리카와 클라우스 만은 아버지에게 급히 전화를 걸어 지금 독일 상황이 극히 위험하니 귀국하지 말 것을 종용한다.

토마스 만은 독일에서 자신의 책이 출판 금지되는 것을 피하려고 처음엔 히틀러의 제3제국에 대한 공개적인 비판을 주저했다. 토마스 만이 히틀러 정권에 대한 공격을 자제하고 계속 침묵하자 망명자들은 이에 대해 미심쩍어하면서 그에게 날카로운 비판을 가하기도 했다. 그 결과 전체 망명자와 연대하여 히틀러 정권에 대항하기 힘들어졌다. 그는 1933년 이전에 행한 날카로운 연설과는 대조적으로 외진 곳에서 외국어로 발행된 몇몇 정치적 간행물에서도 불확실한 태도를 보인다. 토마스 만이 잠시 이처럼 모호한 태도를 보인 이유는 어떻게든 가재도구를 비롯하여 뮌헨의 집을 되찾고, 심지어 여권 기한을 연장하려는 희망을 품고 있었기 때문이었다.

1934년 봄에 토마스 만은 내무부 장관에게 여권 기한을 연장해주고 동산과 책을 내달라는 편지를 썼지만 아무런 답장을 받지 못했다. 그는 이 편지에서 자신의 정치적 입장을 명확히 밝히고 히틀러 정권에 대한 혐오감을 표시했다. 토마스 만은 망명 초기에 망명가들과 연대하지 않고 개인적으로 개인적 사명을 수행하려고 했지만 나중에 생각을 바꾸어 그들의 입장에 동조한다. 이리하여 토마스 만은 독일 망명자들 중 가장 핵심적인 인물이 되어 1935년 4월 1일 처음으로 나치 정권에 대한 공개적 반박을 하기에 이른다. 히틀러가 권력을 잡음으로써 독일공화국이 붕괴하고 민주주의가 다시 사라지게 되자 토마스 만은 독일 국민과 정치에 대한 회의를 하게 된다. 그는 독일의 편협한 지방주의와 반유럽적이며 이기적인 민족 공동의식 이외에 독일인의 몽상적인 이상주의가 독일인으로 하여금 범죄를 저지르게 한다고 단정한다.

토마스 만은 이제 사회주의에 관심을 보이기 시작한다. 그러나 당시 사회주의라는 이념이 뭇 사람의 입에 오르내렸음을 감안하면 토마스 만이 사회주의를 중시하게 된 것에 특별한 의미를 부여할 필요는 없다. 당시의 혁명 운동뿐만 아니라 국가 사회주의 같은 반민주적 운동들도 사회주의를 실현하려 한다고 주장했기 때문이다. 나치라는 말도 국가 사회주의를 줄인 말이듯이 사회주의는 당시 좌익뿐만 아니라 우익의 정치적 슬로건이기도 했다. 보수적 혁명을 주창하는 저술가나 언론인들이 선전하는 사회주의는 특별히 독일적인 국수적인 사회주의였다. 이러한 사회주의는 노동자 계층을 옹호하는 종래의 전통적인 마르크스적 사회주의에 적대적인 태도를 취했다. 그러나 만은 이러한 국제적인 사회주의를 선택하여 이를 자신의 보수주의와 화해시키려 애썼다. 보수적, 시민적 전통과 민주적 사회주의를 접맥시킴으로써 그는 문학 영역에서의 반어적 세계관을 정치적 영역으로 가져갔다. 한편 정치적인 전제조건이 달랐던 국수주의자들은 세계 시민 토마스 만을 적으로 보았다. 하지만 그가 증오해 마지않았던 국가 사회주의자들의 시대가 오고야 말았다. 이러한 파시즘 심리는 1929년에 발표된 『마리오와 마술사』에서 뛰어난 솜씨로 파헤쳐지고 있다.

토마스 만이 정치적 격변 시기에도 문학 창작을 자신의 주된 임무로 생각했다는 사실이 간과되어서는 안 된다. 하지만 그는 현실을 외면한 채 예술 창작에만 안주하고 살 수는 없었다. 그는 「독일적인 연설. 이성에 대한 호소」에서 자신이 정치적으로 등장한 이유를 밝히고 있다. 유유자적하게 인간적인 것, 영원한 것에만 빠져 있는 것은 사치스럽고 안일한 자세이며, 그러다가는 정신적인 무능력에 빠지게 된다는 것이다. 그가 정치와는 먼 보헤미안적인 예술가에서 독일의 새로운 정치 체계가 요구한 대로 정치적으로 책임 있는 국가 시민이 된 것은 그의 지성과 정치적인 통찰력 때문이다. 균형의 인간으로서 아이러니라는 예술 수단이 그의 중개적 성질과 잘 부합되었지만, 자신의 정치적 입장을 개진한 곳에서는 아이러니가 개입할 여지가 없었다.

의식하든 안 하든 간에 모든 정신적인 것은 정치적인 것과 관계를 맺고 있다. 정치적인 것과 사회적인 것을 함께 고려하지 않는다면 민주 시대의 모든 휴머니즘은 현실과 동떨어진 것이 되기 때문에 그의 정치적 에세이는 중요한 값어치가 있다. 그가 국수적 반민주적 정신과 그토록 집요하게 씨름한 것은 그러한 전제가 인권에 결정적 타격을 가하기 때문이다. 그러므로 나치가 토마스 만을 외면하고 추방한 것은 별로 놀랄 일이 못 된다. 그는 파쇼의 모든 이념을 인정하지도 용납하지도 않았다.

그렇지만 공산주의는 여전히 그에게 어떤 이념, 사회 정의를 실현할 수 있는 하나의 이념으로 여겨졌다. 비록 공산주의의 현실화가 소비에트에서 잔혹한 모습으로 전개되었지만, 그는 서구 세계가 나치보다 볼셰비즘을 더 두려워하는 것은 잘못이라고 경고한다. 나치의 모든 문화적인 노력은 낭만적인 야만화라는 것이다. 그는 파시즘의 본질을 폭력에서 찾았다. 그는 자유 민주주의에서 사회적 민주주의로 나아가야 민주주의가 파시즘이나 볼셰비즘보다 더 큰 힘과 내적인 우월성을 지닐 수 있다고 확신한다. 그는 민주주의를 무엇보다도 인간의 존엄성에 대한 감정이나 의식에 의해 영감을 받는 국가와 사회 형태로 이해한다.

하지만 그가 말하는 사회적 민주주의는 공산주의 경제와는 아무런 관계가 없다. 사회주의란 그에게는 무엇보다도 도덕적인 문제이자 양심의 자극이다. 사회 민주주의가 실현되어야 그러한 양심의 자극이 더 공정한 사회적 경제적 균형에 영향을 미친다는 것이다. 바이마르 공화국 시대의 체험으로 그는 호전적이고 투쟁적인 휴머니즘의 주창자가 되는 것이다. 이렇게 볼 때 전후 독일이 기본법에서 사회적 시장경제를 채택해서, 진보적인 사민당이나 보수적인 기민당이 공히 사회적 시장경제를 근간으로 하고 극우적이고 친기업적인 자유민주당만이 자유 시장경제를 주창하는 것이 우연은 아니라고 할 수 있다.

6. 귀국 문제

1938년 미국으로 건너가 미국 시민이 된 토마스 만에게 전쟁이 끝나자 독일에서 귀국하라는 요청이 적지 않았다. 심지어 대통령에 앉히자는 목소리도 있었다. 그러나 작가로서 언어가 다른 나라에서 가혹한 운명을 겪은 그에게 조국에서 쫓겨난 상처는 너무나 깊어 모국이 마치 이질적인 것으로 생각되었다. 그런데 국내 망명자들은 토마스 만이 독일의 비극을 외국에서 고자세로 구경만 하고 있다고 비난하며 전쟁이 끝났는데도 돌아오지 않는다고 그를 '배신자'라고 비난했다. 그러나 이렇게 토마스 만을 공격하고 비난한 사람들은 나중에 나치의 협력자들임이 밝혀진다. '독일에 돌아오라'는 몰로의 편지에 대해 「내가 독일에 돌아가지 않는 이유」라는 답장을 쓴다. 이 글에서 토마스 만이 "1933년부터 1945년까지 독일에서 인쇄된 책에는 피와 오욕의 냄새가 배어 있다." 고 말하자 국내 망명가들은 토마스 만에게 격렬한 비난을 퍼부었다.

1947년 1월 대작 『파우스트 박사』의 집필을 끝낸 토마스 만은 4월부터 여름에 걸쳐 부인 카트야, 장녀 에리카와 함께 유럽을 방문했다. 5월 23일 런던에서 그는 독일의 어려운 상황을 이해하고 동정하면서도 당분간은 독일에 돌아가지 않겠다는 메시지를 발표한다. 1949년 7월 23일 토마스 만은 괴테 탄생 200주년 기념 강연 청탁을 받아 16년 만에 독일 땅을 밟는다. 더욱이 그가 괴테의 출생지 프랑크푸르트 암 마인과 동독 쪽의 바이마르에서 기념 강연을 한 것에 대해 서독의 보수주의자들과 프랑크푸르트 주재 미국 총영사관이 항의와 경고를 했다. 그렇지만 독일의 분단이 자명하다는 것을 용납하지 않았던 토마스 만은 정치 형태나 이데올로기의 차이를 초월하여 과감하게 동서독의 두 도시를 방문해서 '괴테의 인간성에 의거하여 민주주의를 재건하자'고 호소했다. 그는 괴테의 '삶에 대한 사랑'을 받아들여, "괴테의 이와 같은 고귀함, 이러한 공감에 동참하지 않으시겠습니까? 그러면 우리가 사랑과 삶에 대립하는 불행에 빠지는 일은 결코 없을 겁니다"라고 기념 강연을 끝맺는다.

이듬해 1950년에는 시카고 대학에서 「나의 시대」라는 제목의 강연을 했는데, 그 주된 내용은 "저는 여태까지 인간성을 옹호하는 일 말고는 아무것도 하지 않았습니다. (또 하려고도 하지 않았습니다.) 앞으로도 마찬가지입니다."라는 것이었다. 그렇지만 이 강연과 1949년에 동독에 갔던 일을 문제 삼아 미 의회의 반미 행위 조사위원회, 특히 공화당 상원의원 조셉 매카시를 중심으로 한 광신적 '마녀사냥'의 대상에 브레히트와 함께 토마스 만도 포함되어 있었다. 이를 계기로 1951년 3월 26일 자의 『자유인』지와 6월 28일 자의 『뉴 리더』지가 토마스 만의 평화주의에 대해 왜곡에 가득 찬 중상비방을 가해왔다. 토마스 만과 친교를 맺은 채플린도 같은 처지에 있었으나, 그는 체포되기 직전 미국을 탈출하였고, 베르톨트 브레히트도 미국을 탈출하여 베를린으로 돌아갔다.

1952년 9월에 행해진 강연문 「예술가와 사회」에서는 다시 괴테에게 돌아가고 있다. 그는 소설의 사회 비판적 기능을 중요하게 생각하면서도 예술가에게는 보헤미안적이고 사회적으로 방종한 분위기가 있다고 말한다. 예술가란 원래 도덕적인 존재가 아니라 미적인 존재이고, 그의 근본 충동은 유희이지 덕이 아니기 때문이라는 것이다. 그는 자신의 괴테를 원용하여 자신의 주장을 뒷받침한다. "어느 좋은 예술작품이 도덕적인 결과를 낳을 수 있을지도 모른다. 하지만 예술가에게서 도덕적인 의도와 목적을 요구하면 그의 손작업을 망치게 된다."

토마스 만은 사회주의의 기본이념인 사회적 평등을 존중했으나 현실의 공산주의에 대해서는 찬성하지 않았다. 그가 구동독 정권에 대해서는 분명히 거부 의사를 밝혔지만 매카시 위원회는 이에 아랑곳하지 않고 그를 공산주의자로 몰고 갔다. 이에 절망한 토마스 만 부부는 드디어 1952년 미국을 떠나 스위스의 취리히로 향했다. 그는 최인훈의 소설 『광장』의 주인공 이명준이 분단된 남북한 어느 한쪽을 택하지 않고 인도로 향했듯이, 동서독 어느 한쪽을 택하지 않고 통합 독일을 고대하면서 독일과 가까운 중립국 스위스를 안식처로 정하고 그곳에서 여생을 마쳤다.

7. 나가는 말

앞에서 토마스 만의 정치관에 대해 간략하게 살펴보았다. 그는 늦게나마 시대의 변화에 동참하는 모습을 보이고 있다. 거기에는 독일적 정신인 자기반성과 자기 극복, 자기 아이러니가 큰 몫을 하고 있다. 하지만 1차 대전 후 토마스 만이 『비정치적 인간의 고찰』의 내용을 거부하는 것은 정치적 기본 입장에 대한 거부이지 정신적 기본구조 자체에 대한 거부는 아니다. 그의 지속적인 면은 휴머니즘의 옹호와 파쇼의 거부라는 커다란 줄기로 나타난다. 또한 그의 선천적인 기질도 순교자나 투쟁자라기보다는 보수적, 시민적 기질의 전통을 대변하는 명랑한 독일성을 바탕으로 하고 있다.

사실 토마스 만의 본래적 영역은 전 생애와 모든 작품을 통틀어 미적 영역에 있다. 『파우스트 박사』와 『마리오와 마술사』도 사실 정치적·사회적 소설이 되지 않았다. 그는 에로티시즘을 주저 없이 미적 영역에 포함시키고 있다. 그래서 그의 문학 작품들은 에로틱하며 미적인 속성을 지니고 있다. 그는 고상한 명랑성을 서술하는 것을 자신의 문학 작업의 본래적 목표라고 지칭했다. 이렇듯 토마스 만의 정치적 발언은 미적이고 에로티즘적인 충동에서 나온 정치 활동이다. 그의 정치적 아이러니도 심미적인 성격을 지니고 있다. 예술 수단인 아이러니가 세계관적인 면에서는 정치적 아이러니로 변한다.

　　토마스 만이 80회 생일을 맞은 1955년은 실러 사후 150주기를 추모하는 해였다. 5월에 그는 서독의 슈투트가르트와 동독의 바이마르에서 「실러 시론」이라는 제목의 기념 강연을 했다. 귀로에 고향 뤼베크에 들러 그가 1901년 『부덴브로크가의 사람들』을 발표해 불화 관계에 있었던 뤼베크 시와 화해하고 명예시민의 칭호를 받는다. 그리고 그해 8월 12일 저녁 8시, 혈전증으로 입원하고 있던 취리히 주립병원에서 그는 곁에 있던 부인 카트야도 모르게 평화롭게 숨을 거둠으로써 영원한 안식을 얻는다.

토마스 만 연보
Thomas Mann, 1875~1955

1875 6월 6일, 뤼베크의 부유한 곡물상 토마스 요한 하인리히 만의 차남으로 태어남.

1893 부친 사망. '요한 지크문트 만' 회사가 청산되었음.

1893 18세, 『봄의 폭풍우*Frühlingssturm*』지의 간행 위원. 김나지움 11학년을 중퇴하고 뮌헨으로 이주해 화재 보험회사의 수습사원으로 입사.

1894 19세, 견습사원을 그만두고 뮌헨 대학의 청강생으로 들어감. 처녀작 『타락』을 발표.

1895~96 뮌헨 공과대학에서 수학.

1896 21세, 형 하인리히와 함께 로마와 팔레스트리나로 가서 머묾.

1897 22세, 장편 『부덴브로크가의 사람들: 한 가문의 몰락*Buddenbrooks. Verfall einer Familie*』을 쓰기 시작함.

1898 23세, 뮌헨으로 귀환. 『짐플리치시무스*Simplicissimus*』지의 편집위원. 『키 작은 프리데만 씨*Der kleine Herr Friedemann*』출판.

1900 25세, 군 복무.

1901 26세, 첫 장편 『부덴브로크가의 사람들』 출판. 이 작품으로 커다란 명성을 얻고 경제적으로 점차 부유해짐.

1903 28세, 단편집 『토니오 크뢰거*Tonio Kröger*』, 『트리스탄*Tristan*』을 씀.

1905 30세, 뮌헨 대학 수학 교수 프링스하임의 딸 카타리나(애칭 카트야)와 결혼. 장녀 에리카 태어남.

1906   31세, 희곡 『피오렌차*Fiorenza*』 집필. 장남 클라우스 태어남.

1909   34세, 자신의 결혼 생활을 암시하는 자전적 장편 『대공 전하
        Königliche Hoheit』를 씀. 바트 퇼츠Bad Tölz에 별장을 구입함. 아들 골로
        태어남.

1910   37세, 장편 『대사기꾼 펠릭스 크룰의 고백』을 일부 쓰기 시작함.
        딸 모니카 태어남.

1912   37세, 『베네치아에서의 죽음*Der Tod in Venedig*』을 씀.

1913   38세, 여름부터 장편 『마의 산*Der Zauberberg*』을 쓰기 시작함.

1914   39세, 뮌헨 포싱어가 1번지의 저택에 입주함. 형 하인리히에 반대
        하여 정신과 예술의 정치화에 항의함.

1918   43세, 반민주주의 평론집 『비정치적 인간의 고찰』을 2년 반쯤 쓰
        면서 『마의 산』 집필을 중단하고 하인리히와 소위 '형제 싸움'을
        시작함. 그러나 결국엔 민주주의에 대한 저항이 잘못임을 깨달음.
        딸 엘리자베트 태어남.

1919   44세, 단편 『주인과 개*Herr und Hund*』를 씀.

1920   45세, 서사시 『어린이의 노래』를 씀.

1922   47세, 10월 「독일공화국에 관하여Von Deutscher Republik」라는 주제로
        강연하면서 민주주의자로 변신하기 시작함.

1924   49세, 『마의 산*Der Zauberberg*』 출간함. 독일의 낭만주의적인 '죽음과
        의 공감'을 민주주의적인 '삶에 대한 봉사'로 전환함으로써 중년
        이 된 토마스 만의 세계관의 전환을 나타낸 교양 소설.

1926   51세, 『무질서와 때 이른 고뇌*Unordnung und frühes Leid*』를 씀. 장편 『요셉
        과 그의 형제들*Joseph und seine Brüder*』을 쓰기 시작함.

1929   54세, 『부덴브로크가의 사람들』로 노벨 문학상 수상.

1930 55세, 「독일적인 연설: 이성에 호소함」을 강연하여 시민 계급에게 사회민주당과 손을 잡고 나치에 대항할 것을 호소함. 단편 『마리오와 마술사*Mario und der Zauberer*』를 써서 파시즘의 정체를 폭로하고 그 최후를 예언함.

1933 58세 1월, 히틀러가 수상으로 임명되자 그는 2월 국외로 강연 여행을 떠난 채 망명.

1936 61세, 독일 국적을 박탈당하고 아울러 본 대학 명예박사 학위도 박탈당함.

1937 62세, 격월간지 『척도와 가치』를 간행(1939년까지)하여 독일 문화를 옹호함.

1938 63세, 정치 평론집 『유럽에 고함』을 내어 파시즘의 타도를 위해 휴머니즘은 전투적인 자세를 취해야 한다고 설파. 이 해에 미국으로 이주하여 2년간 프린스턴 대학의 객원교수를 지냄. 한편 「다가올 민주주의의 승리」를 15개 도시를 순방하며 강연함.

1939 64세, 장편 『바이마르의 로테*Lotte in Weimar*』를 집필하여 괴테를 주인공으로 하여 천재의 내면을 그리면서 히틀러 독재와는 다른 괴테적인 독일을 그림.

1940 65세, 단편 『바뀐 머리』를 집필. 인도의 전설을 빌어 생과 정신과의 조화적 종합의 어려움을 그림. 1940년부터 45세까지 「독일의 청취자 여러분」으로 히틀러 타도를 호소함.

1943 68세, 『요셉과 그의 형제들』 완간.

1944 69세, 『법*Gesetz*』 집필. 미국 시민권을 획득함.

1947 72세, 『파우스트 박사: 친구가 이야기하는 독일 작곡가 아드리안 레버퀸의 생애*Doktor Faustus. Das Leben des deutschen Tonsetzers Adrian Leverkühn, erzählt von einem Freunde*』를 집필. 천재적인 작곡가가 악마와 결탁하여 몰락하는 비극을 그려 추상적이고 신비적인 독일혼을 파헤쳤으며, 이성

과 철학주의 정신에 대한 절망적인 반항이었던 나치즘이라는 악마적인 비합리주의가 독일에 대두하게 된 원인과 과정을 탐구하였음. 전후 처음으로 유럽 여행.

1949 74세, 『'파우스트 박사'의 생성 과정: 소설의 소설*Die Entstehung des Doktor Faustus. Roman eines Romans*』. 17년 만에 독일을 방문하여 프랑크푸르트와 바이마르에서 괴테 탄생 200주년 기념 연설을 함. 아들 클라우스 만 자살.

1950 75세, 형 하인리히 만 사망.

1951 76세, 장편 『선택받은 인간*Der Erwählte*』을 집필, 근친상간의 죄를 속죄하여 은총을 받고 교황의 자리에 오르는 인물을 묘사함.

1952 77세, 스위스로 이주함.

1953 78세, 단편 『속은 여자*Die Betrogene*』.

1954 79세, 마지막 장편 『대사기꾼 펠릭스 크룰의 고백: 회고록 제1부 *Die Bekenntnisse des Hochstaplers Felix Krull. Memoiren erster Teil*』 출간(결국 미완성으로 남음). 취리히 근교의 킬히베르크에 저택을 구입.

1955 80세, 뤼베크시 명예시민 칭호 수여식에서 연설함. 실러 사망 150주년 기념 강연 「실러 시론」에서 세계 평화와 독일의 통일을 염원함. 8월 12일, 심장병으로 사망. 취리히 근교에 묻힘.

옮긴이 홍성광

서울대학교 인문대 독문과 및 동 대학원을 졸업하고, 「토마스 만의 장편 소설 『마의 산』의 형이상학적 성격」으로 박사 학위를 받았다. 저서로는 『독일 명작 기행』이 있다. 토마스 만의 장편 『마의 산』, 『부덴브로크가의 사람들』, 중단편 소설집 『베네치아에서의 죽음』, 괴테의 『이탈리아 기행』, 『젊은 베르터의 고뇌』, 쇼펜하우어의 『의지와 표상으로서의 세계』, 『쇼펜하우어의 행복론과 인생론』, 니체의 『차라투스트라는 이렇게 말했다』, 『니체의 지혜』, 『쇼펜하우어와 니체의 문장론』과 카프카의 『변신』, 『소송』, 『성』, 헤세의 『헤세의 문장론』, 『헤세의 여행』, 『수레바퀴 밑에』, 『싯다르타』, 『데미안』, 레마르크의 『서부전선 이상 없다』, 하이네·마르크스·엥겔스의 『독일. 어느 겨울동화·공산당 선언』, 페터 한트케의 『어느 작가의 오후』, 그리고 프리드리히 실러의 『빌헬름 텔·간계와 사랑』 등을 우리말로 옮겼다.

플라톤, 『국가』 제1권 「정의(正義)에 대한 정의(定義)」에서

"통치는 가장 훌륭한 사람들이 하는 것입니다. 그들은 욕심과 야망
이 없는 가장 훌륭한 사람들이라서, 돈도 명예도 그들의 관심을 끌
지 못합니다. 그러니 이 훌륭한 사람들이 통치에 나서도록 만드는
방법은 그들에게 압박을 가하거나 대가를 치르도록 하는 것밖에
없습니다. '훌륭한 분들이 스스로 통치에 나서기를 거부할 때 그들
이 치르는 가장 큰 대가는 자기들보다 못한 사람들의 통치를 받는
것입니다.' 이들이 정작 통치를 맡게 되는 이유는 바로 이 대가에
대한 우려 때문인 듯합니다."